現代語訳

上井覚兼日記

天正十二年（一五八四）正月～
天正十二年（一五八四）十二月

2

《凡例》

一、本書は、東京大学史料編纂所蔵本を底本として翻刻された『大日本古記録 上井覚兼日記』（上）をもとに現代語訳したものである。
一、本巻は、天正十二年（一五八四）正月〜天正十二年（一五八四）十二月を収録した。
一、現代語訳はわかりやすさを旨として意訳を行い、主語や語句を本文中に補った。
一、巻頭に、あらすじ。各月毎に解説を付した。
一、人名は史料表記そのままではなく、分かりやすい実名表記としたが、日記執筆時点で出家している人物については道号（入道名）で記した。また、島津義弘など途中で改名している人物については、原則としてその時点での名前で表記し、註釈を付した。また、官名表記の人名は、適宜『大日本古記録』において比定する実名を註釈に付した。
一、人名については極力読み仮名を付したが、読みがはっきりしないものは省略した。
一、読み仮名は、初出を原則としつつ、適宜、複数付した箇所もある。
一、地名表記は、極力原史料どおりとしたが、現在の地名表記や自治体名は註釈および本文中の（　）内に付した。
一、旧字体・異体字は新字体に改めた。
一、註は、人物、地名の詳細、用語解説を主とし、原則初出のみ付した。
一、字句に対比する人名や地名、十二刻、または文意の補足は、本文中の（　）内に表記した。また、判然としない語句に対しては、〈　〉内に表示して区別した。
一、和歌・連歌・俳諧の現代語訳は、屋良健一郎氏（名桜大学国際学部上級准教授）による。
一、上井覚兼の年譜、当年の所在地年表、本書関連の勢力分布図、宮崎城縄張図を巻末に収録した。

目次

《天正十二年　あらすじ》覚兼四十歳。覚兼は正月早々、主君島津義久への挨拶と重臣談合参加のため、鹿児島に出仕している。覚兼は再び老中役辞職を願い出ているが、結局二月に辞職願いは却下されている。重臣談合では、肥前国衆有馬鎮貴への軍事支援が決定している。

三月、合志氏救援と有馬氏救援のため、島津義久みずから肥後佐敷に出陣している。覚兼は佐敷に遅陣しており、義久の不興を買っている。島津家久・忠長、平田光宗、新納忠元らは島原半島に出陣し、有馬鎮貴勢とともに島原浜の城を包囲するが、龍造寺隆信みずから大軍を率いて島原に出陣する。三月二十四日に両軍は島原北部で合戦となり、島津勢は龍造寺隆信を討ち取って大勝利を収める（沖田畷の戦い）。覚兼は残党掃討と戦後処理のため島原半島に渡る。諸城の接収は順調に進むものの、伊集院忠棟・島津忠長らは相次いで肥後に撤退してしまい、一人残った覚兼は、在番体制維持を求める有馬鎮貴との板挟みにあって苦慮している。覚兼が宮崎に帰還したのは、五月十二日のことであった。

五月末、秋月種実の使者が下向し、再び龍造寺氏との和平調停を申し出る。六月下旬、鹿児島で重臣談合があり、肥後北部の龍造寺方討伐を決定するとともに、「隠密の条項」（義久の後継問題）が協議されている。肥後出陣は八月が予定されていたが、島津義久は秋月氏の和平仲介に乗り気で、八月中旬、弟忠平に協議させている。九月一日、肥後出陣衆は大隅馬越に集められ、義久は秋月氏の和平仲介提案を受諾するよう説得する。忠平らは、そのまま肥後国中に進攻し、龍造寺方国衆を従属させる一方で、秋月・龍造寺両氏の使者から島津氏の「幕下（ばくか）」に入りたいとの要請を受諾し、九月末に肥薩和平が成立する。秋月・龍造寺両氏は和平成立を理由に、筑後に進攻した大友勢を攻撃するよう、島津忠平に要請する。覚兼らは筑後出陣を拒否しつつも、大友勢には筑後から撤退しない場合、島津氏への敵対とみなすと通告して撤退する。結局、十二月に至るまで大友勢は筑後から退去せず、同月上旬の重臣談合では、大友家が義絶したとして豊後進攻論が浮上し、意見の一致をみている。

現代語訳

上井覚兼日記2

天正十二年（一五八四）正月～
天正十二年（一五八四）十二月

天正十二年（一五八四）

正月条

一日、毎年恒例の作法であった。奈古八幡(1)に参詣した。衆中も皆、同心した。参銭は百疋(2)であり、このため城から下向した。旧例どおりに鎧着始め(3)をした。肴など用意して、朝から晩まで皆に酒を呑ませた。その後は、私的に内々(4)と三献(5)。安田美作守が包丁役(6)を勤めた。佳例(7)により、〈鯛の蓬莱〉を目の前で作ってくれた。それから、三献はいつものとおり。いろいろと旧例どおりにやった。衆中が皆、挨拶に来て、城内之衆(8)だけ三献で応接した。そのほかは肴を一種出し、酒で応接した。皆から銘々に酒を持参してきたので、いちいち応接した。皆も酌をしてくれ、拙者も皆に酌をした。この夜、弟鎌田兼政(9)に挨拶に行き、酒を持参した。接待も例年どおり。

この朝、恒例により発句した。自分の年齢が四十になることを祝して、

春のくる道もまどハぬ今年かな

〔春がやって来る道も惑うことなくそこだと分かる。不惑（四十歳）になった今年であるよ〕

二日、早朝から瘡気(10)になった。そのため、この日は吉書始め(11)や寺家(12)への挨拶を、朝から晩までやるつもりだったのだが、できなかった。海江田(13)から悴者(14)などが

（1）**奈古八幡** 現在の奈古神社（宮崎市南方町御供田）。

（2）**疋** 銭の数え方。一疋は十銭（文）、現代で約九六〇円。

（3）**鎧着始め** 一般的には、武家の男子が十三、四歳に達した時に初めて鎧を着用する儀式を指すが、この場合、年始の儀式のようである。

（4）**内々** 覚兼室、敷祢頼賀（休世斎）の娘。

（5）**三献** 大・中・小の盃で一杯ずつ飲んで膳を下げることを三回繰り返す酒宴の作法。

（6）**包丁役** 料理人。

（7）**佳例** 縁起の良い先例。

（8）**城内之衆** 宮崎城内に居住する衆中。城の麓に居住する衆中もいた。

（9）**鎌田源左衛門尉兼政** 覚兼実弟。鎌田壱岐守政実娘聟。

（10）**瘡気** 湿疹ができる病気。

（11）**吉書始め** 年始などに儀礼的な文書を奏覧する儀式。

（12）**寺家** 寺院・僧侶。

（13）**海江田** 宮崎市大字加江田周辺の地名。

（14）**悴者** 上井家の家臣。島津家の直臣である宮崎衆中とは区別される。

やって来て、皆、酒を持参してきた。

三日、この日も瘡気が回復せず、じっとしていた。この日も紫波洲崎(15)から皆やって来て、銘々、酒を持参してきた。いろいろの祝礼作法は旧例どおり。毘沙門天(16)にようやくこの日、参詣できた。

四日、諸寺家から恒例の挨拶を受けた。酒や茶など相応のものをご持参いただいた。満願寺(17)と竹篠衆(18)は同座で接待した。いただいた酒でお酌をしていただいたので、拙者もお返しした。阿闍梨(19)たち十人ほどが拙者と相伴して接待した。供僧衆(20)や同宿衆などには別座にて応接し、その後、酒で対応。百姓たちがやって来たのも恒例のとおり。

　この日、満願寺にご挨拶に行き、酒を持参した。ご接待はいつものとおり。諸寺家への御礼には、上井兼成(21)を代理として派遣した。二、三日、瘡気のため、このような対応となった。城内の衆中に対しても挨拶をした。

五日、善哉坊(22)と同心して、あちこちの山伏衆が挨拶に来た。銘々から相応の酒をいただいた。三献で応対した。互いに酌をした。佐土原から衆中(島津家久家臣)二、三人がやって来た。皆、酒を持参。加江田から諸寺家がやって来た。相応の酒や茶をいただいた。皆、三献で応対した。

　この日、海江田に向かった。まず、木花寺(23)に行って、社参の支度をして、非時(24)の振る舞いを受けて、いろいろともてなされた。それから諏訪社(25)に参詣。御幣(26)を頂戴した。それから伊勢社(27)に参宮。同社大宮司のところで、飯を振る舞

(15) **紫波洲崎**　宮崎市大字折生迫字上白浜。現在の城山公園。

(16) **毘沙門天**　前年五月三日に宮崎城内に完成した毘沙門堂。

(17) **満願寺**　宮崎城東麓にあった寺院。住持は玄恵。

(18) **竹篠衆**　現在の宮崎市大字瓜生野にあった竹篠山の僧侶達。このうち本坊が現在の王楽寺。

(19) **阿闍梨**　密教で、修行が一定の階梯に達し、伝法灌頂により秘法を伝授された僧。

(20) **供僧衆**　阿闍梨より身分が下の僧侶。

(21) **上井右衛門尉兼成**　覚兼叔父。上井恭安斎弟。

(22) **善哉坊**　金剛密山妙光院善哉坊。現在の宮崎県東諸県郡国富町深年にあった修験寺院。近世には勝福寺と呼ばれた。慶応三年(一八六七)に廃寺。この頃の住持は面高真蓮坊頼俊で、天正八年(一五八〇)に島津家から「日州両院惣先達職」に任じられている。

(23) **木花寺**　法満寺。現在の木花神社(宮崎市大字熊野)境内にあった寺院。

(24) **非時**　午前にとる斎ではなく午後の食事。僧侶は午後の食事は禁じられていた。

われ、いろいろともてなされた。そこで精進上げ(28)をした。この日の夜更けに、内山(29)に泊まった。

六日、朝食、いつものとおり。酒を持参した衆と共にした。この日、父恭安斎(30)のもとに参上した。酒を進上した。そして、節供(31)を恒例のとおり。夜も更けてからいろいろと饗応となり、酒宴。中城(32)（覚兼祖母）にも、この夜、挨拶をした。諸事、旧例のまま。

七日、早朝、御崎観音(33)に参詣。恭安斎も同心。それから御崎寺に挨拶。三献はいつものとおり。それからいろいろともてなされた。

この日、中城にて恒例に従い、節供。いろいろともてなされた。それが済んで、円福寺(34)に挨拶に行き、酒を持参した。旧例の応接だった。大口から梁瀬殿(35)が、酒を持参してきた。この場にて面会した。盛大な酒宴となった。

この晩、祖三寺(36)に挨拶に行き、酒を持参。いろいろともてなされた。この夜は、内山に泊まった。

八日、早朝、鹿児島出仕のため出発した。田野(37)の小宿にて、破籠(38)を賞翫していたところ、宮崎衆中(39)が少々やって来て、それから同道して佐理川(40)に泊まった。

九日、早朝に出発。敷祢(41)に拙者は到着。下々の者などは、佳例川(42)・新富(43)に泊まった。この夜、敷祢休世斎殿(44)のところに参上し、酒を持参。

十日、敷祢休世斎から、朝飯を振る舞われた。向島(45)から迎えの船が来たので、出船した。拙者の領地である白浜(46)に着船し、衆中たちの乗った船を待った。す

(25) **諏訪社** 現在の宮崎市熊野付近にあったとみられる神社。現存せず。

(26) **御幣** 幣束のこと。裂いた麻や畳んだ紙を細長い木にはさんだ祭具。

(27) **伊勢社** 加江田神社。この頃は加江田川右岸に所在。寛文二年（一六六二）外所地震の津波により流され、現在地（宮崎市学園木花台）に遷宮。

(28) **精進上げ** 寺社巡礼・祭礼・神事など、精進潔斎が必要な行事が終わった後に、肉・酒の摂取や異性との交わりを再開すること。

(29) **内山** 現在の宮崎市大字加江田、知福川沿いにあった内山寺カ。

(30) **上井恭安斎** 董兼。覚兼父、上井為秋長男。

(31) **節供** 節日、つまり人日（一月七日）・上巳（三月三日）・端午（五月五日）・七夕（七月七日）・重陽（九月九日）の供物。

(32) **中城** 紫波洲崎城内の曲輪のひとつ。覚兼祖母、恭安斎母の居所となっており、祖母のことも「中城」と呼んでいる。

(33) **御崎観音** 現在の日之御崎観音寺（宮崎市折生迫）。

(34) **円福寺** 加江田に所在した寺

ると、後の船も来たので、白浜でいろいろともてなされた。

この晩、鹿児島に着船。夜更けだったので、どこにも連絡しなかった。

十一日、早朝、鎌田政広(47)から使者が来て、参上するようにとの連絡。こちらからも使者にて連絡し、殿中(48)に参上した。特に三献にて義久(49)様と寄合するところではあるが、どうせ吉書始めの三献に参上するので、そうすることにして早々に吉書始めの三献に参列。その席次は、義久様、次に伊集院忠棟(50)・本田親貞(51)・本田正親(52)、客居に島津忠長(53)・平田光宗(54)・拙者であった。筆者は、本田正親。恒例のとおり御判（花押）をそれぞれから頂戴した。寄合中（老中）・御右筆に銭百疋ずつ下された。その後、拙者は旧例の太刀を持参し、銭百疋を献上。やがて御吉書の椀飯(55)が永吉から来た。その席次は、義久様、次に平田光宗・永吉地頭本田董親(56)、客居に島津忠長・拙者であった。酒数返・肴にて酒宴となった。一王(57)が唄を披露した。宮崎衆中も酒を進上した。樽五荷(58)・肴いろいろ。その酒を拙者のお酌で進上した。衆中は義久様に召し出されて、お酒を下された。祗候衆にも拙者の酌で、義久様に召し出された。

この日、御鎧着始めであった。大般若経(59)は恒例のとおり。寄合中それぞれに挨拶があり、皆で三献。拙者も酒を持参。衆中も樽を一荷ずつ持参。同心した衆中にもそれぞれお酌していただいた。

この晩、島津家久(60)公が鹿児島に参られ、拙宿にいらっしゃった。三献で寄り合った。拙者持参の酒でお酌した。家久公からもお酌していただいた。衆中も

院。現在の円南寺との関係は不明。

(35)**梁瀬殿** 詳細不明。大口（鹿児島県伊佐市）の有力者ヵ。

(36)**祖三寺** 曽山寺。宮崎市加江田にあった寺院。現在、JR日南線の駅名として残る。

(37)**田野** 宮崎市田野町。

(38)**破籠** 弁当。

(39)**宮崎衆** 宮崎に配置された島津義久の直臣。上井家被官（忰者）とは区別されているが、どちらも覚兼の指揮下にある。

(40)**佐理川** 去川ヵ。現在地不詳。

(41)**敷祢** 鹿児島県霧島市国分敷根。

(42)**佳例川** 鹿児島県霧島市福山町佳例川。

(43)**新富** 現在地不詳。

(44)**敷祢休世斎** 一五一三～九六。頼賀。覚兼義父。大隅敷祢領主。

(45)**向島** 桜島。

(46)**白浜** 鹿児島市桜島白浜町。

(47)**鎌田刑部左衛門尉政広** 一五四〇～九三。日向志布志地頭、奏者、日向担当の申次役。

(48)**殿中** 島津義久の居城御内。鹿児島市大竜町。

(49)**島津修理大夫義久** 一五三三～一六一一。島津本宗家当主。薩隅日三か国守護。「三州太守」と

樽一荷を進上し、一緒に賞翫した。

十二日、いつものとおり出仕した。島津家久公が義久様に拝謁し、家久公は太刀をご持参。酒などを旧例どおりに進上。家久公が奥(61)に参上した際は、拙者も招かれたのでお供した。納戸(62)役の伊地知重則と鎌田政在の取りなしであった。御料(63)様に拝謁し、家久公と三献で寄り合った。家久公の次に、拙者も拝謁して三献を下された。家久持参の酒でお酌した。すぐにまた御料様のお酌で、家久公が盃を賜った。それから家久公が女子衆銘々に酌をした。拙者も持参の酒でお酌した。その後、拙者もお酌で盃を賜った。一之大(64)に酌をし、女子衆にも皆に酌をした。その後、一之大が家久公にお酌をし、我々にも下された。それから家久公にお供して退出した。

この日、福昌寺(65)に挨拶に行った。酒と中紙(66)一束を持参。代賢和尚(67)にお目にかかった。和尚から扇子一本をいただいた。その後の接待は、旧例どおり。談儀所(68)に参上し、酒を持参。三献で寄り合った。持参の酒でお酌し、我らにもお酌していただいた。いろいろとあった。鎌田政広殿に挨拶に行った。酒を持参した。衆中も同前に酒を持参。いろいろともてなされた。女中（政広妻）(69)にお目にかかってお酌し、おもてなしを受けた。御使衆（奏者）それぞれに挨拶をし、銘々に酒を持参。当所衆（鹿児島衆）がそれぞれ拙宿に挨拶に来た。どなたからも酒をいただいた。

十三日、いつものとおり出仕。伊集院忠棟邸に義久様がご来訪。席次は、義久

自称。忠平・歳久・家久の兄。「太守」と呼ばれる。

(50) **伊集院右衛門大夫忠棟**　?〜一五九九。老中。大隅鹿屋地頭。

(51) **本田下野守親貞**　?〜一五九六。老中。大隅吉田（鹿児島市吉田地区）地頭。

(52) **本田刑部少輔正親**　奏者、薩摩加世田（鹿児島県南さつま市）地頭ヵ。

(53) **島津図書頭忠長**　一五五一〜一六一〇。老中、島津尚久長男、島津義久従兄弟。薩摩鹿籠（鹿児島県枕崎市）領主。

(54) **平田美濃守光宗**　一五二九〜一六〇五。老中、大隅帖佐（鹿児島県姶良市）地頭。

(55) **椀飯**　家臣から主君への饗応。各地が持ち回りで担当し、この年は永吉（鹿児島県日置市吹上町永吉）が担当。

(56) **本田紀伊守董親**　一五〇五〜?。薩摩永吉地頭。もとは大隅国守護代で、島津奥州家老中を勤めた家系であるが、天文十七年（一五四八）に島津貴久に敗れる。その後許され、各地の地頭を勤めた。

(57) **一王雅楽助**　河野通貞。能役者。

(58) **荷**　肩の上にのせる物の量を数える単位。

様の次に川上忠智(70)・島津忠長・平田光宗・亭主（忠棟）、客居に家久・本田親貞・拙者であった。三献など恒例どおり。終日の饗応。京都より下向してきた奥之山左近将監(71)が鞁などし、また狂言舞(72)を披露し、いろいろと酒宴。まず三献の時、亭主（忠棟）が太刀を持参。また忠棟がお酌した時に太刀を進上した。町田久倍(73)が取り次いだ。また座中で高山衆中(74)の子供二、三人を義久様がお目にかけた。それぞれ太刀を進上した。いろいろと饗応があり、夜になって御帰殿された。

十四日、いつものとおり出仕。この朝、御鎧着始めの餅を皆に下された。御仮屋(75)に参上し、川上久政(76)が取り成してくれた。義久様の御前にて三献を下された。持参の酒でお酌をした。やがてお酌を頂戴した。この日も皆にご挨拶申し上げた。

十五日、いつものとおり出仕。肝付兼寛殿(77)・本田正親殿などに挨拶。いろいろ饗応など。不断光院(78)に挨拶し、酒・茶を進上した。いろいろとおもてなしを受けた。新納忠元(79)も同心した。この晩、本田正親殿が義久様に椀飯。恒例のとおり。

十六日、いつものとおり出仕。この日も御使衆（奏者）などに挨拶。ここかしこでおもてなしを受けた。沈酔（泥酔）してしまい、言いようがない。

十七日、いつものとおり出仕。島津忠長殿が南林寺(80)に参られるとのことでお供した。住持は留守だったので、伯囿様（島津貴久）(81)の御影を拝観した。酒を持参した。それから興国寺(82)に参った。酒を持参した。忠長のお供をした。いろい

(59) **大般若経** 唐の玄奘三蔵訳。六百巻に及ぶ般若経典群の集大成。

(60) **島津中務大輔家久** 一五四七～八七。日向佐土原領主。島津貴久四男。義久・忠平の異母弟。

(61) **奥** 御内における義久やその親族が居住する私的空間。

(62) **納戸役** 主君の側で従事する者。

(63) **御料様** 島津義久の後室（種子島時堯の娘）は元亀三年（一五七二）に亡くなっており、義久三女亀寿（一五七一～一六三〇、この時十四歳）を指すとみられる。

(64) **一之大** 一之台。一五三七～一六一九。亡くなった義久後室の侍女で国上時通の娘。室の死後も奥を取り仕切って義久に仕えた。亀寿の養育係だったのかもしれない。

(65) **福昌寺** 鹿児島市池之上町にあった島津奥州家の菩提寺。現在は鹿児島玉龍高等学校の敷地となっている。

(66) **中紙** 品質が中程度の紙。

(67) **代賢和尚** 福昌寺十八世住持代賢守仲。一五一五～八四。前年二月の法華嶽参籠中に覚兼に庵主号を与えた。この年二月十五日に示寂（享年七十）。

(68) **談儀所** 大乗院四世住持盛久。

ろともてなされた。池のほとりでも酒をいただいた。それから島津忠長殿の宿所に参上した。拙者も酒を持参した。終日、閑談。茶の湯でもてなされた。八木昌信(83)と拙者が同席し、お手前は忠長。

十八日、いつものとおり出仕。拙者の加判役（老中）のこと。お勤めできないと、たびたび申し上げてきた。特に昨年は病のため、しきりに申し上げたのだが義久様にはご納得いただけなかった。「とにかく自分には不相応な役職なので、是非辞めさせていただけるよう、寄合中にお願いしたい」と鎌田政広・税所篤和(84)を通じて申し上げた。

　この日、平田光宗の宿所に義久様がご来訪。まず三献はいつものとおり。平田光宗が太刀を持参。席次は、上様が中座にお座りになり、客居に島津忠長・野村意外・本田親貞・拙者、主居に川上久隅(85)・伊集院忠棟・平田光宗であった。終日、酒宴。点心(86)の時も席次は同じであったが、意外は退出した。乱舞(87)などはいつものとおり。八代衆を召し出され、酒を五、六人に下された。諸篇様子はいつものとおり。

十九日、いつものとおり出仕。樺山玄佐(88)が出仕された。この日、談合衆はまだ全員到着していないが、先に談合を始めるべきとのことで、既に到着している地頭が談合の条数（協議事項）を義久様から伺った。

　拙宿に納戸衆が挨拶に来た。酒など持参してきた。この晩、伊集院忠棟の館に、川上久隅と拙者が呼ばれ、茶の湯でもてなされた。恒例の飯を振る舞われ、

大乗院は鹿児島市稲荷町（現在の清水中学校）の清水館跡に建立された真言宗醍醐寺流の寺院。

(69) **鎌田政広妻**　阿多大炊介久鎮娘カ。

(70) **川上三河守忠智**　?～一六〇七。川上忠興子息。大隅栗野（鹿児島県姶良郡湧水町）地頭。

(71) **奥之山左近将監**　芸能民。

(72) **狂言舞**　いわゆる「狂言」。猿楽の滑稽・卑俗な部分を劇化した芸能。

(73) **町田出羽守久倍**　一五五三?～一六〇〇。町田久徳長男。奏者、薩摩伊集院（鹿児島県日置市伊集院町）地頭。天正十四年、老中に昇進している。

(74) **高山衆**　高山外城（鹿児島県肝属郡肝付町）の衆中。

(75) **御仮屋**　御内の義久館。

(76) **川上日向守久政**　一五三五～一六一九。川上久謂長男。納戸役カ。

(77) **肝付弾正忠兼寛**　一五五八～九〇。大隅加治木（鹿児島県姶良市加治木町）領主。肝付兼盛と島津貴久の妹との間に生まれた。父兼盛は覚兼の従兄弟にあたり、覚兼は奏者の時、取次を担当していた。

(78) **不断光院**　現在の鹿児島市長田町にあった浄土宗寺院。永禄五

手洗水の間に、秋岩筆(89)の菓子の絵が掛けられていた。台天目(90)などかなり良い秘蔵のものが出てきた。いろいろとあった。宇治茶は言いようのない素晴らしさであった。配膳は子息増喜殿(91)であった。

二十日、いつものとおり出仕。奏者鎌田政広を通じて、義久様から諮問があった。「去年以来、村田経平(92)をはじめとして失脚した衆が多くいる。阿多源太(93)と平野友秀(93)については、頴娃久虎(94)が上洛した際に対応を命じられ、頴娃にて処刑された。談合衆も揃っているので、主を失った衆をどこかの衆中として召し直すべきか、またはどう処置すべきか、意見を聞きたい」とのこと。

この日、拙宿に高城珠長(95)が来た。雑談のついでに、来る二十三夜に月待ち(96)があり、一折(97)連歌を興行するのがいいだろうと皆が言うので、高城珠長に発句をお願いした。すると、

春あさミ（浅）月にいとハ（厭）ぬ霞かな

〔春がまだ浅いので、月を避けることなく霞が立っているよ〕

と詠んでくれた。やがて拙者も脇句をつけるべきと皆が言うので、

香をのミさそへ（誘）梅の下風

〔梅の香だけを運んでおくれ。梅の下を吹く風よ〕

と詠んだ。新納忠元が居合わせたので、第三をお願いしたいと申したところ、

鶯の来ゐる朝戸を明置て

〔鶯が来ている朝戸を開けておく〕

年（一五六二）島津貴久が京都の不断光院から清誉芳渓を開山として招いて建立した。清誉芳渓は連歌師としても知られる。

(79) **新納武蔵守忠元**　一五二六～一六一一。新納祐久子息。薩摩大口地頭。

(80) **南林寺**　鹿児島市南林寺町にあった曹洞宗寺院。島津義久の父貴久が開基で、貴久没後はその菩提寺となった。

(81) **島津貴久**　一五一四～七一。義久、忠平ら兄弟の父。「伯囿」は出家時の法名。

(82) **興国寺**　曹洞宗寺院。近世には鹿児島市冷水町にあったが、この頃はのちの鹿児島城付近（同市城山町）にあったとされる。

(83) **八木越後守昌信**　義久右筆。

(84) **税所新介篤和**　奏者、薩摩山野（鹿児島県伊佐市大口山野）地頭。

(85) **川上上野守久隅**　一五三二～一六一一。川上昌久子息。薩摩川上村（鹿児島市川上町）領主、薩摩蘭牟田（鹿児島県薩摩川内市祁答院町）地頭。

(86) **点心**　一口で食べられる軽食。

(87) **乱舞**　踊り狂うこと。入り乱れて舞うこと。能の演技の間に舞うものも乱舞と称した。

と詠んだ。このように戯(たわむ)れて、酒宴。この晩、鎌田政広殿が、風呂を焼いたので来いと言うので参り、薄暮に帰った。いろいろと振る舞われた。

二十一日、いつものとおり出仕。この朝、出仕の帰りに、拙宿に皆をお招きした。席次は、主居に島津忠長・本田親貞・白浜重政(しらはましげまさ)(98)・拙者・鎌田政広・八木昌信、客居に伊集院忠棟・鎌田政近(かまたまさちか)(99)・税所篤和・本田正親・長谷場純辰(はせばすみとき)(100)であった。いろいろともてなした。

この日、島津歳久(としひさ)(101)様の宿所に参った。酒を持参した。お酌をしたところ、歳久様からもお酌で酒をいただいた。諸所の地頭・一所衆(いっしょ)(102)が到着してご挨拶を受けるとともに、酒・肴をいただいた。

二十二日、菱刈衆(ひしかり)(103)の雑掌(ざっしょう)(104)が来た。都於郡(とのこおり)(105)・福島(106)からも雑掌が来た。銘々酒を持参。地頭・衆中ともに義久様の御前に出て、酒を賜った。

二十三日、いつものとおり出仕。終日、殿中にて談合。諸所の地頭が参加した。護摩所(107)において、明後日、連歌を一順・再篇することになった。

二十四日、いつものとおり出仕。新納忠元・北郷一雲(ほんごういちうん)(108)・樺山玄佐らが参上した。太刀をそれぞれ持参。この朝、島津彰久(てるひさ)(109)殿が拙宿に来られた。酒をいただき、三献を進上した。

この日、本田親貞の宿所に義久様がご来訪。席次は、中座に義久様がお座りになり、主居に島津忠長・伊集院忠棟・亭主(親貞)、客居に歳久・樺山玄佐・拙者であった。終日、酒宴。乱舞(らっぷ)などいつものとおり。幸若舞(こうわかまい)(110)などあった。亥

(88) **樺山玄佐** 一五一三～九五。実名は善久、玄佐は入道名。室は島津日新斎の二女で、娘は島津家久室。二男忠助は日向穆佐(宮崎市高岡町)地頭。

(89) **秋岩** 絵師の名前カ。

(90) **台天目** 台にのせた天目茶碗。

(91) **伊集院増喜** 伊集院忠棟子息。のちの源次郎忠真(一五七六～一六〇二)カ。増喜は幼名の可能性あり。

(92) **村田右衛門尉経平** 前年三月十七日、老中を罷免され、鹿児島から追放された。

(93) **阿多源太・平野新左衛門友秀** 天正十年(一五八二)十二月三日の野村是綱殺害事件の実行犯。

(94) **頴娃左馬助久虎** 一五五八～八七。薩摩頴娃(鹿児島県南九州市頴娃町)領主。居城は頴娃城。

(95) **高城珠長** 島津家お抱えの連歌師。京都の連歌師里村紹巴(じょうは)の弟子とされる。

(96) **月待ち** 特定の月齢の日に集う民間信仰。

(97) **一折** 句を記す懐紙の最初の一枚。

(98) **白浜周防守重政** ?～一五八七。入来院氏庶流白浜氏。奏者、薩摩大村(鹿児島県薩摩川内市祁答院町)地頭。

刻（午後十時頃）にお帰りになった。

二十五日、月次の連歌があった。席次は、主居に義久様、次に川上久隅・島津忠長・高城珠長・拙者・税所篤和、客居に歳久・樺山玄佐・新納忠元・瀧聞宗運・喜入久正(111)・岩永可丹であった。〈御調〉(112)の代官を担当した。いろいろとあった。

北郷一雲殿が拙宿に挨拶に来た。銭百疋をいただいた。

二十六日、いつものとおり出仕。吉利忠澄(113)、そのほか日州外城衆(114)など多くが出仕した。

この日、北郷一雲に、島津忠長と一緒に挨拶した。殿中で談合があり、皆、出仕。この晩、吉田清存(115)から呼ばれ、伊集院忠棟と拙者が茶の湯でもてなされた。いろいろとあった。東坡筆(116)の絵が掛けてあった。お手前は吉田清存が披露した。

二十七日、一番鶏の頃から瘡が出てしまい、出仕しなかった。この日も吉利忠澄・伊集院久治(117)などが挨拶に来た。それぞれから酒をいただいた。養生中なので面会はしなかった。

この日、愛宕山下之坊(118)から使僧が来た。書状の内容は、「日向国は昔からの檀方(119)である。そこで日向衆にもこれから檀方になってほしい」とのことである。まず書状は受け取り、御札(120)と〈板物〉(121)一つをいただいた。日向衆皆を下之坊の檀越(122)にしたいとの要請はどうしたものか。なぜなら昨年、同じ愛宕山の長床坊(123)が同宿し、日州（日向国）の皆にも御札などそれぞれ配られたからである。「とにかく談合の上で返答する」と使僧に伝えた。

(99) **鎌田出雲守政近**　一五四五～一六〇五。鎌田政勝嫡男。日向都於郡地頭。

(100) **長谷場筑後守純辰**　一五三九～九三。奏者、義久右筆。

(101) **島津左衛門督歳久**　一五三七～九二。島津貴久三男、義久・忠平の弟。薩摩祁答院領主。官職の唐名から「金吾」・「金吾公」と通称される。

(102) **一所衆**　島津氏一門の「御一家」や非島津氏の「国衆」など、島津本宗家に従属しているものの独立した支配領域を持つ者。都城の北郷氏や出水の島津薩州家、祢寝氏などがこれに含まれる。

(103) **菱刈衆**　本城（鹿児島県伊佐市菱刈南浦）の衆中ヵ。

(104) **雑掌**　この場合、領主・地頭の代理という意味ヵ。

(105) **都於郡**　宮崎県西都市鹿野田。地頭は鎌田政近。

(106) **福島**　宮崎県串間市。地頭は伊集院久治。

(107) **護摩所**　「御内」内にあるとみられる護摩壇を備えた建物。護摩壇とは護摩木を焚いて祈願を行なう炉を設けた場所。

(108) **北郷一雲**　一五三〇～九六。日向庄内（宮崎県都城市）領主。

二十八日、いつものとおり出仕。有馬鎮貴(124)から年頭の使書が届いた。我々も太刀と慶書(125)をいただいた。この日、吉利忠澄・上原尚近(126)・伊集院久治の三人が拙宿に挨拶に来た。

二十九日、いつものとおり出仕。新納忠元・北郷一雲などと殿中で寄り合った。この朝、拙宿にて皆と寄合。その衆は、比志島義基(127)・伊集院久治・鎌田政心(128)・吉田清存・猿渡信光(129)・稲富長辰(130)・平田宗位(131)であった。これらの衆に朝食を振る舞った。閑談して酒宴。

この日、島津忠長が、宿所で風呂を焼いたので来いと言うので、入って慰んだ。晩には茶の湯。吉田清存も同心した。しきりに頼まれたので、「稽古のつもりで」と言って、拙者の手前であった。身の程知らずであった。

【解説】

日記が残る部分では、初めて正月を宮崎で迎えており、平時の正月行事がうかがえる。最も近い神社である奈古八幡で初詣を行なったあと、宮崎城内の館で「鎧着始め」なる儀式を行ない、妻など家族と三献、その後は衆中らから挨拶を受け、三献で対応している。料理も正月は特別に包丁人を呼んで鯛の姿つくりの一種とみられる「鯛の蓬莱」を作らせているのが興味深い。瘡のため中止しているが、本来二日・三日は吉書始めや寺院への挨拶が行なわれるはずであった。また、二日・三日は自領である海江田（加江田）

この頃は出家しており「一雲」と名乗っている。実名は時久。

(109) **島津又四郎彰久** 一五六七～九五。大隅清水領主島津征久の長男。母は北郷時久長女。室は島津義久二女新城（一五六三～一六四一）。この翌年、新城との間に長男忠仍が誕生する。

(110) **幸若舞** 桃井幸若丸が創始したと伝えられる。語りを主とし、扇拍子・小鞁・笛などの音曲に合わせて舞う。織田信長が好んだとされる「敦盛」が有名。

(111) **喜入大炊助久正** 一五五〇～一六三二。喜入氏庶流。川上久光子息、喜入忠道養子。

(112) **御調** この場合、連歌の諸準備・記録などヵ。

(113) **吉利下総守忠澄** 一五四九～九五。日向入野・三城（門川・塩見・日智屋）地頭。覚兼妹聟。

(114) **日州外城衆** 日向国内外城の地頭・衆中ら。

(115) **吉田美作守清存** 奏者。

(116) **東坡** 中国、宋代の文人蘇軾ヵ。

(117) **伊集院下野守久治** ?～一六〇七。伊集院久通子息。奏者、日向福島地頭。

(118) **愛宕山下之坊** 京都市右京区

紫波洲崎から直臣である悴者が宮崎を訪れ、正月の挨拶を受けている。さらに四日には周辺寺院の僧侶、五日には山伏たちからの挨拶を受け、ようやく海江田に赴き、六日になって父恭安斎・祖母中城に挨拶している。

八日には鹿児島の主君義久への出仕のため内山から直接、鹿児島に向かい、十日に到着している。鹿児島の御内には老中ら重臣達が勢揃いしており、十一日には宮崎城で覚兼がやったのと同様に吉書始めと鎧着始めを行なっている。なお、この日は義久末弟家久も鹿児島入りしているが、義久への見参は翌日であった。正月の挨拶に順序があったことがうかがえ、主従関係にある直臣が最初だったようである。

十二日、家久と共に覚兼も御内の私的空間である「奥」に呼ばれ、「御料様」と「一之大」の二人の女性と酒を楽しんでいるが、二人が誰なのかはっきりしていない。島津氏当主・一門の妻子を調査・一覧化したウェブサイト「戦国島津女系図」（http://shimadzuwomen.sengoku-jidai.com/index.html）は、「御料様」を後室（種子島時堯娘、?〜一五七二）没後に迎えられた側室、もしくは義久の三女亀寿に比定し、「一之大」を後室に同行して種子島から来た女中に比定している。妥当な考察であろう。

十八日には前年に却下されたにもかかわらず、再び老中役辞退を願い出ている。十九日からは年頭恒例の談合が行なわれているが、その内容で記されているのは、村田経平ら前年に処分された者たちの家臣達の処遇につ

嵯峨愛宕町にあった修験寺院。現在の愛宕神社。『大日本古記録』は福寿院に比定する。山内には、いくつかの塔頭・宿坊があり、それぞれ全国に檀家を持っていた。天正三年（一五七五）四月十七日には島津家久が愛宕山に参詣し、長床坊に宿泊している。恐らく薩摩は長床坊、日向は下之坊を檀那場としており、島津氏が日向を制圧したことにより、競合が生じたのであろう。

(119) **檀方**　檀家。檀那場。

(120) **御札**　神社や寺で出す守り札。

(121) **板物**　板を芯に平たく巻いた絹織物。唐織物。

(122) **檀越**　寺院や僧に金品を贈与する信者。施主。檀家。

(123) **長床坊**　愛宕山の塔頭のひとつ。愛宕山では勝地院長床坊・教学院尾崎坊・福寿院下坊・威徳院西坊・大善院上坊の五坊がそれぞれ「国」を単位として檀那場を設定し、配札や参詣した檀那へ旅宿の提供をしていた（工藤克洋「戦国期における愛宕山五坊・山伏の諸国勧進」『同朋大学佛教文化研究所紀要』三五、二〇一六年）。

(124) **有馬鎮貴**　一五六七〜一六一二。のちの久賢・晴信。肥前日野

いてのみであるが、実際は肥前出陣についても協議されたようである。家久の鹿児島出仕もその根回しであろう。この間、連歌や寄合が続き、疲れが出たのか二十七日には瘡が出て療養している。

江城主（長崎県南島原市北有馬町谷川名）。島原半島を支配し、キリシタン大名として知られる。天正十年（一五八二）には叔父大村純忠とともに天正遣欧使節を派遣している。

(125) **慶書** 新年を言祝ぐ書状。年賀状。

(126) **上原長門守尚近** ?～一五九二。日向飫肥地頭。

(127) **比志島式部少輔義基** 一五三七～一六〇三。伊集院忠棟実弟、比志島義弘養子。日向曽井（宮崎市大字恒久）地頭。

(128) **鎌田筑前守政心** ?～一五八六。日向財部（宮崎県児湯郡高鍋町）地頭。

(129) **猿渡越中守信光** 一五三四～八七。

(130) **稲富新介長辰** 一五三六～一六二九。のちの相良長泰。日向紙屋（宮崎県小林市野尻町紙屋）地頭。

(131) **平田豊前守宗位** 宗祇とも。?～一六〇五。薩摩指宿地頭ヵ。

天正十二年（一五八四）

二月条

一日、いつものとおり出仕。皆さんに挨拶。特に本田親正が[1]祝儀（結婚カ）を年内に挙げる。そのような時に無沙汰するので、酒を持参して挨拶に行った。本田親貞も親正も留守だったので、女中（親貞妻）が対応していただき、持参した酒を賞翫した。拙者もいろいろともてなしを受けた。

二日、いつものとおり出仕。義久様が諸所に出陣の書状をお遣わしになった。談合衆も有馬表（島原半島）への出陣を決定し、皆、帰って行った。

この朝、奏者の鎌田政広・税所篤和を通じて、義久様に申し上げた。ここ一、二年、たびたび加判役[2]（老中）を辞職したい旨、申し上げてきた。またさらに職務に堪えない旨、申し上げた。詳しくは記さない。義久様からのご返事は、「たびたびお役御免を申し出ており、言い分は尤もであるが、ほかの役人たちに対する示しといい、また軽くない役職であるので、今後も頼む。とにかく返事は、後日出す」とのことであった。

この日、鎌田政広は、今度の談合の内容を島津忠平様[3]に伝えるために使者として赴くというので、税所篤和ひとりで寄合中[2]（老中）に対し、内々の考えを申し上げた。追って義久様から返事すると伝えられた以上、あれこれ言上は

（1）**本田弥六親正**　老中本田親貞の養子親孝の子。

（2）**加判役・寄合中**　どちらも「老中」の異称。老中の役割を表す。知行宛行などで発給される老中連署状への「加判」、政策決定の談合や訴訟の裁定の際に「寄り合う」ためこう呼ばれたのだろう。

（3）**島津兵庫頭忠平**　一五三五～一六一九。のちの義弥・義弘。日向真幸院領主。居城は飯野城（宮崎県えびの市大字原田）。唐名「武庫殿」と呼ばれることが多い。

しなかった。しかし、日州（日向国）の担当を、特に（義久から）命じられた以上、出陣前でもあるので、是非とも辞めさせていただきたいと申し上げていたところ、税所篤和と伊地知重秀[4]を使者として、寄合中からご返事があった。「加判役のこと、何度も辞職を申し出ているが、義久様は（覚兼を）加判役に留めて置くと仰るだろう。とにかく軽くない役職である。どのように説明しても、義久様はご納得されない。今までどおり奉公するよう頼む」とのことであった。次に、永吉上谷之門[5]のこと。先年、日州に移った際、（この土地を）〈一作[6]〉下されるとのことで、今でも拙者が領知[7]している。しかし、それはいかがなものかと義久様がお考えになっている。なぜなら、「またまた辞職を申し出る一方で、いかなる手段をとっても間違いなく（一作を）下されたと（覚兼が）主張して領知するのは、当然なことなのだろうか。〈ただに物なしに[8]〉今でも領知しているのは不可解なことだ。もしかすると諸人[9]もそのように考えているのではないか」と直接、義久様から寄合中に仰ったとのこと。

三日、いつものとおり出仕。昨日のご返事を申し上げた。「なおなお、加判役（老中）を頼むとのこと、有り難いことだと思っております。しかし、拙者は生まれながら不才幹[10]なので、いろいろと公界（公的）な所用など思いどおりにいきません。それで老中に留まることは、拙者自身はいいのですが、必ず島津家のためにはなりません。是非とも辞めさせていただければ有り難いです」と申し上げた。次に、永吉上谷之門のことについて。「ご意向を伺いました。これは

（4）**伊地知伯耆守重秀**　？〜一五九四。奏者、大隅蒲生（鹿児島県姶良市蒲生町）地頭。

（5）**永吉上谷之門**　天正八年（一五八〇）に覚兼が宮崎に移るまで地頭として所管していた永吉（鹿児島県日置市吹上町永吉）内の門のひとつ。

（6）**一作**　一か所の意味カ。

（7）**領知**　知行地を支配すること。

（8）**ただに物なしに**　何の根拠もないのにという意味カ。

（9）**諸人**　多くの人。

（10）**不才幹**　てきぱきと処理する能力が欠けている。

間違いなく日向に移る際に、〈一作〉下されたものです。何度か加判役御免願いを申し上げ、鎌田政広を通じて、たびたび理由を申し上げましたが、加判役を勤めるならば、上谷でなくてもいいですので、必ず鹿児島あたりに馬飼所(11)がなくては、時々祗候することはできません。また、老中を辞めるということになれば、必ず彼の地を返上しますので、辞職願いの件が決着するまでは、何となく領知すると、あちらには届け出て今に至っています。つまり、私の事ではありますが、私利私欲で領知しているのではありません」と申し上げた。上谷に関するご返事は何も無く、加判役のことは、なおも頼むとのことであった。

この日、税所篤和の宿所に寄合中（老中）が集まった。拙者もご一緒した。席次は、主居に島津忠長・拙者・伊地知備前守・税所篤和・八木昌信、客居に伊集院忠棟・本田親貞・上原尚近・有川長門守(12)・長谷場純辰・和田玄蕃助であった。一王雅楽助などもやって来て、終日、酒宴。

四日、いつものとおり出仕。義久様に申し上げた。「重ね重ね、加判役を頼むとのこと。何度も申し上げたことは無礼千万でありましたが、私のためではなく上様のためにならないと考えたので、是非ともご承認いただければ有り難いです。永吉上谷のことは、ここ一、二年、私が領知しておりましたが、今、大変ご迷惑をおかけしております。私の考えは前に申し上げたとおりですが、こちらから返上いたします。早々に、どなたかにお与えになってください」と申し上げた。義久様のご返事は、「おまえの考えは理解したが、何度言ってきて

(11) **馬飼所**　馬を飼育する費用捻出のための所領。

(12) **有川長門守**　『大日本古記録』は貞末に比定。有川貞則長男。貞清とも。

も返事は同じである」とのことであった。

この晩、税所篤和・本田信濃守(13)らと拙宿で寄り合い、閑談。税所に加判役辞職の件は、どうだったか尋ねたところ、とにかく言い分を聞くつもりもなさそうで、何度も同じご返事だったとのこと。そこで、この夜、弟鎌田兼政を使者として、談儀所（大乗院盛久）に相談した。「老中役辞職について数ヶ度申し入れたのだが、今までご納得いただけていません。そこで談儀所にお頼みします。明朝、拙者がそちらに参ってお供しますので、殿中に参上して辞職願いをお取り次ぎいただきたい」とお願いした。拙者の言うとおりにするとご返事いただいた。

五日、早朝、談儀所に参上し、拙者の意見を詳しく説明した。やがて談儀所のお供をして出仕。御使（奏者）二人に談儀所の説明を聞かせようとしたところ、税所篤和と伊地知重秀が、御用があるとやって来た。やがて二人から拙者に、義久様の意向が伝えられた。昨日の加判役の件、なおも頼むと仰った上に、さらにまた頼むとの上意があった。「しきりに加判役を辞職したいとの強い思いを伝えてきたが、尤もだと思う。きっと日向の諸地頭の中には、覚兼の言うことに背く連中も多くいるだろう。その上、役人（加判役）ともなると、文句を言う者もいるだろう。ここまで辞職をしつこく申し出るということは、きっと言いたいことがたくさんあるのだろう。しかし、いかなる事情も打ち捨てて、ひたすら奉公に打ち込み、これまでどおりに加判役をしっかりと勧めるべきで

(13) **本田信濃守** 『大日本古記録』は盛親に比定。本田嫡流家十二代親貞の二男。

ある」と仰ったとのこと。談儀所を通じて申請してもどうにもならないと考え、談儀所にはお帰りいただき、自分はもう少し寄合中と談合すると伝えた。両使を通じて寄合中に対し、「このように重ね重ね上意を受けた。この上は、どのようにご返事すべきだろうか、内々に相談したい」と伝えた。そして、それについて自分の考えも伝えた。「加判役のこと。鹿児島にしっかりと居住していないと勤めるのは困難である。なぜなら、義久様のお側で意見をするから、各方面からの信頼を得られるのであって、遠方にいて、とやかく意見を述べても信頼されない。特に日向のことも、鹿児島にいて指示を出すからこそ、何事もうまくいくのだと思う。だから、鹿児島に一年のうち三分の二はいないと勤められない。鹿児島への滞在は、ただで済むものではない。この付近（鹿児島）で空きが出たときに、一所・一名をご用意いただければ、自分自身で仮屋を造作し、また、馬を飼うこともできます。このこと、寄合中がご了承していただけるのでしたら、上意に従う旨、ご返事いたします」と打診した。皆からは、尤もだと返事があり、加判役については、上意に従うと申し上げるのがいいだろうとのこと。馬飼所のことは、協議しておくとのこと。「永吉上谷のことなど、今度、協議に出席の際、覚兼の考えを聞いた上で、それを馬飼所にするようになるでしょう。とにかく、覚兼の考えどおりに義久様に上申する」とのことであった。

この日、ここかしこに挨拶に回った。この晩、平田増宗（ひらたますむね）(14)・長谷場純智（はせばすみとも）(15)・一

(14) **平田新四郎増宗**　一五六六～一六一〇。老中平田光宗の孫。覚兼娘聟。

(15) **長谷場織部佑純智**　一五六七～一六〇八。義久右筆長谷場純辰子息。

王雅楽助・幸若弥十郎などと寄り合った。夜更けまで酒宴。

六日、いつものとおり出仕。義久様に申し上げた。「加判役のこと、数回にわたり辞職を願い出ましたが、重ね重ね忝くも上意を受け、この上は上意に従い、ご奉公申し上げます。いろいろとお聞き入れいただいたことについては、ときどき仰っていただけると有り難いです。何事も御意に従います」と申し上げた。さて、寄合中に申し入れたのは、「間違いなく永吉上谷の件が今度の協議で出るので、皆さんのご意見のように、今度そのまま領有を認めてくれとは言いづらいです。しかし、所領に空きがあれば希望しますので、義久様に上申し、拝領されるようお願いします」と申した。また、「とにかくこの件については、追って申し上げないと加判役（老中）の継続は難しいので、そのように処理していただけますように」と申し上げた。寄合中からのご返事は、「加判役をしきりに頼むと義久様が説得されたところ、お考えに従うとのこと、良かったです。覚兼の考えどおりに義久様へ申し上げますので、これはご承知いただく」とのことであった。

出仕帰りに拙宿に同心して寄り合った。その衆は、佐多忠増(16)・阿多忠辰(17)・本田親正・田代清秀(18)・長谷場純辰・絮阿・為阿・珎阿(19)（田中国明）であった。この寄合が済んでから、愛宕山の下之坊から来た使僧と点心で寄り合った。客居に使僧、次に税所篤和、主居に高城珠長・拙者であった。いろいろ肴を出して、酒で閑談。この晩、向島まで渡海し、白浜に泊まった。

(16) **佐多宮内少輔忠増**　一五六二～一六四一。薩摩百次（鹿児島県薩摩川内市百次町）地頭。

(17) **阿多掃部介忠辰**　御納戸役、薩摩川辺（鹿児島県南九州市）地頭カ。

(18) **田代刑部少輔清秀**　詳細不明。

(19) **珎阿**　珎阿弥、田中国明、義久同朋衆カ、絵師。

七日、敷祢に着船。十八官[20]のところに立ち寄り、いろいろもてなされた。敷祢休世斎にお願いして、閑談して酒宴。この晩、休世斎に連れられて参上し、宿泊。

八日、早朝に出発。この日、庄内の島戸[21]に泊まった。亭主が酒など振る舞ってくれた。

九日、田野に泊まった。〈小草狙い〉に登った。この夜、〈楠はへ〉とかいう村に泊まった。

十日、瘡気なので、じっとしていたところ、田野地頭（大寺安辰[22]）が狩りをしていたので登った。鹿一を射た。破籠など大寺殿が持参してきており、いろいろと酒など。

十一日、宮崎に帰った。蓮香弥介[23]からすぐに呼ばれたので、そこに行った。いろいろともてなされた。敷祢越中守[24]・柏原左近将監[25]・鎌田兼政らと同心した。この晩、拙宿で風呂を焼いて入った。

十二日、宮崎衆中がそれぞれ、拙者が帰宅したと聞いて、やって来た。酒などをくれた衆もいた。この日、出陣の衆盛[26]の談合をした。

十三日、鵜戸山別当[27]から使僧が来た。酒を持参してきたので面会した。

十四日、善哉坊（面高真蓮坊頼俊）が来た。去年、備後[28]にご動座された公方様（足利義昭[29]）の使いとして下向された布施治部少輔殿から書状が到来した。内容は、「去年伝えたように、羽柴秀吉の奔走により、今年の春には必ず入洛する。そこで、島津家からもご協力いただきたくお願いしたい。まずは年内に、春日局

(20) **十八官**　敷祢在住の医者董玉峯。
(21) **島戸**　庄内島津院のことヵ。宮崎県都城市郡元町付近。
(22) **大寺大炊助安辰**　?〜一五八七。日向田野地頭。
(23) **蓮香弥介**　宮崎衆ヵ。詳細不明。
(24) **敷祢越中守**　宮崎衆。
(25) **柏原左近将監**　のちに周防介、出家して有閑。宮崎衆。
(26) **衆盛**　出陣衆の部隊編成。
(27) **鵜戸山別当**　現在の鵜戸神宮（当時の名は、鵜戸山大権現）とその別当寺である仁王護国寺。仁王護国寺は明治五年（一八七二）に廃寺。
(28) **備後**　現在の広島県東部。足利義昭の在所は備後国鞆の浦（広島県福山市）であった。
(29) **足利義昭**　一五三七〜九七。室町幕府十五代将軍。

[30]を上洛させる」とのこと。善哉坊は、この書状を持参してきたのである。早速、拝見した。明日、鹿児島にちょうど幸便[31]があるので（書状を）持たせて、皆にもお目にかけるとのこと。ついでに善哉坊から要望があった。野村加賀守[32]に立願があるのか、今年、大峯[33]で護摩焼をするとのことで、どこかの山伏に依頼したとのこと。善哉坊が以前から野村党の檀方であり、その上、善哉坊は当州（日向国）の惣職[34]でもある。それにもかかわらず何の断りもなくこのような事になっているのは不満であるとのこと。この件、野村氏を説得すべきかどうかの相談であった。「それぞれの宗旨の慣例は知らないが、本人に説得するのがいいのではないか」と答えた。取次は関右京亮[35]であった。

十五日、彼岸の入りだったので、看経など念入りに行なった。この朝、敷祢越中守が鹿児島に私用があって参上するとのことなので、昨日の布施殿の書状を持たせた。ついでに、先日参上した際に、拙者の春山野[36]の鴾毛[37]の馬を、義久様がご所望とのことだったので、牽かせて進上することにした。

　この日、岩戸[38]に参詣した。参銭などはいつものとおり。それから大門坊[39]に挨拶に行った。酒を持参した。いろいろともてなされた。それから西方院[39]に参った。これも酒を持参した。風呂など焼いてもらい、もてなされた。この晩、関右京亮に飯を振る舞った。夜更けまで酒宴。都於郡から使いが来た。

十六日、諸所から、今度の出陣に参陣する物数[40]を書き上げたものをいただいた。今月十三日以降、各地から（物数を記した）書立が到来している。

(30) **春日局** 足利義昭側室。
(31) **幸便** 都合よくついでの便りがあること。
(32) **野村加賀守** 『大日本古記録』は重綱に比定。日向内山地頭野村備中守文綱の一族ヵ。
(33) **大峯** 大峰山脈のうち、青根ヶ峯（奈良県吉野郡吉野町）より北を「吉野」、南を「大峯」と呼び、どちらも古代以来の修験道の聖地。
(34) **惣職** 日向国内の山伏を統轄する役職、惣先達職のこと。
(35) **関右京亮** 宮崎衆。
(36) **春山野** 現在の鹿児島市春山町にあった牧場。
(37) **鴾毛の馬** キジの毛のように色の美しい毛並みを持つ馬。
(38) **岩戸** 磐戸神社（宮崎市上北方町）。
(39) **大門坊・西方院** 竹篠山（宮崎市大字瓜生野）の塔頭。
(40) **物数** 騎馬武者・雑兵などの人数。

この日、本坊(41)に参詣し、酒を持参した。斎(42)を振る舞われた。数返、酒や御膳をいただいた。その間、若衆たちは鞠を蹴っていた。碁など打つ者もいて、いろいろともてなされて慰んだ。そうしたところ、紙屋地頭稲富長辰の子息が、冬に元服したとのこと。時間ができたので、まだ拙者に見参していないということで来られた。すぐに本坊に呼んで見参した。酒と銭百疋を持参していた。点心の座で寄合、持参の酒でお酌を受けた。有馬名字の衆中一人を同心していた。彼も同座して参会。

　この晩、大門坊の庭にて、若衆中が蹴鞠。夜に入って歌香(43)など聞いた。いろいろと夜遊び。夜更けに城に帰った。

十七日、〈鶏足の霧島〉(44)に参詣した。泉長坊(45)と寄り合い、いろいろともてなされた。終日、酒宴。この日の晩、中城（覚兼祖母）と恭安斎（父董兼）のお二人がお越しになった。いろいろともてなし、夜更けまで酒宴。いろんなお酒をいただいた。

十八日、本庄地頭川上翌久(46)が来た。酒をいただいた。衆中一、二人を同心していた。これも酒を持ってきた。野村宮内少輔が来て、酒をくれた。

　この日、嫡男犬徳丸(47)の袴着(48)の祝言をした。三献はいつものとおり。恭安斎ご夫婦・中之城（祖母）も同席して、いろいろと祝言。恭安斎から犬徳丸に刀が下された。佐藤玄蕃助の作である。終日、酒宴。

十九日、鹿児島浄光明寺(49)から、都於郡経由で書状が届いた。内容は、「遊行同念(50)をお迎えする準備を諸所に命じているので、急ぎ準備するようお願いしま

(41) **本坊**　竹篠山の中核寺院。現在の王楽寺（宮崎市大字瓜生野）。
(42) **斎**　寺院の正午前の食事。仏教の戒律では正午を過ぎての食事は禁じられていた。正午過ぎの食事は「非時食」という。
(43) **歌香**　歌道と香道カ。
(44) **鶏足の霧島**　詳細不明。宮崎市跡江にあった霧島寺の可能性もあり。
(45) **泉長坊**　修験者。
(46) **川上備前守翌久**　一五二〇～九六。川上忠塞四男。日向本庄（宮崎県東諸県郡国富町本庄）地頭。
(47) **犬徳丸**　覚兼嫡男。この時、三歳。のちの経兼（一五八二～一六三二）。
(48) **袴着**　はじめて袴を着る儀式。現在の七五三。
(49) **浄光明寺**　鹿児島市上竜尾町（現在の南洲墓地）にあった時宗寺院。この時の住持は第十一代其阿西嶽。其阿は新納周防守久友三男。姉は新納祐久室・新納忠元の母。
(50) **遊行同念**　一五一七～八七。遊行三十一代。常陸江戸崎顕声寺（茨城県稲敷市）にて遊行を相続。この年、都於郡の光照寺にて遊行を三十二代普光に譲っている。遊行上人とは時宗の総本山遊行寺

す」とのこと。

　この日は、内々（妻）が恭安斎と中城をもてなした。終日、酒宴。財部(51)から、物数の書き立てが届いた。

二十日、いつものとおり。昨日、飯野(52)経由で情報が伝わってきた。八代(53)の花之山栫(54)に対し、阿蘇大宮司家(55)が向陣(56)を構築したとのことである。

　この日、鎌田兼政のところに二堞(57)・中城・我々が招かれ、いろいろともてなしを受けた。この晩、野村彦殿(58)から招かれたので、城から下りて、いろいろともてなされた。夜更けに帰った。恭安斎お二人はこの日、帰宅された。福永備後守殿が酒持参で来た。肝付兼寛から使者が来た。これも酒・肴を持参。二人一緒に面会。持参の酒など賞翫。綾(59)から不動坊が来た。酒・肴持参。面会した。

二十一日、いつものとおり。野村友綱・信綱父子(60)が、夜前に拙者が城から下ってきたことへの御礼に来た。またまた酒を持ってきた。

　この日、瀬戸山大蔵丞(61)から招かれたので、穂村(62)に下り、いろいろともてなしを受けた。若衆中が鞠など蹴るのを見て慰んだ。夜更けまで酒宴。この夜は、大蔵丞のところに泊まった。衆中も多く同心した。

二十二日、早朝、大乗坊(63)に挨拶し、粥を振る舞われた。それから碁・将棋など。その後、池田志摩丞(64)から招かれたので、彼の家に行った。飯を振る舞われた。いろいろともてなされた。その後、沙汰寺(65)に参詣。その庭で若衆たちが蹴鞠をするのを見物。蹴鞠が済んでいろいろともてなされた。それから加江田に行った。

（清浄光寺）の歴代住職を指し、全国を遊行した。

(51) **財部**　のちの高鍋（宮崎県児湯郡高鍋町）。地頭は鎌田政心。

(52) **飯野**　宮崎県えびの市飯野地区。領主は島津忠平。

(53) **八代**　熊本県八代市。

(54) **花之山栫**　熊本県宇城市豊野町上郷。前年十月、覚兼ら肥後出陣衆が堅志田城の阿蘇勢に備えて築いた出城。

(55) **阿蘇大宮司家**　阿蘇家。古代以来、阿蘇社（現在の阿蘇神社、熊本県阿蘇市一の宮町）の大宮司職を世襲する一族。本拠は同県上益城郡山都町にあった浜の館。

(56) **向陣**　敵城を攻撃・監視するため近くに築かれた陣地。

(57) **二堞**　『大日本古記録』は覚兼母に比定。肝付兼固の娘。

(58) **野村彦殿**　二十四日条後出の彦兵衛尉と同一人物ヵ。

(59) **綾**　宮崎県東諸県郡綾町。

(60) **野村丹後守友綱・狩野介信綱**　宮崎衆ヵ。

(61) **瀬戸山大蔵丞**　穂村在住の有力者ヵ。

(62) **穂村**　現在の宮崎市塩路周辺。

(63) **大乗坊**　住吉社（現在の住吉神社、宮崎市塩路）の宮司。

天気が悪く、内山に泊まった。

二十三日、円福寺が早朝やって来た。福昌寺の代賢和尚が、今月十五日に亡くなられたとのことであり、鹿児島への使僧を依頼していた。（円福寺は）個人的に鹿児島に行く用事があったので了承したのだが、ちょうど脚気が良くないので、代僧を派遣するのはどうだろうか、との相談であった。「それなら代僧を派遣するのがいいだろう」と答えた。木花寺が酒を持参してやって来た。それぞれ拙者がやって来たと聞いて、酒・肴を持ってきた。

この晩、上井秀秋[66]が宮崎にやって来たが、拙者が留守と途中で聞いて、紫波洲崎に向かうとのことであった。使者を遣わした。この晩も内山に泊まった。

二十四日、早朝、紫波洲崎城に参上。上井秀秋が拙者にも酒を持ってきた。面会していろいろともてなされて閑談。今度の有馬[67]（島原半島）渡海の件について、船の造作を見舞[68]（巡視）に来たとのこと。

この晩、中城は留守であったが、彦兵衛尉が酒を出して、上井秀秋に祝言を申し上げたいと言うので、恭安斎と我々も一緒にそちらに参上して酒を呑んだ。この夜は、そちら（中城）に泊まった。

二十五日、早朝、躵[69]に山に登った。この日は、二楪（母）から秀秋と拙者に振る舞いがあった。いろいろともてなされた。

この晩、安楽阿波介[70]から招かれたので、恭安斎のお供をして安楽の宿所に行っ

(64) **池田志摩丞**　詳細不明。地元の有力者カ。

(65) **沙汰寺**　宮崎市下北方町塚原にあった真言宗寺院。明治三年（一八七〇）に廃寺。現在は景清廟となり、祠や石塔が残る。

(66) **上井次郎左衛門尉秀秋**　?〜一五九二。覚兼弟、島津忠平老中。

(67) **有馬**　有馬鎮貴の支配領域。島原半島を指すとみられる。

(68) **見舞**　見廻と同義。

(69) **躵**　鉄砲による狩猟。

(70) **安楽阿波介**　上井覚兼悴者（上井家の被官）。

た。いろいろもてなされた。恭安斎は、秀秋がいるからと言って、早々に帰ってしまった。拙者は薄暮になってから帰った。内山に泊まった。

二十六日、上井秀秋が帰るというので、帰り道の途中の内山に茶屋を構えさせておいたので、ここでもてなした。茶が済んで酒。未刻（午後二時頃）に出発して帰った。

この日、清武から使者。地頭伊集院久宣(71)が今年になって無沙汰しているのだが、これは体調不良のためであり、また拙者が鹿児島に逗留していたので、やむを得なかったとのことであった。使者は酒を持ってきていた。そこで使者と面会し、賞翫。

この日、狩りの用意を命じていたのだが、右のように所用が入ったので、夕方になり、ようやく鹿蔵(72)に登った。鹿一頭を射た。合計鹿五頭を捕った。

この晩、宮崎から加治木三郎次郎(73)が来た。内容は、「敷祢越中守が今日、鹿児島から帰宅した。肥後国合志(74)に龍造寺勢が出陣し、日々攻撃している。このままでは合志の落城は時間の問題であり、援軍の派遣が必要である」とのこと。新納忠元宛の隈本(75)・宇土(76)からの書状、そして、新納忠元の書状あわせて三通を持参してきたので拝見したところ、去る十一日（二月十一日）に龍造寺勢は出国（佐賀を出陣）し、同十三日に合志に攻め寄せたとのこと。これへの対応のため、義久様も来月二日に必ず出陣するだろうとのこと。そこで、当州（日向国）の衆にこれを伝達するようにとのこと。先日、有馬（島原半島）に出陣すると

(71) **伊集院美作守久宣** 一五三〇～八七。日向清武（宮崎市清武町）地頭。天正十五年（一五八七）三月十五日、豊後鶴崎城（大分市南鶴崎）からの退却中に討死。

(72) **鹿蔵** 狩場。

(73) **加治木三郎次郎** 宮崎衆。

(74) **肥後国合志** 熊本県合志市。合志宣頓・親重領。

(75) **隈本** 城一要の居城。北郷忠虎らが在番中。

(76) **宇土** 肥後国衆名和顕孝の居城。

陣触れ(77)していたので、もちろんその人衆は早々に出陣するようにとのこと。有馬への渡海ならば、佐敷(78)に軍勢を集合させるべきであるが、合志氏への支援があるというので、八代に皆、着陣するようにとのこと。そこで龍造寺勢が撤退するようであれば、当初の約束どおり有馬表（島原半島）に軍衆を派遣するように、とのことであった。

二十七日、諸方に使者と書状にて、援軍派遣の陣触れをした。この日、宮崎に帰った。この晩、叔父上井兼成のところに招かれたので行った。薄暮まで酒宴。

二十八日、いつものとおり。日御崎寺(79)がやって来て、講読。この日も出陣の談合を衆中とした。この晩、清武から使者が来て、援軍衆のことなど詳しく尋ねられたので、ありのままに申した。

二十九日、金剛寺(80)から使僧が来た。今年、拙者がまだ参詣していないので、来月朔日(81)には必ず参詣していただきたいとのこと。「朔日は、別寺への参詣を約束しているので、明日、挨拶に参ります」と返事した。

　この日、清武の勢多寺(82)が挨拶に来た。酒をいただいた。食籠(83)の肴であった。すぐに面会した。この日、衆中が皆、揃って今度の出陣について談合。

晦日（三十日）、本庄から学頭坊・萬福寺(84)など来た。酒を皆、持参。この日、金剛寺に参詣。時（斎）を振る舞われた。その後、風呂を焼いてくれて入った。風呂が済んで点心でもてなされた。終日、酒宴。この帰りに曽井(85)経由で情報が届いた。甲斐宗運父子(86)に紛争が起き、子供は阿蘇に退去し、宗運は隈庄殿（甲斐上総介カ）

(77) **陣触れ**　出陣命令。

(78) **佐敷**　熊本県葦北郡芦北町。

(79) **日御崎寺**　紫波洲崎城南側に位置する寺院。前出正月七日条の御崎観音と同じ。

(80) **金剛寺**　宮崎市大瀬町に現存する臨済宗寺院金剛禅寺。

(81) **朔日**　毎月一日のこと。

(82) **勢多寺**　宮崎市清武町木原、現在の宮崎県立みなみのかぜ支援学校付近にあった寺院。出土した石塔が黒坂観音境内に移設されている。

(83) **食籠**　料理を入れる器。漆器で丸形・角形がある。

(84) **萬福寺**　宮崎県東諸県郡国富町本庄の天台宗寺院。

(85) **曽井**　宮崎市恒久、現在の野崎病院敷地にあった曽井城を中心とする外城。地頭は比志島義基。

(86) **甲斐宗運父子**　甲斐宗運（親直、?～一五八五）は阿蘇大宮司家重臣で御船城主（熊本県上益城郡御船町）。その子とは、長男親英（?～一五八七）カ。

と同心して、八代に参上したとのこと。

【解説】

前月の談合の結果、有馬鎮貴を本格的に支援することを決定したようであり、二日、義久は領内各所に有馬表出陣を命じている。同日、老中は、覚兼の老中（加判役）の辞職願を却下している。義久は覚兼が辞職を求めながら、老中就任に付随する領知を返上しないことへの不信感を示しているというが、翌三日、逆に覚兼は老中に留まる条件として、永吉上谷門に替えて鹿児島付近に馬飼所を給与されることを願い出ている。辞職願の背景に遠隔地の宮崎で老中を勤めることへの経済的負担があったのだろう。四日には、義久の信頼厚い談儀所（大乗院盛久）に辞職の仲介を依頼しているが、翌五日、義久から再び思い留まるよう説得を受け、さすがに諦め、馬飼所給与の条件闘争に移行している。

六日に鹿児島を出立し、敷祢で友人となった帰化明人十八官（董玉峯）からもてなしを受け、十一日に宮崎に戻っている。十四日、善哉坊住持の面高真蓮坊頼俊が、備後鞆の浦に亡命した足利義昭家臣からの書状をもたらしている。この頃から善哉坊の外交僧としての活躍が目立つようになる一方、日向国の山伏を統轄する「惣先達職」として覚兼への要求・裁定依頼も増えている。

十六日には、二日の義久からの軍勢催促に基づき、各地の地頭から「物数」（軍勢の数）の報告が覚兼の元に集まっていることが記される。義久の軍勢催促には恐らく軍役規定（領知面積ごとに率いる武者・従者の数）が記されており、それに基づき地頭が今回、外城ごとに率いる軍勢数を日州両院噯の覚兼に報告する手順になっていたのであろう。十八日には嫡男犬徳丸（のちの経兼）が三歳となり、祖母中城・父恭安斎夫婦と共に「袴着」を祝っている。

十九日、鹿児島浄光明寺の其阿西嶽（そあせいがく）から、遊行三十一代同念上人が都於郡光照寺に入ることが伝えられている。遊行上人は時宗遊行派のトップであり、多くの門弟を率いて廻国した。これを受け入れる領主の経済的負担も大きかったであろう。

二十日には、肥後の阿蘇大宮司家領への抑えとして覚兼らが築いた花之山栫（かこい）に対し、阿蘇側が向陣（むかいじん）を築いたとの情報が届いている。また二十六日には、島津家に従属した肥後国衆合志氏の本拠（竹迫城（たかば））に龍造寺勢が攻め寄せてきて、支援が必要との情報が鹿児島からもたらされており、肥後の軍事的緊張が高まっていた。二十四日には、忠平（義弘）重臣の弟上井秀秋が船の造作視察のため紫波洲崎に来ている。折生迫湊が当時、造船基地でもあったことがうかがえ、興味深い。

天正十二年（一五八四）

三月条

一日、衆中がいつものように出仕してきた。浄光明寺の使僧が都於郡からやって来た。「（遊行同念が）必ずこちらに来るつもりだったが、出陣前で取り乱れていると聞いたので、ご遠慮された」とのこと。お茶と龍涎香(1)をいただいた。あわせて、二、三年前、山賊をやり、所領を没収された弓削名字の者が、浄光明寺を頼って来ているらしく、路次免許(2)をお願いしたいと要請があった。これについては重大案件なので、「寄合中（老中）で談合し、追ってご返事いたします」と申しておいた。

この日の朝、堀四郎左衛門尉殿(3)から招かれたので、城を下った。いろいろもてなされた。茶の湯でもてなされ、お茶は宇治の無上(4)であった。曽井の加護八幡(5)の座主常智院が居合わせたので、閑談。穆佐(6)から使者が来た。「明日、出陣します。八代(7)にて万端、打ち合わせしましょう」とのこと。「明日の出陣は了解しました。拙者は少々瘡気で体調不良のため養生し、必ず三月四日には出陣いたします」と返事した。

二日、いつものとおり。折生迫から拙者の船が、（肥後に向けて）出航するとの連絡があり、加治木但馬丞(8)が上乗り(9)のため出発した。加治木縫殿助(8)・江田

(1) **龍涎香**　香料の一種で大理石状の模様を持つ蝋状の固体。マッコウクジラの腸内に発生する結石。
(2) **路次免許**　通行許可。
(3) **堀四郎左衛門尉**　宮崎衆。宮崎城下に居住。
(4) **無上**　宇治茶のブランドのひとつ。『山科家礼記』延徳三年（一四九一）四月二十日条を初見とし、高値で売買された。
(5) **加護八幡**　宮崎市郡司分、宮崎市立国富小学校横に鎮座する現在の加護神社。郡司分周辺は外城曽井の管轄内だった模様。
(6) **穆佐**　現在の宮崎市高岡町全域を範囲とする外城。地頭は樺山忠助。
(7) **八代**　古麓城（熊本県八代市古麓町）が島津氏の拠点となっていた。
(8) **加治木但馬丞・加治木縫殿助・江田安芸守**　宮崎衆。
(9) **上乗り**　航行の安全のため船に同乗すること。

安芸守(8)も上乗りした。そのほか役人など一、二名が乗船した。衆中の荷物もその船に載せた。

この日、伊集院忠棟の内衆鳴田与一という者が、本庄の親元に来たついでに、こちらに伝言に来た。内容は、「今度の出陣は必ず行なわれる。忠棟と覚兼は、佐敷で義久様のお側にいるようにとのことである。甲斐宗運もこちらに参陣するとのことである。いろいろと佐敷で相談したい。また、明後日の義久様の出陣は中止となった。鹿児島を、来る九日にご出陣すると決定し、和泉(10)を経由される」とのこと。そこで、「拙者の今月四日の出陣は見合わせる。拙者は伊集院忠棟の指示で義久様のお側にいることになったので、遅れて出陣する。皆さんは急ぎ出陣するように」と所々に伝えた。

三日、いつものとおり。衆中など来られた。いずれも酒で対応。この日、満願寺（玄恵）に息子（犬徳丸）の祈念を依頼したので、ご登城された。まず茶の湯でもてなし、その後、息子をお目にかけた。これから無事成長するよう祈念していくとのことで、「観千代」と名付けていただいた。祝いの物を贈った。終日、祝言の酒宴。この晩、満願寺からも観千代に祝い物をいただいた。

四日、金剛寺が登城してきたので、茶の湯でもてなした。終日、酒宴。曽井から書状をいただいた。拙者が出陣する日を尋ねてきた。「伊集院忠棟からの使者がそちらにも行ったので、きっと聞いているでしょうが、拙者は義久様のお側にいることになったので、（義久が）鹿児島をご出陣するのに合わせて出陣す

（10）**和泉**　鹿児島県出水市。島津薩州家義虎の私領。居城は出水亀ケ城（出水市麓町）。

るつもりである。あなた方は、早々に出陣すべきであるが、お考え次第である」と返答した。

五日、いつものとおり。蔵岡(11)（倉岡）から地頭吉利久金殿(12)の代理として二階堂出羽守が使いとして来た。「今年になって無沙汰しております。自分で来るべきですが、出陣前ということで、酒・肴を持たせます」とのこと。すぐに賞翫した。本庄地蔵寺(13)からも使僧が来て、酒をいただいた。

清武衆の川野筑後守が、久しく無沙汰しているとのことで来られ、酒を持参した。柏原左近将監を取次として川野の申し出を承った。「地頭伊集院久宣から賦課された〈天役〉(14)を果たさず、年内から麓に蟄居(15)している。今度の出陣に従軍したいので、同心させてほしい（覚兼の陣に加えてほしい）」とのこと。尤もなことではあるが、地頭に対して過失があった者を、拙者が現在の状況を知らないまま、同心を許可することは納得できない。そこで、境目(16)にて鹿児島御使衆（奏者）を通じて、この旨を伝え、寄合中（老中）の談合の結果次第では同心を許す旨、返事した。

六日、いつものとおり。西俣七郎左衛門尉(17)が来られた。酒を持参してきた。「この間、鹿児島に祗候しており、二月晦日に鹿児島を出立し、曽井に戻ってきたのだが、虫気(18)が出て今まで挨拶が遅れた」とのこと。伊集院忠棟からの伝言があった。前日に鳴田与一から聞いたとおり、「今度のご出陣は、先日の談合から変更は無く、伊集院忠棟と覚兼は義久様のお側にいることになるので、その

(11) **蔵岡** 倉岡。宮崎市糸原の倉岡城を中心とする外城。
(12) **吉利山城守久金** 一五三〇〜一六一六。島津忠将二男、入野地頭吉利忠澄の叔父。母は島津相州家忠幸（運久）の娘（?〜一五四七）で、島津日新斎の異父妹。兄久定が島津貴久から吉利（鹿児島県日置市日吉町吉利）を宛行われ、甥忠澄とともに吉利氏を称す。
(13) **本庄地蔵寺** 宮崎県東諸県郡国富町大字伊左生の曹洞宗寺院ヵ。
(14) **天役** 夫役ヵ。
(15) **蟄居** 一定の場所に謹慎すること。
(16) **境目** 原本では「堺目」。敵の勢力圏との境目。この場合、陣中ということだろう。
(17) **西俣七郎左衛門尉** 伊集院忠棟もしくは比志島義基の家臣ヵ。
(18) **虫気** 腹痛を伴う病気の総称。

つもりでいるように。義久様のご出陣は、来る九日・十日になるだろう。新田宮(19)に参詣され、また和泉にも立ち寄るので、そのつもりで佐敷に到着しておくように」とのことであった。西俣が個人的に話してくれたことによると、「義久様のご出陣日は、九日・十日が悪日(20)なので、十一か十二日になるだろうから、覚兼らは十五、六日に出陣するのがいいのではないだろうか」とのことであった。

弓削甲斐介殿が酒・肴を持参してきた。若衆中がこちらの庭にて鞠を蹴っていたので、振る舞った。この日、鎌田兼政殿（覚兼弟）が義久様のお供となったので、鹿児島に向かった。

七日、いつものとおり。谷口和泉丞(21)のところに行き、いろいろともてなされた。衆中五、六人も同心した。この夜は、谷口のところに泊まり、終夜、酒宴。

八日、谷口和泉丞が朝食を振る舞ってくれて、碁・将棋など。この日の暮れ、江田大宮司(22)のところにて、鞠。それからいろいろともてなされた。この夜、江田大宮司のところに泊まり、夜更けまで閑談。

九日、海蔵坊(23)が斎を振る舞ってくれた。それから加江田に出発したところ、また若宮(24)の拝殿にて大宮司が酒を持参して、もてなしてくれた。それから、谷口和泉丞が中途で酒をくれた。河辺(25)にて酒宴。その後、曽井の加護八幡の座主（常智院）から招かれて、いろいろともてなされた。衆中一、二人も同心した。曽井衆の勝目氏が居合わせて、もてなされた。この夜、加江田の内山に泊まった。

十日、内山にて朝、狩りをやった。鹿一頭を捕った。それから紫波洲崎に参上

(19) **新田宮**　鹿児島県薩摩川内市宮内町に鎮座する現在の新田神社。薩摩国一之宮。

(20) **悪日**　運勢の悪い日。

(21) **谷口和泉丞**　新別府村（宮崎市新別府町周辺）の住人。この辺りの有力者とみられる。

(22) **江田大宮司**　江田神社（宮崎市阿波岐原町）の宮司。

(23) **海蔵坊**　前夜江田大宮司のところに泊まっており、江田神社の別当寺の可能性あり。

(24) **若宮**　詳細不明。江田社から加江田への途上の神社ヵ。

(25) **河辺**　大淀川河畔ヵ。

した。父恭安斎様から、いろいろともてなされた。この夜、また内山に行き、泊まった。清武から松下越中守殿が、久しく無沙汰しているとのことで、酒持参で来られた。お会いして賞翫。八代への移衆とのことで、明日、あちらに出立されるとのこと。平田光宗殿(26)への伝言をお願いした。

十一日、九平良(27)で狩りをした。猪・鹿六頭を捕った。ここかしこで酒をいただいた。敷祢又十郎殿(28)が同心したので、寄り合って賞翫。この夜は、また内山に来た。

十二日、円福寺などから酒をいただき賞翫した。この日、宮崎に帰った。衆中が、拙者が帰ったと聞いて挨拶に来た。この日の暮頃、鞠を用意させ、若衆中が来て蹴らせた。それから風呂を焼いて、皆を入れて慰労した。この夜、本田治部少輔殿(29)が酒を持参した。出家一人も同心。これも樽を持参。お会いした。

十三日、瓜生野の八郎左衛門尉から招かれたので、城を下って行った。いろいろともてなされた。本庄の萬福寺などが居合わせて、酒宴。この晩、奈古大宮司泉鏡坊から招かれて城を下り、若衆中が鞠などやった。それから夜更けまで酒宴。

十四日、宮崎を出立した。祝言の酒を皆からいただき、参会した。首途の祝い(30)を受けて、この晩、瀬越(31)まで到着した。途中、本庄萬福寺で茶の湯。吉利忠澄殿の女中（覚兼妹）から酒・肴をいただき、賞翫。この夜、本田治部少輔殿らと同宿して雑談。

(26) **平田美濃守光宗** 老中。前年十一月から八代古麓城・花之山城の主取（城代）を勤める。

(27) **九平良** 九平とも。宮崎市鏡洲、姥ヶ嶽神社付近の地名。

(28) **敷祢又十郎** 父恭安斎悴者、紫波洲崎衆ヵ。

(29) **本田治部少輔** 加江田衆ヵ。

(30) **首途の祝い** 出陣の時のお祝い。

(31) **瀬越** 宮崎市高岡町紙屋ヵ。

十五日、早朝、瀬越を出立。宮崎衆は中途で追いついた。破籠を肴に酒を振る舞い、同道した。この夜は、飯野〈本路〉で一泊。忠平公は、明後日ご出立されると、下々の者が言っていた。

十六日、早朝、飯野〈本路〉を出立し、般若寺町[32]にて敷祢越中守殿が我々に酒を振る舞ってくれた。それから、坂の上[33]にて皆に、拙者が破籠など振る舞った。

この晩、山野[34]に泊まった。地頭の税所篤和殿が、酒・肴を持ってきた。「義久様は昨日、水俣に到着されたので、今日はきっと佐敷に到着されているだろう」と話してくれた。また、「有馬（島原半島）へも先勢十か所[35]ほどの衆が渡海した」と語ってくれた。

十七日、明け方、山野を出発した。出陣途上の島津忠長殿に湯浦[36]にて追いついた。それから忠長にお供し、佐敷に未刻（午後二時頃）に到着した。すぐに路次支度[37]のまま忠長とともに義久様の御座所に出向き、白浜重治殿[38]を通じて、忠長到着を伝えた。拙者は、「早々に祗候すべきでしたが、伊集院忠棟から、『今度の出陣では義久様のお側にいるようにとのことであり、（義久は）来る二十日頃、佐敷にお越しになる。なぜなら、途中川内・和泉などに立ち寄るので、そのつもりで佐敷に来るように』と、西俣七郎左衛門尉と伊集院忠棟内衆から二度、宮崎にて命じられたので遅参いたしました」と申し上げた。義久様からのご返事は、「言い訳は不要である。加判役でありながら、遅参したのは納得できない」とのことであった。それから伊集院忠棟・本田親貞の宿所に挨拶に行った。

（32）**般若寺町**　鹿児島県姶良郡湧水町大字般若寺にあった寺院の門前町カ。

（33）**坂の上**　般若寺から現在の鹿児島県伊佐市菱刈へと抜ける峠道“般若寺越”の峠カ。

（34）**山野**　鹿児島県伊佐市大口山野。

（35）**先勢十か所**　外城十か所分の軍勢という意味であり、そのなかには島津家久、新納忠元らが含まれていたようである。

（36）**湯浦**　熊本県芦北郡芦北町湯浦。

（37）**路次支度**　行軍中の服装のまま。

（38）**白浜二郎左衛門尉重治**　一五四三～？。薩摩大村地頭白浜重政の子。奏者。

十八日、昨日の遅参は、曲事であると義久様が仰ったので、遠慮して出仕しなかった。

この日、拙宿に伊集院忠棟・本田親貞がお越しになった。この晩、島津忠長殿が有馬（島原半島）に渡海された。

十九日、早朝、伊集院忠棟から稲富金兵衛を使者として通達があった。義久様が田代清秀を奏者としてお命じになった。「覚兼が昨日から遅参を理由に出仕していないが、そんな遠慮から出仕しないのか。早々に出仕するように」とのこと。すぐに出仕した。島津歳久公が昨日到着され、本日、義久様がお会いになった。やがて寄り合い。

二十日、いつものとおり出仕した。義久様が忠平公にお会いになった。樽と折肴[39]を進上された。今年初めての会見だったので、式三献で寄り合った。島津朝久[40]も一緒に寄合。この晩、島津忠平公の宿所に参上した。

二十一日、相良殿兄弟（忠房[41]・頼房[42]）が義久様に拝謁した。太刀・酒・漆など進上した。

この日、宮原景種[43]が饗応された。席次は、上座に義久様、次に歳久公・相良殿（忠房・頼房）・伊集院忠棟・宮原景種、客居に忠平公・喜入季久[44]・本田董親・拙者であった。三献目に相良殿が持参の酒をいただいた。相良忠房殿がお酌をされた。舎弟長寿殿（頼房）が提[45]役であった。終日もてなされた。点心の時、本田親貞がやって来た。奥之山左近将監[46]・松尾与四郎[46]などが鞁を打ち、終日、

（39）**折肴** 檜の薄板を折り曲げて作った箱に入った酒の肴。

（40）**島津豊州家朝久** ？～一五九三。豊州家忠親子息。北郷時久の実弟。室は島津忠平長女御屋地。大隅平房・市成領主（鹿児島県鹿屋市輝北町）。「豊州」と呼ばれる。

（41）**相良四郎太郎忠房** 一五七二～八五。相良義陽長男。肥後人吉領主。父義陽が、天正九年（一五八一）十二月に肥後響野原の戦いで甲斐宗運と戦い討死したため、島津義久の承認を受けて家督を相続。

（42）**相良四郎次郎頼房（長寿丸）** 一五七四～一六三六。のちの長毎、相良義陽二男。人質として和泉にいたが、天正十三年（一五八五）二月、兄忠房が急死したため、家督を継ぐ。のちに豊臣秀吉に降って人吉を安堵され、初代人吉藩主となる。

（43）**宮原筑前守景種** 一五一五～八七。肥後佐敷地頭。室は鎌田尾張守政年妹。天正十五年（一五八七）四月、肥後隈庄にて討死。

（44）**喜入摂津守季久** 一五三二～八八。元老中。島津奥州家立久の子忠弘を祖とする喜入氏当主。薩摩喜入（鹿児島市喜入地区）領主。

（45）**提** 注ぎ口と鉉のある銀・錫

乱舞。

この日、島津彰久殿が有馬に渡海し、上原尚近がお供した。そのほか諸所の軍勢が渡海した。

この日、家久公や忠長殿・平田光宗・新納忠元など、有馬でお骨折りの方々に、使書にて慰労のため、拙者の船十二反帆(47)を有馬に派遣した。

二十二日、いつものとおり出仕した。釈迦院(48)の衆徒を義久様がお目にかけた。酒など進上した。寄合となり、我々に対しても彼らから挨拶があった。

二十三日、南林寺(49)を義久様がお目にかけた。酒を進上した。

この日、義久様が佐敷太郎峠(50)にお登りになり、〈方角〉(51)を遠見された。忠平公・歳久公・寄合中、そのほか諸所の衆がお供した。宮原景種の食籠を肴に酒を進上。皆も出された酒をいただいた。この晩、境〔堺〕(52)の船頭六之介が拙宿に来た。酒樽を持参してきた。

二十四日、地蔵菩薩に特に看経した。いつものとおり出仕。城一要(53)から使者が来た。義久様がこちら（八代）に出陣されたことへの祝言であった。太刀・片色二(54)を進上された。義久様が使者にお会いになった。

この日、家久公やそのほか諸所の軍勢への慰労に派遣していた泉鏡坊が帰帆した。新納忠元・鎌田政近から書状をいただいた。「いままで無人数であったが、島津彰久殿・島津忠長殿・平田光宗殿などが到着したので、島原攻略も間違い(55)ないだろう。また、三重(56)（三会）の町にて少々矢戦(57)があった」とのこと。すぐ

製小鍋形の器。

(46) **奥之山左近将監・松尾与四郎**　芸能民。

(47) **十二反帆**　帆布一反は幅九〇㌢とされる。十二反帆（十二反つないだ帆）は、幅約一〇㍍の大きな船だったとみられる。

(48) **釈迦院**　熊本県八代市泉町柿迫にある天台宗寺院。

(49) **南林寺**　現在の鹿児島市松原町にあった曹洞宗寺院。島津貴久の創建で、貴久の御影（肖像画）が納められていた。

(50) **佐敷太郎峠**　佐敷湊から北へ向かう街道の峠。津奈木太郎峠と赤松太郎峠とともに三太郎峠と呼ばれている。

(51) **方角**　島津勢が出陣した島原方向の海という意味カ。

(52) **堺**　大阪府堺市。

(53) **城一要**　出田親基。肥後国衆、肥後隈本城主。天正十年（一五八二）に亡くなった肥後国衆城親賢の弟。親賢の嫡男久基が幼かったため一要が後見した。城氏の本拠は隈本城（熊本市中央区古城町）であり、この頃は島津勢が交替で在番していた。

(54) **片色**　練貫（生糸と練糸の織物）の一種で、縦糸と横糸の色が

に義久様の御仮屋に祇候して、これらの件を申し上げた。

今朝、隈本(58)からの使者が言うには、「龍造寺隆信(59)が肥後方面での軍事行動のため出陣したところ、肥前の畠地二、三反程に、蛇の死体が多数あった。これは妖恠(60)であるとのことで出陣を取りやめた」とのこと。

二十五日、いつものとおり出仕した。有馬出陣中の島津忠長殿・平田光宗殿からの書状が到来した。内容は、「伊佐早(61)からの落人(62)が来た。龍造寺隆信が今、伊佐早に到着しており、近々、島原の陣に攻め寄せるつもりであるとのこと。島原攻略は今の軍勢で十分であるが、もし龍造寺勢が攻撃してくるならば、もう少し軍勢を派遣してほしい」とのことであった。もう一つ注進があり、我々も渡海すべきではないかとの意見が出た。和泉堺・紀伊国の湊の船頭を出頭させ、義久様がお会いになった。有馬への軍勢渡海のための船を出してほしいと要請したとのことである。精一杯協力するとのことであった。

この日、八代から注進があった。昨日二十四日、肥前衆(龍造寺勢)が有馬御陣(島原の島津勢)に攻めかかってきたところ、一戦を遂げ、龍造寺隆信をはじめ数千騎を討ち取り、大勝利したとのこと(いわゆる「沖田畷の戦い(63)」、「島原合戦」)。それから続いて、有馬からも同じような報告があった。島津彰久殿・家久公・島津忠長殿、このほか諸軍衆が奮闘し、高名を挙げたことなど報告があり、筆紙には尽くし難い。皆で義久様の御仮屋に祇候して、祝言を申し上げた。義久様は、めでたいと仰って、忠平公・歳久公と酒で寄り合った。喜入季久・伊集院忠棟・

異なる織物。

(55) **島原** 長崎県島原市中堀町にあった「浜の城」。龍造寺隆信の従属国衆島原純豊が籠城中。

(56) **三重** 三会。長崎県島原市三会町。

(57) **矢戦** 矢を撃ち合う合戦。

(58) **隈本** 隈本城在番中の北郷忠虎カ。

(59) **龍造寺隆信** 一五二九～八四。肥前佐賀を本拠とする戦国大名。

(60) **妖恠** 妖怪、奇怪な現象。

(61) **伊佐早** 長崎県諫早市。龍造寺氏の従属国衆西郷氏の本拠。

(62) **落人** 逃げ延びた人。

(63) **沖田畷の戦い** 天正十二年(一五八四)三月十九日に龍造寺隆信が神代に上陸し、同二十三日に森岳城(のちの島原城)北側に布陣。同二十四日、有馬晴信・島津家久勢と合戦となった。隆信は川上忠堅に首を討たれ、龍造寺勢は敗走した。

本田親貞・拙者にも酒を下された。この晩、伊集院忠棟に喜入季久・本田親貞・拙者で振る舞った。

二十六日、いつものとおり出仕。有馬鎮貴殿の舎弟が来られた。宇土の名和顕孝[64]からも使僧が来られて、義久様に拝謁。このたびの勝利についてであった。「このようなときは、その地において施餓鬼[65]をやるのが佳例であるので、福昌寺[66]が入院始め[67]であり、早速お越しいただき施餓鬼の施行をさせるべき」と義久様が仰った。すぐに書状を福昌寺に送られた。この時期、諸方面での作戦が大事であるので、明日、八代に義久様が移られることに決定した。

この日、有馬から龍造寺隆信の頸が到来した。貴賤群衆[68]が集まって見物。

二十七日、いつものとおり出仕。龍造寺隆信の首実検[69]を行ない、首を〈合木〉に掛けた。義久様は床几[70]に座り、しばらく合掌して観念[71]しておられた。その後、合木近くに立ち寄られ、静かに首をご覧になっていた。忠平公・歳久公・喜入季久・寄合中（老中）、そのほか諸将は蹲踞していた。

この日、義久様は八代に移られた。酉刻（午後六時頃）に到着し、やがて三献。主取[72]の平田光宗は留守だったが、彼の館を宿所とした。

二十八日、いつものとおり出仕。宇土・隈本、ここかしこから祝言の使僧・使者が到来。肥後・肥前・筑後方面へ調略[73]の書状を数通したため、使者を派遣した。

二十九日、いつものとおり出仕。島原半島の神白[74]という城が、未だ落城していないので、その攻略など談合のため、伊集院忠棟と拙者が渡海するよう命じら

(64) **名和伯耆守顕孝**　一五六一～一六〇八。肥後国衆。居城は宇土古城（熊本県宇土市神馬町）。本日記では「宇土殿」と表記される。

(65) **施餓鬼**　飢餓に苦しんで災いをなす鬼衆や無縁の亡者の霊に飲食を施す法会。この場合、敵味方両方の戦死者供養。天正六年（一五七八）の高城・耳川合戦でも行なわれている。

(66) **福昌寺**　この場合は「入院始」とあることから十九世住持天海正曇のことを指す。

(67) **入院始め**　前の住持が亡くなり、天海正曇が住持となったばかりという意味。

(68) **貴賤群衆**　身分の高い者も低い者も含む多くの人々。

(69) **首実検**　戦場で討ちとった敵方の首の身元を大将が実見して判定する作業。

(70) **床几**　陣中や狩場などで用いた折り畳み式の腰掛け。

(71) **観念**　仏教の瞑想。この場合、隆信の成仏を念じていたのだろう。

(72) **主取**　城主・城代。

(73) **調略**　原本は「計策」。政治的工作。寝返り工作。

(74) **神白城**　神代城（長崎県雲仙市国見町神代）。龍造寺方国衆神代

れた。御使衆（奏者）の鎌田政広・白浜重政も同行するようにとのこと。

この日、伊集院忠棟が風呂を焼き、本田親貞と拙者が招かれたので同心して入りに行った。その後、振る舞われ、お茶などいただいた。鹿児島に留守番として配置された三原昌安斎(75)・高崎有閑能宗(76)から、「そちらの様子はいかがか」と書状が来たので、ありのままに勝利した旨を返答した。この夜、有馬表（島原半島）の出陣衆に祝言を伝えに行った使者長野淡路守が帰帆した。

この日、鎌田源三郎殿(77)から上意が伝えられた。「（義久が）所望して、覚兼から献上された春山野産の鴾毛(78)、市来野産(79)の父馬が御厩(80)から逃げ出し、大興寺(81)の手前にある毘沙門堂の礼拝用の筵に、あたかも厩に立つかのようにいたとの連絡が鹿児島からあった。めでたい瑞相(82)であると思ったので、そのまま毘沙門堂に奉納したいのだが」とのこと。「私にお尋ねになるまでもなく、早々に奉納されるのがいいでしょう」と申し上げた。

【解説】

二日、有馬表に向けて、まず衆中らの物資を積んだ船が折生迫湊を出航している。この船は前年八月三日に折生迫湊で竣工したとみられる覚兼個人の船であろう。二十一日条によると、この船は十二反帆（十二反の帆をもつ）の船で、当時としては大型船であった。大隅半島・薩摩半島経由で東シナ海・不知火海に入り、二十一日に島原半島に向かっている。

貴茂の居城。

(75) **三原昌安斎** 三原遠江守重益。元老中、出家して昌安斎と号す。

(76) **高崎有閑能宗** 高崎播磨守能宗。島津奥州家勝久の旧臣。伊作在住。弟能時は島津家久家臣。出家して有閑斎と号す。高崎氏は豊後大友氏の庶子家一万田氏の庶流。曽祖父高崎久能は、大友政親娘が島津奥州家忠昌室として嫁いだ際にお供として下向し、そのまま島津氏家臣となった。

(77) **鎌田源三郎** 『大日本古記録』は政英に比定。

(78) **春山野産の鴾毛** 先月、義久に進上した覚兼の馬。

(79) **市来野産** 市来野牧（鹿児島県いちき串木野市）産の馬。

(80) **御厩** 馬小屋。

(81) **大興寺** 鹿児島市稲荷町にあった真言宗寺院。永正七年（一五一〇）、島津奥州家忠治が大覚寺義昭の霊を弔うために建立。

(82) **瑞相** めでたいことが起こるしるし。

同じく二日、伊集院忠棟の連絡で覚兼自身は島原半島に出陣せず、肥後で伊集院忠棟と共に義久の側近くに在陣すること、義久の鹿児島出陣が遅れることを伝えられている。六日にも、忠棟の実弟比志島義基の配下とみられる西俣七郎左衛門尉から、義久の鹿児島出陣は十一・十二日になるので、覚兼の出陣は十五日で良いのではないかとのアドバイスを信じてしまう。覚兼は結局、十四日に宮崎を出陣し、十七日に肥後佐敷に着陣しているが、義久は前日に着陣しており、有馬出陣衆も既に出航していた。覚兼は義久に釈明するが、義久から老中でありながら遅陣したことを叱責されている。このあたりから覚兼の伊集院忠棟への不信感が募っていく。佐敷には真幸飯野城の島津忠平、祁答院虎居（とらい）城の島津歳久も出陣しているが、結局、島原半島に出陣したのは島津家久・忠長、平田光宗、新納忠元ら一部に止まっている。肥後北部での龍造寺勢の動きもあり、合志氏への支援も検討されていたためであろう。

二十四日、有馬出陣衆に派遣していた使僧が戻り、新納忠元・鎌田政近から島津彰久・島津忠長・平田光宗の出陣により、島原攻略は間もないとの連絡を受けている。当初の目的が龍造寺方の島原純豊（すみとよ）の居城島原浜の城（長崎県島原市中堀町）攻略にあったことがうかがえる。

さらに二十五日、有馬出陣衆の老中島津忠長・平田光宗から書状が届き、龍造寺隆信の本隊が伊佐早（長崎県諫早市）まで出陣したとの情報があり、これとの交戦には軍勢が不足するとして援軍を要請している。しかし龍造寺隆信勢は、十九日の時点で島原半島北部の神代（長崎県雲仙市国見町神代）に上陸しており、二十三日には島原北部に着陣していた。覚兼ら佐敷在陣衆はみずから出陣すべく、付近に来航していた和泉堺や紀伊国の船に協力要請しているが、既に前日二十四日、島原合戦（沖田畷の戦い）は終わっていた。二十五日のうちに、龍造寺隆信ら数千騎を討ち取り勝利を収めたとの速報が届いている。二十六日には隆信の首が佐敷に届き、翌二十七日、諸将が並んで首実検が行なわれている。義久は床几に座り、それ以外は蹲踞するのが作法だったようである。

二十九日、神代城ほか島原半島に残る龍造寺方諸城攻略のため、伊集院忠棟・覚兼と奏者（使番）らに出陣が命じられている。

なお、五日、清武衆でありながら、地頭伊集院久宣との関係悪化から蟄居していた川野筑後守が覚兼に従軍したいと申請している。覚兼は老中による談合が必要としているが、地頭と衆中は主従関係になく、地頭に従軍したくない場合、老中の仲介で別の衆として軍功を挙げるという裏技もあり得たことがうかがえる。

三日には、三歳となった覚兼嫡男犬徳丸の祈願を宮崎城麓の満願寺住持に依頼しており、その満願寺が「観千代」と名付け、改名している。

天正十二年（一五八四）

四月条

一日、いつものとおり出仕。伊集院忠棟・本田親貞・拙者に御用があるということで、義久様の御前に参上。鎌田政広・白浜重政を加えて、あわせて五人で参上。有馬表（島原半島）・肥後表の両口での軍事行動について、義久様のお考えを伺った。また、我々も意見を申し上げた。それからお暇申し上げ、徳之渕[1]から出船した。

この晩、三角[2]の蓑之浦[3]に着船。鎌田政広も同じく到着。拙者が到着したところ、鎌田政広・政常父子が酒持参で拙者の船に乗ってきて、閑談。その後、拙者も酒持参で鎌田政広の船に挨拶に行き、しばらく雑談。

二日、伊集院忠棟の船を待っていたところ、夜中に通過していったと聞いたので、急ぎ蓑之浦を出船し、島原にて伊集院忠棟に追いついた。島原の沖にも地下人[4]が来て、酒をくれた。それから三江[5]（三会）に着船。諸番衆が船本に来られ、我々の着津[6]を歓迎してくれた。伊集院忠棟とともに、島津忠長の宿所に参り、振る舞われた。「この間、地頭の島原伊賀守という者を、忠長が引見したので、忠棟・覚兼も見参するように」としきりに新納忠元が言うので、忠長が会ったのなら仕方がないということで見参。祝い物をくれた。伊集院忠棟も

（1）**徳之渕**　熊本県八代市本町にあった港。

（2）**三角**　熊本県宇城市三角町。

（3）**蓑之浦**　現在地不詳。

（4）**地下人**　この場合、地元住民の意。

（5）**三江**　三会。長崎県島原市三会町。

（6）**着津**　港に着くこと。

同様。

平戸の松浦隆信(7)への調略の書状を、八木昌信に書いてもらった。宿元は〈あがり城〉(8)で人が多く、拙者の船は十二反帆で、家の中にいるような感じなので、この夜は船中で明かした。

三日、神代(9)・井福(10)（伊福）・森山(11)（守山）などを皆で船から偵察した。島津忠長・伊集院忠棟・拙者も同じ船から見聞。小さな村々は、足軽を船で漕ぎ着けさせ、放火した。井福には、柏原左近将監を小舟で派遣し、言戦(12)などさせた。その後、城内から、「落ち合って話したい」と申し出があったので、柏原も陸に下りて協議した。和睦したいとのことなので、八木昌信をさらに派遣し、降伏を勧めた。しかし、「先刻の騒動の際、妻子を〈内端〉(13)に移した衆が多くおり、これを今日、船で呼び寄せようとしていたところ、島津方の船数を見て、途中で引き返してしまった。（龍造寺方が）見ている前なので、島津方から手火矢(14)など撃って、城近くの在家(15)など放火して、まず今夜は船を退いていただければ、明日・明後日には必ず降伏します」とのこと。本当かどうかは分からないが、この城の様子は、とても持ちこたえられそうには見えないので、申し出に従い、それぞれの番所に帰帆した。この夜も、拙者は船に泊まった。夜中の鐘の声は、吐気の声(16)の代わりのようであり、旅先でもあり、物寂しく眠りに就いた。

四日、早朝、平田増宗・猿渡信光などが船中に来て、閑談。この日、平良(17)（多比良）麓に宿を取り、船から下りた。

（7）**松浦肥前守隆信**　一五二九～九九。平戸（長崎県平戸市）を本拠とする国衆。松浦氏の全盛期を築いた。天正三年（一五七五）七月には京都から帰国途中の島津家久に面会している。

（8）**あがり城**　領民たちが領主の城に避難することヵ。

（9）**神代**　長崎県雲仙市国見町神代。

（10）**井福**　伊福。長崎県雲仙市瑞穂町伊福乙。

（11）**森山**　守山。長崎県雲仙市吾妻町古城名。

（12）**言戦**　敵方を罵って挑発する行為。

（13）**内端**　諫早寄りの内陸部という意味ヵ。

（14）**手火矢**　鉄砲。

（15）**在家**　民家という意味ヵ。

（16）**吐気の声**　戦の前に士気を高めるためにいっせいにあげる鬨の声（叫び声）。

（17）**平良**　多比良。長崎県雲仙市国見町。

五日、平田光宗の宿所に挨拶に行った。川上忠智(18)・有馬鎮貴・山田有信など(19)が拙宿に挨拶に来た。酒にて雑談。神代・井福からは降伏を申し出てきているが、未だはっきりしないので、山田有信殿に、安富徳円が(20)同船して両城を説得するよう命じて派遣した。柏原左近将監と江田安芸守(21)を、拙者から右の衆に付けて派遣した。皆、酉刻（午後六時頃）、帰帆した。「明日、必ず神代と人質を交換することを決めてきた」とのこと。山田有信は、伊集院忠棟が大野(22)に宿を取っているので、そちらに直接、報告に行った。有馬鎮貴殿からも神代のこと、そして井福・森山からは、昨日、千々岩(23)（千々石）表に人質を出すとの連絡があったと報告があった。

六日、早朝、柏原左近将監殿が来られ、夜中に井福から、先日協議した使者二人が来て、「こちらに人質を送ろうと思ったのだが、杜（森）山と協議して千々岩に人質を出した」とのこと。八木昌信と柏原左近将監が先日（井福と）約束したので、「早々に人質を受け取り、（井福城に対して）狼藉(24)など無いようにお願いしたい」とのこと。これらの事を書状にて伊集院忠棟に問い合わせたところ、いいだろうとの返事であった。そこで八木昌信・柏原左近将監に宮崎衆や拙者の軍勢を付けて、井福城(25)を受け取らせた。神代もこの日、受け取った。川上忠智・比志島義基殿が受け取った。このほか西川(26)・森山などは諸所の衆が受け取った。平田光宗・頴娃久虎殿・山田有信殿と拙宿で閑談。

七日、伊集院忠棟が神代を一見するため到着。我々もこれに従った。明日、神

(18) **川上三河守忠智**　嫡男忠堅が沖田畷の戦いにて龍造寺隆信の首を取った。
(19) **山田新介有信**　一五四四〜一六〇九。日向高城（宮崎県児湯郡木城町高城）地頭。
(20) **安富徳円**　佐兵衛尉純清・純生。徳円は入道名。妹は有馬鎮貴の父義貞室であり、鎮貴は甥にあたる。
(21) **江田安芸守**　『大日本古記録』は兼清に比定。宮崎衆もしくは覚兼悴者。
(22) **大野**　長崎県島原市有明町大三東。
(23) **千々岩**　千々石。長崎県雲仙市千々石町。
(24) **狼藉**　乱妨なふるまい。
(25) **井福城**　伊福城（長崎県雲仙市瑞穂町伊福乙）。
(26) **西川**　現在地不詳。

代に皆が集合して談合を行なうことに決した。拙者は、神代に適当な宿所が無いので、また平良に戻った。肥後方面では、小代親泰殿[27]が島津家に奉公したいと申してきたので、慈之衆[28]が高瀬表[29]まで討ち入ったとの情報が入った。

この日、種子島久時殿[30]の船が三十艘ばかり神代に到着。

八日、神代にて談合。その衆は、島津忠長・伊集院忠棟・平田光宗・新納忠元・川上忠智・頴娃久虎・比志島義基・山田有信・鎌田政近・拙者であった。こちら方面での軍事行動のこと。そして、当郡（高来郡）は南蛮宗（キリスト教）が広がり、温泉山坊中[31]が無残に破壊されており、再興を立願したい。しかし、それには神領が過分になくては実現しないので、それについての談合であった。伊佐早[32]方面の調略についても協議した。

この日、宇土殿（名和顕孝）から使書と酒・肴をいただいた。その使者が申すには、「肥後方面でも敵六十余を討ち取って勝利した」とのこと。「肥後でも、北郷忠虎[33]・吉利忠澄・伊集院久治などをはじめとする多くの軍勢が進攻している」とのこと。

この晩、拙者は井福城の番に決まって、到着。地頭の神代駿河守のところを宿所とし、（神代が）船本まで迎えに来た。

九日、早朝から、伊地知重秀をはじめとする鹿児島衆が来られて閑談。

この日、昨日の談合で、川上忠智・伊地知重秀を使者として有馬鎮貴殿に対し、森山に在城するよう命じるべし、と決まったので、川上忠智がこちらに到

(27) **小代親泰**　肥後北部の国衆。居城は筒ヶ岳城（熊本県荒尾市府本）。

(28) **慈之衆**　味方の軍勢。この場合、島津勢。

(29) **高瀬表**　熊本県玉名市。

(30) **種子島左近大夫久時**　一五六八〜一六一二。種子島島主。姉は島津義久後室。

(31) **温泉山坊中**　長崎県雲仙市小浜町雲仙にあった温泉山満明寺。キリシタン大名有馬鎮貴によって破壊されたが、近世になって復興している。

(32) **伊佐早**　長崎県諫早市。

(33) **北郷弾正忠忠虎**　一五五六〜九四。日向庄内（宮崎県都城市）領主。北郷時久二男。

着した。伊地知重秀も呼んで、昨日出た話をした。内容は、「内端(34)の番衆は不要なので、深江(35)・安徳(36)・島原(37)・三会(38)、これらの城には有馬殿が火の番(39)などを命じられ、また、耕作時期でもあるので、下々にしっかりと命じるべきであろう。そのほかの諸城へは薩摩衆（島津勢）に在番を命じる。また、安徳純俊(40)・安富徳円は、特に有馬殿や薩摩のために奉公してくれたので御礼を申し上げる」と。

上原尚近から使者が来た。「先日、島原に籠城していた大村衆のうち、四人は〈然々之者(41)〉であり、彼らは、『帰宅してもしっかりと島津氏に対し奉公する』と言うので、人質を呼び寄せたら帰宅させると説得したところ、一両日中に人質が到着する」とのことである。

十日、「海向かいの五ヶ浦(42)をうちめぐって、偵察すべき」ということに談合でなり、伊集院忠棟と拙者が渡海した。船数百艘余であった。五ヶ浦を残らず放火した。そこかしこで矢戦などして、敵を討ち取った。未刻（午後二時頃）、竹崎栫(43)を偵察のため諸船を近づけさせたところ、火矢(44)を射てきたので、そのまま攻め崩し、ことごとく皆、放火した。敵を少々討ち取った。悴者の福富平介・佐藤兵衛尉などが分捕り(45)をあげた。その後、船の上にて勝吐気(46)をあげた。川田義朗殿(47)にお願いしたかったのだが、龍造寺隆信の〈頸捨ての吐気(48)〉を担当して、あまりに時間が経っておらず、雑兵の頸に引導を渡すのはいかがなものかということで、鎌田政広が軍敗役(49)を勤めた。川田義朗が船に頸を揃えて、その船で作法を行なった。それから船津(50)に帰帆した。

(34) **内端**　敵方との境目ではない地域。
(35) **深江城**　長崎県南島原市深江町馬場名。
(36) **安徳城**　長崎県島原市南崩山町。
(37) **島原城**　現在の島原城ではなく浜の城。島原市中堀町。
(38) **三会城**　長崎県島原市津吹町乙。
(39) **火の番**　火事を出さないための監視要員。つまり必要最低限の在番衆という意味ヵ。
(40) **安徳上野守純俊**　安徳城主。安富徳円の兄弟で、安徳氏養子。
(41) **然々之者**　それなりの身分の者という意味ヵ。
(42) **五ヶ浦**　現在の諫早市東部沿岸、佐賀県との県境付近ヵ。
(43) **竹崎栫**　佐賀県藤津郡太良町の城。
(44) **火矢**　火をつけて放つ矢。
(45) **分捕り**　戦で敵の首を取ること。
(46) **勝吐気**　勝ち鬨。戦いに勝った時、いっせいにあげる鬨の声。
(47) **川田駿河守義朗**　?～一五九五。島津家軍配者。
(48) **頸捨ての吐気**　首実検後の供養のための儀式ヵ。

この夜、神代の伊集院忠棟から書状が届いた。今日、拙者の手の衆が軍功を挙げ、特に高名を挙げたことへの祝言をいただいた。次に、有家(51)から上原尚近の書状を見せるために持ってきた。内容は、「大村からの人質が銘々やって来た。口之津(52)に着岸した。それから大膳房(53)・市成掃部助が先刻、島原にて大村衆と駆け引き（和睦交渉）に当たった。そこで、彼の両人を有家に呼び寄せ、大村衆と面会させる。もしかすると、状況によっては大村まで同行することもあるだろう」とのことであった。当所（井福）にこの二人はいるので、すぐに有家に行くよう命じた。

八代から本田親貞の書状が届いた。「先日命じられた大施餓鬼(54)は、来る十四日に行なうように。福昌寺（天海正曇(55)）が島原にお越しになるので、いろいろ準備するように」とのことであった。

十一日、安徳純俊がやって来たので見参し、酒で寄り合った。太刀・銭百疋をいただいた。

この日、伊集院忠棟は先日、（義久の）使者として渡海していたので、「こちらの談合の内容などを（義久に）報告する」と言って、八代に帰って行った。平田光宗も義久様が初めて八代にお越しになったので、祝言を申し上げるため参上することになった。島津忠長殿に、その後無沙汰していたので、三会に本田治部少輔を使者として申し入れた。あわせて、「番所をこちらに移してほしいので同意してほしい。一両日中に森山に移ってほしい。そうすればこちら（井

(49) **軍敗役**　軍配役。この場合、陣中における首実検と供養の仕切り役のことヵ。

(50) **船津**　港湾。

(51) **有家**　長崎県南島原市有家町。

(52) **口之津**　長崎県南島原市口之津町。

(53) **大膳房**　『大日本古記録』は是枝快順に比定。

(54) **大施餓鬼**　前出（三月二十六日）参照。

(55) **天海正曇**　?〜一六〇三。福昌寺十九世住持。

福）にも近くなるので、談合なども頻繁にできるようになります」と打診した。

この日、伊佐早方面の調略について、川上忠智殿に相談した。川上殿からも、比志島源右衛門尉(56)を使者として詳しく伺った。「神代殿(57)の書状として、したためて送るのがいいだろう」と決まった。頴娃久虎殿から使者が来た。珍酒をいただいた。

十二日、薬師如来に特に読経などした。川上忠智・神代殿が同心してこちらにやって来た。伊佐早の調略について談合。伊佐早へ神代殿名義で送る書状の案文を八木昌信と談合して書かせることにした。その後、ことのほかの酒宴となった。島津忠長殿・新納忠元殿から、「今日・明日はあまりに悪日なので、明後日、森山に移る」と、使書にて連絡を受けた。

十三日、島津忠長殿に長野淡路守を使者として申し入れた。「来る十六日、潮時も良く、吉日だと川田義朗も申すので、海向かいにうちめぐり、再びご偵察されるのがいいのではないでしょうか。ご納得いただけるようでしたら、三会から内端（南側）の船を早々に準備してください」と伝えた。すると、「この内容を三会にいる衆とも談合しておくのがいいだろうから検討する。有馬方面などに船の用意をすぐさま命じる」とのこと。

この日、島津義虎(58)が平良の番になり、拙者に挨拶に来られた。樽を持参して来た。とにかくおもてなしして、酒宴。

この晩、伊佐早に調略の書状を持たせた。神代殿名義の書状である。

(56) **比志島源右衛門尉**　『大日本古記録』は比志島源左衛門尉とする。源左衛門尉なら比志島国家ヵ。

(57) **神代殿**　神代貴茂ヵ。龍造寺方国衆で本拠は肥前神代城（長崎県雲仙市国見町神代）。沖田畷の戦い後も神代城に籠城していたが、有馬鎮貴との講和交渉のため多比良に出てきたところを暗殺されたとされる。十二日条によると神代殿が島津方として伊福に来ており、これが貴茂かどうかは不明。

(58) **島津薩州家義虎**　一五三六～八五。島津薩州家実久の嫡子。室は島津義久の長女御平。薩摩出水・阿久根・高城、肥後水俣領主。

十四日、樺山規久殿(59)が来られた。酒・肴を持参。お会いして賞翫。山田有信殿が来られて閑談。明後日、兵船を出す談合をした。

新納忠元から使者が来た。「今日、森山の番に入ろうとしたのだが、島津忠長が温泉嶽(60)に参詣に行かれ、下向の際に（忠元に）御用があるとのことなので、何としてでも明日には移るつもりです」とのこと。「忠長の御用ならば仕方ない。しかし、森山が不番になってしまうので、手の衆でも早々に派遣するべきである」と、返事しておいた。栖本親高殿(61)から使者が来た。久しく無沙汰しているとのことで、過分に肴をいただいた。

十五日、看経など特に行なった。それぞれ番衆が挨拶に来た。祝言ということで、酒で対応。伊地知重秀の宿所に挨拶に行った。ことのほかの酒で酩酊した。

島津忠長から使者が来た。「明日の出陣が決定したが、明日は順風が悪いので、とても有馬方面の船は回送できないので、まずは中止すべきではないか」とのこと。尤もと思ったので、諸所に明日のうちまわりを中止する旨を伝えた。

十六日、早朝、出発。談合のため三会に島津忠長がいらっしゃるので参上した。着船した際、八代の義久様から巣山(62)が使僧として来た。内容は、こちらでの骨折り見舞い。次に、境目の計策などのこと、「油断無きよう頼む」と。次に、「先日三会に進攻した際、鹿児島衆の小者衆(63)の一部が宿取り(64)の時に狼藉を行なったと、忠長殿の内衆有馬武蔵守が申している。そこで、その実否を糾明して、鹿児島衆に過失があった場合は、その処置を行ない、あるいは虚説だったならば、

(59) **樺山太郎三郎規久**　一五五七〜九三。樺山忠助長男、日向穆佐城在住。

(60) **温泉嶽**　温泉山満明寺跡。

(61) **栖本上野守親高**　一五六六〜九二。天草五人衆の一人。本拠は栖本城（熊本県天草市栖本町湯船原）。

(62) **巣山**　『大日本古記録』は薩摩隈之城（鹿児島県薩摩川内市隈之城町）の来国寺（現存せず）に比定している。

(63) **小者衆**　知行地の少ない下級家臣という意味カ。

(64) **宿取り**　宿舎となるべき建物の確保。

有馬への処置を島津忠長に命じるということになった」と。しかし、その小者衆は、八代に参上したが義久様には面会できず、巣山のところに連行され、拙者に裁定をしてほしいということでやって来たとのこと。そこで伊地知重秀を通じて、島津忠長にこの件を伝えたところ、「そんなことがあったとは驚いている。しかし、狼藉への成敗については厳しく命じており、自分の内衆にも間違いなく堅く命じていたのに、このような事態になったのは力が及ばなかったためであり、自分自身の問題として考える。そうではあるが、この件はあまりに難しい事態を招くだろう。境目の談合などが後回しになってしまい、このような要らざる問題で時間を取られるのは遺憾である。双方の言い分を新納忠元と伊地知重秀が聴取したが、互いの言い分は食い違っている。ただ、有馬武蔵守の言い分はあまりに早口のように聞こえ、彼の面目を失わせるのがいいと思うが、新納忠元と覚兼の考えがあれば申してほしい。それに従う」と、島津忠長が申した。両人（新納と伊地知）の考えも同意見とのことで、有馬武蔵守の面目を失わせることで相論は決着した。そこで、小者衆と巣山にこのことを伝え、八代に向かわせた。こちらの様子について、ちょうどいい機会に巣山がやって来たので、ついでに稲富長辰（いなとみながとき）殿を添えて八代（義久）にお伝えするのがいいだろうという意見が出たので、条々を伝えた。

この夜、鶏が鳴く頃、井福に帰帆した。伊地知重秀・矢野出雲守（やのいずものかみ）などが同船した。

十七日、比志島義基殿が挨拶に来られた。酒を振る舞った。新納忠元が森山番に赴く途上で来られた。酒をいただいてお目にかかり、閑談。

この晩、加治木衆の肝付蔵人殿(65)に飯を振る舞った。川田義朗が、昨日十六日にこちらに来て、〈墻の縄結〉(66)を改め、あわせて城戸の鎖(67)を受け取り、加持(68)を行なった。拙者は留守だったので御礼を申し上げた。

十八日、早朝から観音に特に読経などした。地下・出家衆(69)がたくさんやって来た。

この日、頴娃久虎殿・山田有信殿が船にて伊佐早方面を偵察し、直接こちらにやって来た。頴娃殿から京樽一荷をいただいた。今朝、拙者は狩りに出て、狸を手火矢で射たので、これを矢野殿に料理させて振る舞った。終日、酒宴。頴娃殿・山田殿と閑談。境目の様子など細かく話してくれた。

新納忠元から使者が来て、昨日のもてなしの御礼を受けた。あわせて、境目の様子を大口衆と拙者手の衆で、談合してみたいとの申し出があった。

島津忠長から、「八代に御用があるので、手勢はしっかり残した上で、自分ひとりで八代に参上したいのだがどうだろうか」と使者にて打診があった。拙者は留守だったので返事はできなかった。

十九日、有馬鎮貴殿から、こちらへの慰労と無沙汰しているということで、酒・肴をいただいた。島津忠長殿へ敷祢越中守を使者として申し入れた。「昨日、使者をいただきました。留守だったので返事ができませんでした。八代に参られるのでしょうか。義久様から参上しろと命じられたのならば致し方ありませ

(65) **肝付蔵人** 肝付兼寛曾祖父兼固の弟兼恒の孫蔵人頭兼朝ヵ。肝付兼固は覚兼の母方の祖父にあたる。

(66) **墻の縄結** 詳細不明。結界（密教で一定の修法の場所を限って印を結び、真言を唱えて護り浄めること）の一種ヵ。

(67) **城戸の鎖** 城の門を閉じるための鎖ヵ。

(68) **加持** 神仏の加護を祈る儀式。

(69) **出家衆** 僧侶たち。

ん。私の考えを申すならば、この時期はこちらが忙しいことはお分かりでしょう。こちらに留まるのがいいのではないでしょうか。もし別のお考えがあるのならば、この時期はいかがなものかと思います。理由は、拙者ひとりでこちらの留守番となると、こちらの対応は何事も果たせなくなるからです」と伝えた。鎌田政近なども同じように申していたが、早々に（三会を）出発しましたので、（忠長の）ご返事は、「八代に参上すること。この時期はよくないとのことですが、まずは八代に参ります。含むところなどはございません。しかし、今度の討ち入りの際の狼藉の件もあったので、三会を離れたくないのだろうと世間で噂されているようなので、まずは八代に参上し、それでもこちらの御番(ごばん)を命じられたならば、直接、井福に着船するつもりです」とのこと。

　この日、伊地知重秀・八木昌信などと終日、閑談。川上忠智・比志島義基から使者が来た。「神代殿が今度、島津家に奉公することになった。このため、『海向い[70]の領知が少々不知行(ふちぎょう)[71]となる。そこで、こちらに一、二ヶ名給与してほしい』と（神代が）先日、伊集院忠棟に訴えた」と。その件は川上忠智と比志島義基も知っていたので、拙者と談合すべきと伊集院忠棟が仰ったとのこと。本当に海向いに不知行地があるのだろうか。今度の申し入れは納得できない。そもそも神代は忠節を果たしていない。すでに当城（井福）は神代氏より先に降伏している。このような状況で右のような申し出は納得できない。しかし、「巧者(こうしゃ)[72]などと談合し、追って返答する」と伝えた。

（70）**海向い**　佐賀・長崎県境付近、龍造寺領内。
（71）**不知行**　龍造寺領内の所領なので、龍造寺方から寝返ることで知行できなくなるという意味。
（72）**巧者**　この場合、この地域の支配状況に通じた者という意味ヵ。

二十日、森山に行った。川上忠智・山田有信・伊地知重秀・八木昌信も同心した。まず、新納忠元の宿所に行って、諸篇打ち合わせの談合。いろいろともてなされた。栖本親高殿が拙者に酒をくれたので賞翫した。それから地頭の森山殿に挨拶して三献。その後、「山田城[73]をこのたび捨てたが、もしかすると維持するのがいいのではないか」ということで、右の衆と同心して見分(けんぶん)したが、さほどでもない城であった。やがて晩になり帰帆した。

二十一日、新納忠元から、昨日参上して酒を贈ったことへの御礼の使者が来た。

この日、八代から伊地知越中守(えっちゅうのかみ)[74]・和田玄蕃助(わだげんばのすけ)を使者として、こちらでの辛労を慰労する義久様の仰せをいただいた。また、条書をもって、こちら境の様子について、いろいろと談合するようにとのこと。そこで、新納忠元・川上久隅(かわかみひさずみ)・川上忠智・鎌田政近・比志島義基・上原尚近、この衆で明日、談合することになったので、早々にこちらに来るようにと書状で伝えた。御使(おつかい)二人に飯を振る舞い、いろいろと閑談。去る十九日、義久様が御帰陣になったとのこと。今しばらく滞在するべきであるが、いろいろとお考えになり、突然、帰陣する旨を仰り、本田親貞をお供にして帰られたとのこと。八代には忠平(ただひら)公・伊集院忠棟・平田光宗をしっかり残すとのこと。島津忠長は、しばらくこちらに滞在し、拙者といろいろと談合すべしと命じられたので（井福に）帰帆した。やむを得ないことだと使者は申していた。肥後方面のことは、霜野(しもの)城[75]は簡単に降伏したとのこと。宇土殿が八代に出頭し、鎧と太刀を進上し、義久様からも

(73) **山田城** 長崎県雲仙市吾妻町栗林名。

(74) **伊地知越中守** 『大日本古記録』は重隆に比定。

(75) **霜野城** 熊本県山鹿市鹿央町霜野。

宇土殿に鎧を下されたと話してくれた。去る十四日、家久公ご子息[76]が元服し、いろいろ祝言があったとのこと、これも使者が語ってくれた。

二十二日、拙宿で談合。新納忠元・比志島義基・上原尚近・鎌田政近・伊地知重秀・使者二人・拙者であった。談合での決定事項を伊地知重秀・鎌田政近を使者として、有馬鎮貴に伝えた。「去年以来、義久様に無二のご奉公を申し出て、たびたび軍衆を渡海させた結果、勝利は目の前である。特にこのたび龍造寺隆信をはじめ数千騎を討ち取り、味方が奮戦したこと、皆ご存じのことなのは当然です。さて、今回の出陣は、諸勢は日数を決めた上で渡海してきており、長々の逗留は難しい。その上、伊佐早への調略・軍事行動も今の時期はいかがなものであろうか。そこで、諸軍勢を帰すことにした。こちら（有馬表）の諸城を長く確保することが重要である。また、このたび温泉山（おんせんざん）の再興を御願（ごがん）した。本領安堵は申すに及ばないが、修造料（しゅぞうりょう）[77]として所領を一、二か所、島津家から宛行（あてが）う。そのほかは、ことごとく全部、有馬鎮貴殿の判断で実施すべきである。特に神代（こうじろ）から山田までは、龍造寺氏進出以前も、有馬殿の所領であるとは聞いていない。西郷信尚（さいごうのぶなお）[78]殿が支配していたと申す者もいる。しかしながら、これについてもそちらに遣わすつもりである」と伝えた。返事は、「仰せのように、先年以来、味方となり支援をお願いしたことは間違いありません。二度にわたってご出陣いただき、そのまま続いて番をするなどの軍労、特にこのたびの勝利は言うまでもありません。このご高恩により、有馬家の面目この上ありません。

（76）**家久公ご子息（中書公御息）**　島津忠豊、のちの豊久（一五七〇～一六〇〇）。この時、十五歳。

（77）**修造料**　修理費用。

（78）**西郷信尚**　龍造寺氏従属国衆。本拠は肥前伊佐早。

さらに、落とした城をお任せいただけるとのこと、忝く思います。その上で、こんなことを申し上げるのは、我ながら恥ずかしいことではありますが、我が家中の状況はご存じでしょう。もう一月、二月は番衆を置いていただけないでしょうか。そうすれば、その間にこちらを安定化させますので。また、御神領のことは、もちろん御意に従う以外にありません」との返事であった。「これ以前、こちらから伝えたことも、今はこちらに拙者のような若輩がひとりいるだけなので、まずは自分の考えを申しますが、もし寄合中がこれを聞き、後日、談合にて異なる意見が出ることもあるでしょう」と、この点も（鎮貴に）伝えておいた。その返事は、安富徳円・大村兵部大輔[79]が申されたと、伊地知重秀と鎌田政近が報告した。右の談合の内容は、後日になっても皆、同意したことは間違いないことを右の談合衆で堅く約束した。談合衆に夕食を振る舞い、酒宴。皆、今夜は当所に泊まった。新納忠元は拙宿に泊まり、閑談。

二十三日、有馬鎮貴殿に朝食を振る舞った。席次は、客居に有馬鎮貴・安徳純俊・安富徳円、主居は拙者・伊地知重秀であった。有馬殿から太刀・銭三百疋・樽一荷と肴をいただいた。この酒など賞翫していろいろなことあり。有馬殿の内衆を呼んで、酒。

　この日、また皆、揃って談合。すると、先日（四月十六日）八代に派遣していた稲富長辰が帰帆した。「こちらの談合衆の考えを詳しくお聞きいただき、義久様も寄合中も同意し、このたび御手に属した所々をことごとく皆、有馬殿

（79）**大村兵部大輔**　『大日本古記録』は純照に比定。

に与え、御神領のことまで整え、諸勢ともに、まずは皆、帰帆するのがよい」とのこと。稲富長辰が徳之渕に行ったところ、島津忠長がそこに着船し、今少し談合したいとのことで、稲富長辰も同道して八代（古麓城）に戻り、（八代在番衆と）談合を行なった。その内容とは、「今度、制圧した地域を有馬殿にすべて下されるとも、また、二、三か所を島津領として確保するとも判断できないので、川田義朗殿がこちらにいらっしゃるので、鬮を引くのがいいだろう。また、諸将が八代に来られるのならば、協議の上、細かく指示を出すべきである」とのこと。昨日、有馬鎮貴に説明した内容とは少々異なるので、有馬には、今度諸勢がまず帰る旨を伝えるとともに、なお番衆のことについては、「拙者ひとりでは軽々に返事できないので、寄合中と相談し、追って連絡する」と伝えた。八代（在番衆）に対しては、伊地知越中守・和田玄蕃助を使者としてご返事した。こちらの諸城確保の状況、使者両人は昨日からの談合についてよく知っている。そこで、「稲富長辰を使者として、鬮を引くようにとのことであるが、我々の把握する限り、鬮が下りたとしてもこちらで二、三か所確保するのは難しいのではないか。なぜなら、所領は余っていないと聞いており、地頭を配置するにも一所持(80)とするにしても、誰かを指名して移すべきところは無いでしょう。ここを希望して移るような者は役には立たないと思います。また、命じて役に立つような人は引き受けることは無いでしょう。鬮は大事ではありますが、この点をよくよくお考えの上で、鬮を引くか判断すべきではないでしょうか。とに

（80）**一所持**　私領主とも。その地に対する排他的支配権を許された領主。地頭はその所管地域を島津義久から預けられているだけであり、一所持とは区別された。

かくこちらには拙者ひとりしかいません。皆そちらにご滞在中なので、適宜、ご談合の上、急ぎご指示いただきたい。あわせて番盛(81)なども八代から細かく指示していただきたい」と申した。これらの返事を聞いた上で、両使（伊地知・和田）はやがて出船した。談合衆も所々に帰った。この日の夜中、兵船を出すと談合していたのだが、順風がなく中止した。

二十四日、地蔵菩薩への読経を特に念入りにやった。鹿児島衆など寄り合い、終日、将棋にて慰んだ。その合間に、酒にて雑談。

　この日、拙者の手の衆を少々、伊佐早口の陸路を見極めるため派遣した。

二十五日、天神に特に看経などした。この夜、兵船を出すよう諸所に命じた。新納忠元から使者が来た。旅泊のあれやこれやについて発句したということで、書付(82)をいただいた。

　　事問よなれも旅ね（寝）の郭公

　〔私のもとを訪れておくれ。あなたも旅先で寝るホトトギスなのだから〕

脇を付けよとのことなので書き留めておく。

　島津義虎公から使書をいただいた。いろいろと戯れ文章(83)であった。「新納忠元とともに、平良に来るように」とのこと。平良の宿所は、簀の子が悪く、居場所さえ無いということを聞いたらしく、

　　心よくいふくの人に見せまほしたいらかならぬ宿のすのこを

　〔快適に伊福で過ごしている人に見せたいものである。多比良の宿の、平

(81) **番盛**　有馬在番衆の編成。

(82) **書付**　簡単な文書。メモ。

(83) **戯れ文章（左礼文章）**　滑稽な文章。

らではない簀子（すのこ）を〕

と、義虎の書状の奥に書き付けてあった。拙者も書状の返事に相応なものを
と考えて、奥に、

御すのこのたいらかならぬやど（宿）りよりいふくてふ名の風ぞはげしき

〔簀子が平らではない多比良の宿から、この伊福へと「息吹（いふ）く」という名の風が激しく吹き付ける〕

などと戯れ言を書き加え、返事した。

西川名(84)の寺家衆（じけしゅう）が来られた。酒など持参してきた。大野に落人が来たということで、こちらに連行されてきた。島原出雲（しまばらいずも）(85)という者で、先日、島原から落ち延びた者である。彼は昔から龍造寺家に召し使われていた者であり、出雲は今まで梁川（やながわ）(86)に住んでいたが、小代（しょうだい）(87)を経由して、船を操って落ち延びたと証言した。肥前衆（龍造寺勢）が敗北した様子を詳しく語った。「特に問題は無いが、不審者なので捕らえて拘置しておくのがいいだろう」と伝えた。この晩、兵船を出す予定だったが、敵方の様子が伝わってきたので中止した。

二十六日、鹿児島の無足衆（むそくしゅう）(88)など少々暇乞い（いとまごい）(89)に来たので帰帆させた。新納忠元から、「天気が悪いので今日そちらに行く予定だったけれども中止する」とのこと。明日は同心して島津義虎公に挨拶に行きたいと承った。義虎公からも使書が来て、明日参るようにとのこと。

この日、昨日の新納忠元の発句に脇を付けて送った。

(84) **西川名**　現在地不詳。
(85) **島原出雲**　島原浜の城に龍造寺方として籠城していた島原氏の一族カ。
(86) **梁川**　福岡県柳川市。
(87) **小代**　小代氏の勢力圏である現在の熊本県荒尾市付近。
(88) **無足衆**　所領が一町未満の下級家臣。
(89) **暇乞い**　帰国願い。

うつし植たる軒のたちばな

〔ホトトギスが宿とする軒端の橘は他の場所に移し植えてしまったよ〕

と詠んで大笑い、大笑い。

二十七日、米良権助(90)から、無沙汰していると言って、雉が贈られてきた。使者が持参してきた。

新納忠元から誘われたので、同船して島津義虎公のもとへ参った。まず神代に着船し、川上忠智と談合するので中途にて待ち合わせていたところ、その際、敵船が味方の船に紛れて通過していった。何事もなく、それから義虎のもとに参った。いろいろともてなされた。新納忠元・八木昌信・柏原左近将監が同席。それから島津忠永(91)も呼ばれ、その酌で終日、酒宴。その後、頴娃久虎殿に挨拶。そこでもいろいろともてなされた。夜になって出船した。義虎殿から兵船五艘で井福まで送ってもらった。

二十八日、種子島久時殿から同名衆が来た。「無沙汰しているので自分で挨拶に行くべきですが、体調不良なので」と言って、酒・肴をいただいた。使者と寄り合った。甑島殿（小川有季）から同名衆にて挨拶があった。猪一丸・的矢をいただいた。天草殿からも肴と手紙が来た。八木昌信・矢野出雲守なども来て閑談。亭主が我々に酒を振る舞ってくれた。いろいろと肴が出た。

この晩、鹿児島衆十人ほどに夕食を振る舞った。酒にて雑談。島津義虎から、昨日参上したことへの御礼の使者が来た。

(90) **米良権助** 詳細不明。

(91) **島津又太郎忠永** 一五六五〜九三。島津義虎長男。のちの忠辰。

二十九日、いつものとおり。川上忠智・比志島義基から、比志島源左衛門尉と白坂の二人が使者として来た。神代殿に昨日、人質を八代に出すよう、拙者の命令だとして川上忠智・比志島義基・山田有信の三人で伝えた。「お考え次第に人質を出します」との返事であった。有家・安徳あたりで支度して渡海させるとのこと。いいだろうと返事しておいた。

新納忠元から使者が来た。先日、概要を聞いていた、森山に隠居中の深江の牢人のこと。十人余りだったが、ほかは森山殿がしきりに嘆願するので許したが、四人は処刑したとのこと。また、その妻子・下人[92]らはどのように処分すべきかなど。「まずは地下役人[93]に命じて保護させるのがいいだろう」と返事した。

有馬鎮貴から大村兵部大輔を使者として連絡があった。「この境について、島津勢がいるうちに人質などを処置することが大事です。次に、森山から一里ほど先に城を構築すべき場所がいくつもある。これを誰か巧者に見てもらい、囲取り[94]たいと考えている」とのこと。すぐに宮崎衆五、六人を選び、大口衆などと寄り合って見分するように、と命じて派遣した。

島津彰久殿から使者が来た。「その後、無沙汰しています」とのこと。次に、「渡海した軍勢が皆々帰帆しており、ここで帰帆したい」とのこと。上原尚近のお供で渡海してきており、上原からも手紙が来て、「彰久殿は初めてのご出陣で武勲も挙げて良かった。まずは早々に帰帆させたほうがいいだろう」とのことであった。「今度が初陣ならば早々にお帰りになるのがいいだろうが、上原殿

(92) **下人**　武士や農民が所有した隷属民。動産として売買されたりもした。

(93) **地下役人**　現地の村役人という意味カ。

(94) **囲取り**　築城。

もご存じのとおり、先日の八代での談合により、神代殿をはじめとして、多くの人質を出させることになっており、それが実現するまでは我慢していただくべき」と返事した。上原への返書にも詳しく記しておいた。町田忠房殿[95]にも伝言した。種子島久時殿へ使者を派遣した。猪一丸を贈った。

晦日（三十日）、野村文綱[96]・野村加賀守[97]が、八代の伊集院忠棟のもとに暇乞いをしたようで、「早々に帰すように」と伊地知重秀を通じて伝えてきた。そこで、「まったく納得はしていないが、伊集院忠棟のところに暇乞いをした上でのことなので、拙者の考えを申してもどうにもならない。早々に帰帆するのがいいだろう」と伝えた。鹿児島衆も皆八代にいるので、こちら（井福）に滞在中の人数が、まず八代に渡海したいと訴えてきた。この衆も八代からの指示があるまでは抑留したいのだけれども、野村氏二人が帰るのを許可したからには仕方がないということで、帰した。伊地知重秀・八木昌信は（八代に帰帆したい衆に対し）、拙者が滞在中は留まってほしいと頼んで留まらせようとした。野村文綱は、来月八日、吉野[98]の馬追[99]があるので、それまでに戻れるように帰帆せよ、と伊集院忠棟から命じられているとのこと。その使いによると、伊集院忠棟自身も、昨日、徳之渕の船元に下ったとのこと。この使者は、昨日の朝、出船したとのこと。

種子島久時殿から種子島時式[100]を使者として、体調不良により無沙汰しているとのことで、使者から鹿革をいただいた。

(95) **町田周防介忠房** 一五二七〜一六一〇。町田忠栄五男。奏者町田久倍の叔父。

(96) **野村備中守文綱** 日向内山（宮崎市高岡町内山）地頭。

(97) **野村加賀守** 『大日本古記録』は重綱に比定。日向内山地頭野村文綱の一族カ。

(98) **吉野** 鹿児島市吉野町。

(99) **馬追** 牧場で放牧された馬を捕獲する行事。

(100) **種子島武蔵守時式** 一五六八〜一六一一。種子島恵時二男。種子島久時の叔父。

有馬鎮貴に対し、神代殿の船本宿のことについて申した。有馬（日野江城カ）に（神代を）早々に派遣してほしいとのこと。西川の人質も有馬で格護[101]するとのこと。

志岐親重殿[102]は、千々石の番のためか、無沙汰しているとのことで挨拶をいただいた。八木昌信に対応してもらった。先月中旬頃、深堀純賢[103]への調略の書状を送ったのだが、その返書を二、三通見せられた。いずれも伊佐早の動向に従うとのことなので、まずは伊佐早を調略すべきである。そうすれば、深堀は問題ないだろうとのこと。そのうち一通によると、天草殿から調略を受けていたようである。

島津義虎公から使者が来た。巽伯耆守殿[104]・税所上総介殿[104]であった。「ここ二、三年、番手[105]を諸所で勤めており、特に夏は一両年続けて番をしており、時節柄、一段と民への負担となっている。この季節は番にならないようお願いしたい」とのこと。「とにかく番盛は八代でやっているので、ご意見は承っておきます」と伝えた。義虎ご自身も体調不良なので、先に帰帆したいとのこと。これには、「人質沙汰[106]を今やっているので、しばらくは待っていただきたい」と伝えた。

【解説】

一日に十二反帆の自船で八代徳淵（徳之渕）湊を出航した覚兼は、翌日、三江（長崎県島原市三会町）に着船している。なお、恐らく覚兼は島原半島

(101) **格護**　確保すること。
(102) **志岐兵部大輔親重**　?～一六〇七。天草五人衆の一人。本拠は志岐城（熊本県天草郡苓北町志岐）。実父は有馬鎮貴の祖父有馬晴純。室は島津薩州家義虎の娘。
(103) **深堀純賢**　肥前深堀（長崎県長崎市深堀町）領主。実兄は伊佐早領主西郷純堯。
(104) **巽伯耆守・税所上総介**　島津薩州家家臣。詳細不明。
(105) **番手**　城や陣所に在番すること。
(106) **人質沙汰**　人質を各国衆から徴集することカ。

の地名を音だけ聞いて当て字で記しており、現在の地名表記とは大きく異なっている。三日、龍造寺方の神代・井福（伊福）・森山（守山）を船から偵察し、足軽に放火させている。伊福城では宮崎衆の柏原左近将監が小船で近付き言戦をすると城側が和睦を提案してくる。城内衆は降伏したいものの、妻子が龍造寺側に取られているらしく、それを取り戻すため、島津側に、鉄砲を打って放火の上、いったん帰ってほしいと降伏の条件を示しているのが興味深い。六日に伊福城は神代城と共に降伏している。

七日に入った情報によると、龍造寺隆信討死により肥後国衆の小代親泰が島津家への従属を申し出ており、八日条によると北郷忠虎・吉利忠澄・伊集院久治らが同時並行で肥後北部に進攻していたようである。同日、島原在番諸将が神代にて談合を開いており、覚兼のほか、島津忠長・伊集院忠棟・平田光宗・新納忠元・川上忠智・頴娃久虎・比志島義基・山田有信・鎌田政近が参加している。彼ら諸将が島原半島北部の城に在番として入り、龍造寺勢の反撃や戦後処理にあたったようであり、覚兼は伊福城在番となっている。沖田畷の戦いの大将島津家久はすでに肥後に戻っていた。この談合で、キリシタン大名有馬鎮貴による温泉山満明寺破却が問題となり、その復興が協議されている。十日には船百艘余で、島原半島北部から諫早湾を挟んで対岸の五ヶ浦（諫早市北東部）を攻撃している。またこの日、八代の義久から、福昌寺住持天海正曇を島原に渡海させるので、十四日に戦死者供養の大施餓鬼を実施するよう指示が出ている。施餓鬼そのものは日記に記載されていないが、その場所は現在、供養塔が立っている付近だろうか（島原市北門町）。なお十四日には、島津家久と共に沖田畷の戦いで奮戦した長男豊寿丸が八代にて元服し、又七郎忠豊（のちの豊久）と名乗ったようである（二十一日条）。

この後、伊佐早・大村・深堀への調略（従属勧告）が行なわれた以外、目立った合戦は行なわれておらず、今後の島原半島の支配体制が問題となった。しかし、十九日に義久が八代から鹿児島に帰陣したことが伝わると早期撤退論が浮上したようである。二十二日には覚兼がその意向を有馬鎮貴に伝えるが、鎮貴は在番体制の維持を求めている。二十三日条によると、八代在番の老中伊集院忠棟・平田光宗らは島原半島に二、三か所島津領を確保すべきか鬮を引いてはどうかと提案するが、覚兼はこの地の支配にかなり消極的であり、地頭や一所持を配置すべき土地はなく、配置して役に立ちそうな有能な者はここを希望しないとまで言い切っている。これ以前の十九日、覚兼と共に島原にいた島津忠長が八代に戻っており、老中は覚兼ひとりだけとなっていた。自分ひとりで島原半島支配を任されたことにかなり不安を覚えており、八代からの支援・指示を強く求めている。

天正十二年（一五八四）

五月条

一日、早朝、出発した。温泉山満明寺を一見するため参った。新納忠元も同道した。千々石(1)の方にまわって行った。言葉では言い表せないくらい素晴らしい灵地(2)であることはいうまでもない。ことごとく荒廃した状態で、あれこれ言ってもしょうがない。四面大菩薩の礎石だけがようやく残っていた。その跡にて、念珠した。哀れなる状態であった。寺院の跡など見て哀しくなり、袖を濡らした。

住馴し我古郷は頃や浅茅が原に鶉鳴らん(3)

〔住み慣れた私の故郷もこの頃は、荒れた野原となって鶉が鳴いているのだろうか〕

と、三井寺(4)を詠んだという歌を思い出し、哀れに思った。四面大菩薩の御前にて、皆で破籠の餉(5)などいただいた。新納忠元・栖本親高殿と三人でいただいた。互いに持参した酒を賞翫した。しばらく滞在した。それから新納忠元・栖本殿は森山に帰られた。拙者は井福に直接帰った。七曲・十五曲などという坂があり、難所であった。七曲坂の下で、また酒と茶の湯。夜に入って、井福に帰着。地下の者がいろいろ酒・肴を持参してきて、物詣で(6)のお祝いを受けた。

二日、長崎(7)に先日派遣されていた飫肥衆の玉泉坊(8)・湯之浦衆の早水氏(9)が帰参

（1）**千々石**　長崎県雲仙市千々石町己。

（2）**灵地**　霊場。

（3）**住馴し我古郷は頃や浅茅が原に鶉鳴らん**　『新古今和歌集』所収の行尊（一〇五五～一一三五）の和歌。行尊は三井寺（園城寺）で修業した修験者であり、衰退した三井寺の復興に尽力した。

（4）**三井寺**　滋賀県大津市にある天台寺門宗の総本山。

（5）**餉**　旅行・行軍などに持って行く携帯食。

（6）**物詣で**　社寺への参拝。

（7）**長崎**　長崎県長崎市。十六世紀半ばから貿易港として栄え、元亀元年（一五七〇）にはイエズス会と大村純忠の協定により、ポルトガル船の入港地となった。このため教会が建設され多くのキリシタンが居住しており、周辺は教会領となっていた。

（8）**玉泉坊**　詳細不明。

（9）**湯之浦衆早水氏**　熊本県葦北郡芦北町湯浦の武士ヵ。

した。先日、島原浜の城に籠城していた大村衆から、「我々こそ命をお助けいただいた御礼に、人を送らなければならないところでしたが、大村には大村理泉入道(10)（純忠）が進攻してきたので、妻子ら家内も打ち捨て、長崎に来ました。その時は、人夫(11)一人の用意さえできないような状況でして、無沙汰したのは本意ではありません。使者を派遣いただいたこと、過分至極であります。南蛮僧万天連(12)からも西浦二十か所(13)ほどの人質を取って確保しており、今後、島津氏と昵懇にしたい」とのことで、人質を銘々書き記したものを持参してきた。「長崎地下衆は、有馬鎮貴が西浦を支配すべきと考えているようだ」と使僧が語った。また、「是非とも鹿児島（島津義久）の直轄領にすべき」と言う者もいるとのこと。長崎にある浮地(14)は、ことごとく皆、南蛮僧の考えで領知しているとのことである。

この日、八代から四月二十七日付の伊集院忠棟書状が届いた。有馬玄蕃という鹿児島の町の者が持参してきた。内容は、「先日（四月二十三日）、伊地知越中守・和田玄蕃助にて伝えた件、確かに届いた。有馬在番の談合衆の考えを聴取し、彼らも同じ意見であるのなら、神慮は不要である。とにかく番盛(15)の最中なので、追って細かく伝える」とのことであった。また、「鹿児島衆については、去年のご出陣に従軍しなかった衆をしばらく駐留させるが、そのうち諏訪社の頭役(16)の者は帰宅させる」とのこと。

三日、毘沙門に特に看経。八木昌信が諏訪社の頭懸（係）というので帰って行っ

(10) **大村理泉入道**　大村純忠。一五三三～八七。肥前国彼杵郡大村武部郷（長崎県大村市）を本拠とするキリシタン大名。天正十年（一五八二）、有馬鎮貴とともに天正遣欧使節を派遣したことで知られる。この時期は龍造寺隆信に従属して、大村からも退去していたが、隆信の討死を機に大村に復帰したようである。

(11) **人夫**　力仕事に従事する労働者。

(12) **南蛮僧万天連**　長崎在住のイエズス会宣教師カ。

(13) **西浦二十か所**　詳細不明。肥前国彼杵郡の西部一帯カ。

(14) **浮地**　知行者・領主がはっきりしない土地の意カ。

(15) **番盛**　在番体制の編成。

(16) **頭役**　諏訪社の神事を担当する当番のこと。毎年七月の諏訪社祭礼は氏族ごとに当番が決まっていたようである。

た。そのついでに、鹿児島にこちらの様子を申し上げた。吉田清存・和田玄蕃を奏者として寄合中に伝え、書状と番盛日記を添えた。内容は、「先日、こちらの支配について、鬮を引くべしとの意見が出たが、こちらの談合結果を伝えます。拙者ひとりの意見と申した上で、有馬鎮貴にこちらの様子を伝えたところ、寄合中と同じ意見だったので、御神慮は不要です。よって、『番衆をしばらく配置していただきたい』と、先日有馬氏から懇願されたので、留まることになります。そこで、在番しないわけにはいかないので、島原と三会には島津勢が在番し、ほかの諸城は有馬殿がしっかりと在番衆を手配するようにと伝え、諸勢は人質を取った上で、拙者とともに帰帆すべきです。また、以前から島津氏が制圧しているところのうち、どこを有馬氏に下すのか、具体的には追って鹿児島での談合で決定すべきです」と伝えた。現在の番盛の衆である川上久辰(17)・吉田清存をはじめとする鹿児島衆が少々、島津義虎公・種子島久時・天草島中衆、およそこれらの衆で島原・三会の在番を担うよう編成し、すぐに右の諸所に命じた。島津義虎公には吉田清存・和田玄蕃助を通じて伝えた。

この日、神代殿が人質として八代に渡海した。まず安徳(18)に中宿して行かれるとのこと。ご本人がこちらに暇乞いに来られ、「今後の身上を頼みます」と言ってきた。この晩、吉田清存・和田玄蕃助に振る舞った。新納忠元・伊地知重秀も同席し、夜更けまで閑談。

(17) **川上左近将監久辰**　一五五九～一六二八。老中であった川上久朗（一五三七～六八）嫡男。

(18) **安徳**　長崎県島原市南崩山町。

この夜、島津義虎公から書状が来た。「吉田・和田から、こちらの番のことを聞いた。何はともあれ命令次第ですが、現在、親子（義虎・忠永）で在陣しています。端午の祭礼で忙しいので、帰帆したい」とのこと。返事には、「今は諸勢が帰帆の時期なので、あなたは重要な番手です。だからお苦しみとは存じますが、『義虎公を頼みにしている』と寄合中も言っていますので、父子でご談合いただき、お一人だけお帰りになってください」と伝えた。

川上忠智（ただとも）・鎌田（かまた）政近（まさちか）に対し、談合のため、明日来るように伝えた。

四日、吉田清存・伊地知重秀を使者として、有馬鎮貴に伝えることにした。「先日、私ひとりの判断で伝えましたように、先日の談合では、島原一か所が落ち着けば、番衆を残さず諸勢は帰陣することになりました。有馬殿にお伝えしたとおりです。しかし、思いもかけず龍造寺隆信をはじめ千余騎を討ち取り、その上、諸城を手中に収めることになり、今となっては番衆は不要でしょうが、あなたが強く要請したため、島原・三会に番衆を置くことにし、諸勢は帰帆することになりました。諸城の番をしっかりと命じますように」と伝えた。もし有馬殿から、先日拙者が命じた温泉山（おんせんざん）の御神領をどこにするのか、また、有馬鎮貴の拝領地はどこになるのかと尋ねられたら、「それは鹿児島での談合次第なので、追って決定を伝える」と答えてあしらっておくよう、両使（吉田と伊地知）に伝えた。あわせて、帰陣する軍衆のために、船の用意を頼むよう命じた。有馬鎮貴からの返事は、「先日から協議してきたように、こちらの諸城を皆、支配するようにとのこと、ありがとうございます。特に番衆をお願いしたところ、これもまたお命じいただきありがとうございます。今後も御昵懇にお願いいたします」とのこと。ただ、有馬鎮貴は、「島原・三会に島津家から番衆を入れることは、ご指示に従いますが、もし両所に問題が生じたときには、有馬鎮貴が確保しないわけにはいかないでしょう」と両使に語ったらしい。これらの件が落着したことを鎌田政近と伊地知重秀が伝えてくれて、吉田清存はこの日に島原に帰って行った。

有馬鎮貴が拙宿（せっしゅく）に来られ、こちらの様子などについて、終日、協議。大野方(19)を人質として八代に連れて行く旨を鎮貴に伝えた。また、「有馬が安定しないでしょうから、（大野方は）こちらでしっかり監視しておきますので、我々へのお心遣いは不要です」と伝えた。夕食を振る舞った。その衆は、有馬鎮貴殿・新納忠元・鎌田政近・伊地知重秀・有馬右衛門尉（ありまうえもんのじょう）(20)・安徳純俊（あんとくすみとし）・大村兵部大輔（おおむらひょうぶたいふ）であった。夜更けまで酒宴。有馬鎮貴殿が緞子（どんす）(21)一端を持参してきて、これをいただいた。

五日、節供の様子などは例年のとおり。衆中などへ粽（ちまき）(22)を肴に酒を銘々と呑んだ。

この日、島原に向かった。伊地知重秀も同船。船中にて酒宴。酉刻（午後六時頃）、島原に着岸。吉田清存・和田玄蕃助などに面会。新納忠元が〈類船（るいせん）(23)〉をした。これは安徳に向かった。

六日、安徳の新納忠元から使者が来て、今朝は無沙汰しましたとのこと。拙者

(19) **大野方** 島原半島の国衆カ。

(20) **有馬右衛門尉** 詳細不明。

(21) **緞子** 絹の紋織物。

(22) **粽** 米や米の粉などを笹の葉・竹の皮などで包み、藺草（いぐさ）で三角形に巻き上げて蒸したもの。端午の節句で食べる。

(23) **類船** 船が行動を共にすることカ。

も使者を新納のもとに送り、「神代殿が今日、出船するだろう」と伝えた。あわせて、「拙者は知らないが、島原殿(24)も今晩か明朝には出船すべきだろうから、新納から命じてほしい」と伝えた。「神代殿は、『二、三日支度して渡海する』と言っているが、どうしたものか」と新納から返事が来た。再び使者を送って、強く出船すべきと新納から命じるよう伝えた。鎌田政近も今日、安徳に到着したので、二人で談合し、再三（神代を）説得したところ、「明日には渡海すると了承した」と返事が来た。

今朝、島津忠永公が平良（多比良）に在番しており、内衆の巽伯耆守殿・市来加賀守から書状が来た。内容は、「神代殿は人質に出ているが、その内衆が伊佐早と談合し、軍勢を呼び寄せ寝返る企てをしていると、密かに情報を得たので、勝手ながら注進いたします」とのこと。この書状を新納忠元と鎌田政近にも知らせるべく、安徳に持たせた。

この日、川上久辰・吉田清存、このほかの鹿児島衆に振る舞い、酒宴。この晩、新納忠元・鎌田政近へ、「神代殿を必ず明朝の満ち潮で出船させるように。今夜は二人とも油断無く番をするように」と命じた。有馬から軍衆輸送の船が当津（島原）に着岸。日記(25)をもって受け取らせた。

七日、早朝に舟盛(26)をしたので諸所の人衆に乗船を派遣した。午刻(午後十二時頃)、島原から出船した。川上久辰・吉田清存、そのほか鹿児島衆が船元までやって来て、酒など呑んだ。それから安徳まで潮に乗り、新納・鎌田らと待ち合わせた。

(24) **島原殿** 島原純豊ヵ。沖田畷の戦いまで龍造寺方として島原浜の城に籠城し、合戦後に降伏したとみられる。島原氏については、外山幹夫「有馬氏の領国支配」（『長崎大学教育学部社会科学論叢』四九、一九九五年）に詳しい。

(25) **日記** この場合、船の到着記録という意味であろうヵ。島原津における船の出入りを記録していたのであろう。

(26) **舟盛** この場合、帰国する軍勢をどの船に乗せるか割り振ること。

神代殿も同じく出船。宮崎衆中の敷祢越中守・上井兼成、そのほか二十人ほどは神代殿に同行させて、八代に向かわせた。島原殿は、「一両日中に支度する」と、しきりに新納まで言ってきたので、「我々の後、一両日中に必ず出船するように」と申し伝えた。安徳純俊が沖まで船で来て、酒・肴を持参。そのついでに面談し、島原殿に一両日中に船を準備させ、八代に渡らせるよう命じた。承ったとの返事。この夜は、柳之戸[27]に係留し、未明に出発。

八日、未刻（午後二時頃）、佐敷に着船。すぐに地頭の宮原景種殿から使者が来た。「あなた方が着船と聞いたので、風呂を焼いて待ってました。早くお越しになり、くつろいでください」とのこと。やがて参上した。新納忠元・鎌田政近と同心し、風呂が済んだ後、いろいろと酒と肴でもてなされた。碁・将棋などで楽しんだ。薄暮に、旅宿に帰ったところ、新納・鎌田が拙宿に来た。夕食を振る舞った。また酒などで雑談。福永藤六殿[28]がやって来た。酒持参だったので、右の衆と寄り合って賞翫。その時、宮原景種殿も来られたので、閑談して酒宴。寺家などからも酒をいただいた。

九日、早朝、出発。伊地知重秀が湯之浦からやって来たので同道した。久木野村[29]で伊地知と酒で寄り合った。ついでに、「鹿児島に直接祗候して有馬方面の様子を報告したいのだが、召し連れている者たちを、そのまま鹿児島には連れて行けないので遺憾である」と祗候できない旨、申し上げるとともに、「有馬方面の状況、我々が有馬鎮貴に伝えたことなど、伊地知重秀から義久様に詳し

(27) **柳之戸** 柳ノ瀬戸。天草の大矢野島・上島の間。

(28) **福永藤六** 詳細不明。

(29) **久木野村** 熊本県水俣市久木野。

く申し上げてほしい」と言い含めた。それから天気が悪くなり、ようやく小川内(こがわうち)[30]に泊まった。亭主の丸田が、到着後すぐに酒でもてなしてくれた。

十日、早朝、出発。大口の麓にて地頭の新納忠元と面会。沙汰人(さたにん)[31]のところにてもてなされた。衆中・寺家衆などからも酒をいただいた。拙者も新納に酒を贈った。そうして酒宴。新納忠元が輸送用の馬や夫丸(ぶまる)[32]を多く手配してくれた。この日も洪水などで、ようやく般若寺(はんにゃじ)[33]の川向かい[34]、亀沢(かめさわ)[35]という村に到着。

十一日、早朝、出発。飯野(いいの)の〈もと地の村〉[36]に立ち寄って休憩。そこから、大口からの輸送の馬と夫丸を帰した。それから野尻の町に到着。地頭の市来家守(いちきいえもり)殿[37]が酒を持参し、賞翫した。この夜、衆中をそれぞれ拙宿に招いて酒宴。

十二日、早朝、出発。衆中が皆々付いてきてくれて、田比良坂(たのひらざか)[38]の上にて破籠(わりご)を思い思いに用意した。しばらく酒など賞翫して安らいだ。申刻（午後四時頃）、宮崎に到着。堺酒(さかい)[39]などが届いて賞翫。衆中・悴者(かせもの)などが、帰宅したというので酒・肴など持参してきた。いろいろとあった。

十三日、早朝から衆中・寺社家衆が来た。満願寺も来てくれた。酒を持ってきてくれ、お会いした。それから茶の湯でもてなした。金剛寺も来てくれた。酒・肴を持参してきて酒宴。ちょうど野村友綱(ともつな)が酒を持参してきたので、皆で閑談して酒などいただいた。鎌田兼政(かまたかねまさ)（覚兼弟）のところに挨拶に行った。いろいろ肴が出て、酒。終日、衆中・百姓まで、帰陣のお祝いにと言って、酒・肴を持参してきたので暇がなかった。

(30) **小川内**　鹿児島県伊佐市大口小川内。

(31) **沙汰人**　地元の役人カ。

(32) **夫丸**　この場合、荷物を運び、馬を牽く人夫。

(33) **般若寺**　鹿児島県姶良郡湧水町般若寺。

(34) **川向かい**　般若寺は川内川の西岸にあるので、その東岸という意味。

(35) **亀沢**　宮崎県えびの市亀沢。

(36) **もと地の村**　三月十五日、出陣途上の「飯野本路」と同じ村カ。

(37) **市来美作守家守**　日向野尻（宮崎県小林市野尻町）地頭。室は新納忠元妹。

(38) **田比良坂**　宮崎市高岡町字田ノ平。

(39) **堺酒**　和泉の堺湊から船便で届いた酒のこと。灘の酒であろうか。

十四日、いつものとおり。寺家衆、そのほか下々まで私が帰宅したということでやって来た。酒・肴を持参。この日、御崎野(40)馬追のため海江田に向かった。

十五日、早朝、内山から紫波洲崎城に参上した。恭安斎様がいろいろともてなしてくれた。酒を持参して行ったので、これも賞翫した。

この日、明日の馬追を申しつけたので、苙(41)の普請をさせて見物していたところ、今町(42)から酒が到来したので、普請衆に呑ませてやった。

この日、肝付兼寛殿が近日上洛するとの話を聞いたので、その実否を確認するため飛脚を遣わした。書状などしたためた。皆、長旅の慰労と申して、酒など持参してきた。

十六日、木花寺が昨日の夕方やって来たが、拙者が沈酔していたので空しく帰って行った。お茶やそのほかいろいろと持参してきた物を見た。そこで、「夕方来てくれたのに会えず申し訳ない」と早朝に捻文(43)を送った。悴者などやって来た。御崎寺・大門坊がやって来て、どちらも酒持参。茶屋にて参会して、酒が済んで茶でもてなした。宗琢・源左衛門尉という殿所(44)の町衆二人が来た。堺酒を持参してきた。これも茶屋にてお会いした。終日、酒宴。

十七日、中城(覚兼祖母)から招かれたので、早朝、城に登った。途中で南俊房(45)・蜜蔵坊(45)など酒を持ってきたので、馬から下りて、その衆と寄り合って賞翫。中城に参上し、飯を振る舞われた。いろいろともてなしてくれた。それから恭安斎のところに参上。ここでも酒。この晩、躵に野に出た。夜に入って内山に帰着。

(40) **御崎野** 御崎観音南側の丘陵カ。

(41) **苙** 牛馬などを入れておく囲い。

(42) **今町** 折生迫の町カ。

(43) **捻文** 封紙を省略して、本紙・礼紙または本紙一紙の書状で、本紙を折り畳んで、その上部を捻り、上書を書いて封じ目を加えたもの。

(44) **殿所** 外所。現在の宮崎市熊野にあった村。寛文二年(一六六二)九月二十日のいわゆる外所地震により水没した。

(45) **南俊房・蜜蔵坊** 詳細不明。

十八日、早朝、御崎観音に参詣。静かに念誦した(46)。それから寺に招かれたので参上した。斎を振る舞われた。その後、立花を一瓶生けた。碁など打つ衆もいた。いろいろと楽しんで、酒宴。下向の際、弓場の上で風呂を焼いたと恭安斎から招かれたので参上。茶の湯の後、風呂に入った。酒など持参の人もいて、いろいろあった。それから中城に参って、そちらでも酒。その後、恭安斎のところでも夕食をいただいた。いろいろともてなされた。この夜は、紫波洲崎城に泊まった。

十九日、早朝、内山に行った。路次(47)で川魚など捕らせて見物。

この日、祖三寺から招かれたので参った。そこで終日、閑談。いろいろともてなされた。『島陰漁唱』(48)を拝見した。再誦(49)・再吟(50)して素晴らしかった。

この晩、宮崎から加治木但馬丞らが来た。酒持参で賞翫していたところ、折生迫の仮屋から、今日釣れたと言って、鰹(51)を持参してきた。それなど賞翫して、夜更けまで雑談。

二十日、丙申の吉日(52)だったので、馬追。早朝から御崎野に登った。参加者は馬上で、あるいは陸立の衆(53)もいて、矢旗(54)・笠験(55)など思い思いの格好であった。取駒(56)一匹であった。桟敷(57)で酒宴。寺家・社家の衆、そのほかが酒・肴を持参。桟敷の後には網を曳かせて、魚などたくさん捕れた。終日、楽しんだ。

この晩、〈駒懐(58)〉をさせて見物。〈すはら(59)〉一疋がいたので、これも引かせて乗らせてみた。

(46) **念誦**　心で念じて、口で仏の名号や経文を唱えること。

(47) **路次**　道中。

(48) **島陰漁唱**　桂庵玄樹（一四二七～一五〇八）の漢詩集。桂庵玄樹は応仁元年（一四六七）の遣明船土官を勤めたのち、文明十年（一四七八）島津忠昌に招かれて下向。大隅国正興寺、日向国龍源寺・安国寺などの住持を勤めた。文明八年（一四七六）から明応四年（一四九五）頃までの作品を収める。

(49) **再誦**　繰り返し読誦すること。

(50) **再吟**　繰り返し詩歌に節を付けてうたうこと。

(51) **鰹**　上井覚兼日記において魚の種類まで明記することは珍しく、鰹は特別な魚だったのだろう。

(52) **丙申の吉日**　なぜこの日が吉日なのかは不明。

(53) **陸立の衆**　歩行の衆。

(54) **矢旗**　帰部を記した旗ヵ。

(55) **笠験**　敵・味方識別のために、各自がつけた合印。兜につけたり、鎧の袖につけたりした。

(56) **取駒**　捕獲した馬。

(57) **桟敷**　仮設の座敷。

(58) **駒懐**　野生馬の調教ヵ。

(59) **すはら**　子馬を産まなくなった雌馬ヵ。

二十一日、肝付兼寛殿から返事が来た。間違いなく今年中に上洛とのこと。来る二十七、二十八日には出発するとのこと。美々津(60)か細島(61)から出船するつもりとのこと。

今朝、円福寺から招かれたので参上した。昨日の駒など路次で乗らせて見物。円福寺で斎を振る舞われた。いろいろとあった。それから碁など若者に打たせて慰んだ。『山谷』(62)などを見せられた。「青州の従事」(63)を賞翫するために見せてくれたのだろう。しばらく閑談などした。それから伊勢(加江田社)に行き、このたび有馬では疫病が多く、お供の人衆などの病気除けのために、伊勢に千矢を射る立願(64)をした。今日は吉日だったので成就するでしょう、とのことだったので、伊勢社の弓場で実施した。矢数千を成就して、その後、小的(65)など。いつものとおり、皆、酒と飯でいろいろともてなされた。薄暮に内山に帰った。

二十二日、折生迫湊の口の普請を命じた。この日、宮崎に帰った。途中、跡江の石坂寺(66)に立ち寄った。いろいろともてなされた。この晩、帰ってきたと聞いて若衆たちがやって来て、蹴鞠などした。酒を振る舞った。鹿児島の義久様から吉野駒(67)をいただいた。大山肥前守(68)の書状が添えられていた。「吉野牧で今年一番の駒である。これを下賜(69)するので、大事に秘蔵するように」とのこと。

税所篤和から書状が到来。「秋月種実殿(70)から、ちょうど両使が鹿児島に参上しており、覚兼への書状も届いているので持たせます」とのことで、種実の書状を披見。内容は、「去年、八代にあなた方(覚兼ら)が滞在中、島津家と龍

(60) **美々津** 宮崎県日向市美々津町。耳川河口の港。
(61) **細島** 宮崎県日向市細島。日智屋城(同市日知屋)北側の港。
(62) **山谷** 『山谷詩集注』。北宋の黄庭堅(一〇四五～一一〇五)選の漢詩集。
(63) **青州の従事** 宋の説話集『世説新語』にみえる美酒のこと。この場合、酒を洒落て言ってみたのだろう。
(64) **千矢を射る立願** 病気平癒を祈り、願が成就すると千本の矢を的に射る儀式。
(65) **小的** 的の小さな弓競技。
(66) **石坂寺** 跡江(宮崎市跡江)にあったこと以外詳細不明。
(67) **吉野駒** 吉野の牧で捕獲された馬。
(68) **大山肥前守** 『大日本古記録』は綱秀に比定。
(69) **下賜** 身分の高い人が物をくださること。
(70) **秋月種実** 一五四八?～九六。筑前国衆。居城は古処山城(福岡県朝倉市秋月野鳥)。前年九月末、龍造寺隆信の和睦仲介を島津家に申し出て、義久はこれを受け入れる意向を示していた。

造寺家の和平を仲介し、成就しようとしていたところ、隆信が思いもかけず〈変化〉(71)してしまい、無首尾(72)となってしまいました。いささかも秋月氏は島津家に対し、疎意はありません」とのこと。あわせて、織物一端をいただいた。

二十三日、今晩、月待ちだったので特に読経した。〈駒懐〉(73)をさせて見物。石坂寺が、昨日立ち寄った御礼に来た。いただいた吉野の駒を上井兼成に預けた。鞍付けなどさせた。


この日、拙宿で風呂を焼き、若衆中を呼んで入れてやった。風呂が済んで酒をいろいろ振る舞った。茶の湯など。その後、またまた若衆中を集めて蹴鞠をさせた。この衆にも酒など振る舞った。この夜、月待ちをした。看経などいつものとおり。若衆など来て、いろいろと雑談。

二十四日、地蔵菩薩に特に祈念した。秋月種実殿に返書をしたためた。内容は、「去年の冬、島津家と龍造寺家の和睦を懇望され、仲介をお任せしていたところ、あなた方の謀略により裏切られました。曲事千万(74)であるところ、このたび有馬表（島原半島）にて図らずも勝利しました。まことに謀計が天道に背くものだったからでしょう。詳しくは鹿児島の義久様に両使を派遣されたとのことなので、寄合中からお伝えしているでしょう。拙者は、今は日州（日向国）に居住しており鹿児島の様子は知りませんので、詳しくは記しません」。袷表一(75)を贈った。この晩も、若衆がこちらの庭にて蹴鞠。大泉坊・大乗坊が上洛するというので、はなむけに鹿革を二人に贈った。

(71) **変化**　この場合、心変わり、変心。
(72) **無首尾**　最後がうまくいかないこと。この場合、和睦が不成立に終わったことを指す。
(73) **駒懐**　この場合、前日義久から拝領した吉野駒の調教であろう。
(74) **曲事千万**　大変けしからぬこと。
(75) **袷表**　表裏を合わせて作った衣服。裏地つきの丈の長い着物。

二十五日、大泉坊・大乗坊が（入峯のため）暇乞いに来られた。茶の湯でもてなして首途を祝った。

この日、駒など乗せてみて見物した。それから西方院の風呂に入った。馬も洗わせて、大門坊の庭にて蹴鞠。いろいろともてなされた。この晩は、大門に泊まった。本坊・西方院などやって来て、閑談。俳諧などで楽しんだ。

二十六日、駒など乗せて見物し、城に帰った。それから馬の血出し(76)をさせて見物。

この日、伊集院忠棟・本田親貞からの書状が、庄内からの土持摂津介(77)の書状とともに届いた。内容は、「来月中旬頃、談合が開催されるだろう。日州両院(78)の諸地頭とともに参上するように。次に、殿中築地上屋(79)普請を未だ果たしてない所がある。宮崎で糾明して、今は霖雨(80)中なので工事を急がせるように。次に、和田江左衛門尉(81)の息子が今年、市来・伊集院間の〈御頭殿〉(82)らしい。ご神慮なので、辞退することがないよう早々に命じるように」とのこと。それぞれに心得るように伝える、と返事をすぐ書き、土持摂津介に持たせた。

二十七日、いつものとおり。和田江左衛門尉に御頭殿を命じた。すぐに本人（江左衛門尉息子）がやって来て、「未だ年少であり、その上、遠方のため何かとお勤めできないので辞退したい」とのこと。「明日出発し、鹿児島に祗候して自分の考えを伝えるように。辞退するならば別人を立てる必要があるが、そうするにしても遅れてしまうのはよくない。油断しないように」と伝えた。

この日、善哉坊（面高真蓮坊頼俊）が来た。上井兼成・関右京亮が承った。訴

(76) **馬の血出し** 馬に行なう「笹針」と呼ばれる瀉血のこと。馬に対して、馬針（三稜針）という笹の形に似た特殊な針を刺して瀉血する治療法。

(77) **土持摂津介** 良綱ヵ。庄内領主北郷忠虎の重臣。

(78) **日州両院** 新納院から穆佐院にかけての地域という意味ヵ。かつて「山東」と呼ばれた鰐塚山以東の宮崎平野一帯を指す地域呼称であり、上井覚兼の所管地域でもあった。

(79) **築地上屋** 築地塀の上にのっている屋根のことヵ。

(80) **霖雨** 長雨、梅雨。

(81) **和田江左衛門尉** 宮崎衆中。

(82) **御頭殿** 鹿児島諏訪社の頭役での役割のひとつヵ。「神慮」ということは籤引きで選ばれたようである。

えの内容は、「ちょうど今、大泉坊と大乗坊が入峯[83]のため上洛した。その際、野村加賀守（のむらかがのかみ）が大護摩の立願をしたらしい。去年以来、別人に頼むと聞いていたが、野村党は前代から間違いなく、善哉坊の檀那（だんな）[84]である。その上、善哉坊は年行事職を命じられており、あなた（覚兼）の判形（はんぎょう）[85]を既にもらっている。にもかかわらず、大乗坊は野村からの依頼を受け、峯中（ぶちゅう）にて護摩を成就するつもりであろうか。野村加賀守には、去年以来この件について説明し、さらに今年に入ってからも、野村加賀守と大乗坊に、右の件を説明していたのだが、しかるべき返答が無いまま早々に大乗坊は出発してしまった。一応、出発前の返事には、『善哉坊からの申し出は尤もだと思い、野村加賀守から依頼された護摩の件は返上した』と言って、出発した。しかし、野村加賀守のところに住んでいる三楽という山伏が、後から入峯に向かったらしい。そうならば、あの山伏は若輩なので、峯中での護摩の依頼を受け、峯中で護摩をやるつもりだと聞いている。（大乗坊は）おそらく野村加賀守と事前に相談した上で、このような行為に出たのだと推察される。難しいとは思うが、あなたの書状をもって使者を派遣していただきたい。そうすれば、美々津にまだ大乗坊は逗留しているだろうから、この件を断念するだろう」とのこと。拙者の返事は、「山伏の慣例を私は知らない。しかし、当国（日向国）の惣先達職（そうせんだちしき）[86]を善哉坊に命じたからには、大願成就の件は、願主（がんしゅ）からあなたに届けないのは間違っている。また、同宗旨の衆が届け無しに護摩を受け取ったことも分別の無いことである。しかしながら、拙者の手紙や

(83) **入峯**　修験者が大峯山（現在の奈良県南部、大峰山脈のうち山上ヶ岳の南にある小篠から熊野までの峰々）で修行すること。

(84) **檀那**　布施をする人を寺や僧の側から見たときの用語。この場合、祈祷などを依頼する者ということであり、野村一族が祈祷を依頼する場合、依頼先は善哉坊と決まっていたと主張している。

(85) **判形**　この場合、覚兼の花押入りの任命状・安堵状。

(86) **惣先達職**　先達とは「修験道で山に入って修行を行なう際に指導する者」であり、そうした先達を統轄する立場・役目のことヵ。

使者を派遣することは、すなわち大乗坊を罰することになってしまう。その上、大乗坊は私の家中に加えているが、この件について私が相談を受けたことはないので、とにかく私から命じることはできない。特に護摩の依頼については、野村加賀守に返した上で、入峯に向かったと善哉坊に回答しているのであろう。それでもなお善哉坊の推量によると、このように訴えて、話が違うというのは理解した。まず、だいたいのところは善哉坊からの話が尤もと思うが、ことごとく皆、野村に返したので大乗坊は知らないと返事したのならば、疑う余地は無いのではないか。もし善哉坊が推量するように、この上また考えを変えて峯中で護摩をやったのならば、その推量は間違いないだろうから、後日、処置することになる。とにかく今は審議中のことなので、右のような考えを、私に連絡済みであると大乗坊によくよく伝えておくのがいいだろう」と答えた。

　この晩、柏原左近将監（かしわばるさこんしょうげん）殿の庭にて蹴鞠の稽古をするとのことなので、出かけて行った。蹴鞠が済んでいろいろともてなされた。それから閑談して夜更けに帰った。

二十八日、御崎寺が講読にお越しになった。いつものとおり。善哉坊が昨日から来ている。訴えについて細々と返事したところ、御礼に来た。茶を持参。酒で対応。話のついでに『太平記[87]』を読んでほしいと頼まれたので、一巻読んで聞かせた。

　この日、鹿児島から命じられた築地上屋のことと、来月中旬頃、談合が開催

(87) **太平記** 鎌倉幕府の滅亡から南北朝の内乱、細川頼之の管領就任までの五十年間を記した軍記物語。東京大学史料編纂所蔵「島津家本」にも写本がある。上井覚兼も写本を持っていたようである。

される件を諸地頭に伝えた。吉利忠澄（入野地頭）・新納久時(88)（綾地頭）・川上翌久（本庄地頭）には本田大膳亮を使者に、樺山忠助(89)（穆佐地頭）・吉利久金（倉岡地頭）・平田宗応(90)（木脇地頭）には原田大膳亮を使者に、鎌田政近（都於郡地頭）・平田宗張(91)（穂北地頭）・新納忠真(92)（富田地頭）には江田源七兵衛尉を使者に、山田有信（高城地頭）・鎌田政心（財部地頭）には前田勘解由左衛門尉を使者に、伊集院久宣（清武地頭）・大寺安辰（田野地頭）には和泉伴左衛門尉を使者として伝えた。この晩、こちらの庭にて若衆中が蹴鞠。

二十九日、和田江左衛門尉が息子の御頭殿を辞退するため鹿児島に向かった。ついでに吉野駒拝領の御礼を、鎌田政広を通じて申し入れてもらった。

この日、雨が続くので、盤之上(93)で慰んだ。大円坊(94)がやって来て、上洛するとのこと。そこで、縣境(95)を通過できるように曳付(96)を一通出してほしいと依頼されたので、同行の八人も問題なく通れるように、土持久綱殿(97)への書状を出した。

今月二十五日、雷が落ちて、瓜生野の畠に出ていた者一人が、つかみ殺されたと、皆が語っていた。

【解説】

一日には新納忠元と共に雲仙に登り、荒廃した温泉山満明寺の様子を嘆いている。二日は、イエズス会教会領となっていた長崎に派遣されていた使僧・使者からの報告を記している。混乱に乗じて蟄居していた大村純忠

(88) **新納縫殿助久時**　一五四八〜一六〇七。日向綾地頭。

(89) **樺山兵部大輔忠助**　一五四〇〜一六〇九。大隅長浜（鹿児島県霧島市隼人町小浜）領主・日向穆佐（宮崎市高岡町）地頭。樺山善久（玄佐）二男。母は島津日新斎二女。島津義久の従兄弟、島津家久義兄。

(90) **平田狩野介宗応**　一五五六〜一六〇〇。日向木脇（宮崎県東諸県郡国富町木脇）地頭。慶長五年（一六〇〇）九月十五日、関ヶ原にて討死。

(91) **平田新左衛門尉宗張**　?〜一五八七。日向穂北（宮崎県西都市穂北）地頭。天正十五年（一五八七）三月十五日、豊後清田にて討死。

(92) **新納四郎忠真**　一五六四〜一六三七。新納氏嫡流武久の嫡男。母は大野忠宗の妹。日向富田（宮崎県児湯郡新富町）地頭カ。

(93) **盤之上**　ボードゲーム。碁・将棋・双六など。

(94) **大円坊**　大隅正八幡宮別当寺弥勒院の僧侶カ。

(95) **縣境**　縣（宮崎県延岡市）は国衆土持氏領である。土持氏は島津家から独立した領主であり、その手前の島津領から入るには日州

が大村を奪回したことにより、沖田畷の戦いまで島原浜の城に籠城していた「大村衆（龍造寺氏家臣）」が、長崎に逃げていることや、各所から人質をとって長崎を実効支配している「南蛮僧伴天連（イエズス会宣教師）」が、島津氏との関係構築を希望していることなどを記しているが、長崎の支配のあり方を記した部分は主語と述語がはっきりせず、複数の解釈が可能である。『大日本古記録』の頭注は、長崎に派遣された使者が長崎を島津氏直轄領にすべきと提案しているとする。

三日、有馬鎮貴と協議の結果、島原と三会に島津勢が在番し、それ以外の諸城は有馬勢が在番することになったと八代在番の老中に伝え、覚兼自身は従属した国衆達の人質と共に帰国すべきと報告している。そして七日には軍勢をまとめて島原から出航し、翌日、佐敷に到着し、十二日には宮崎に帰還している。

その後、両親・祖母の住む紫波洲崎城に赴いている。十九日には桂庵玄樹（一四二七～一五〇八）の漢詩集『島陰漁唱』を読んで感動している。薩南学派の祖として知られる桂庵玄樹の著作がこの頃、島津領内の知識人層で愛読されていたようである。

二十日には、紫波洲崎城南側の御崎野で馬追いを行なっている。この付近に野生馬、もしくは放牧している馬がおり、それを軍馬として調教するための捕獲作業であろうが、そのあと酒宴となっており、一種のレクリエー

両院を統轄する上井覚兼の「曳付」が無いとスムーズに通過できなかったようである。

(96) **曳付** この場合、通行手形を意味する。

(97) **土持弾正忠久綱** 初名は高信。天正六年（一五七八）四月、島津氏の従属国衆であった土持親成は大友義統に居城松尾城（宮崎県延岡市松山町）を攻め落とされ、殺害された。同年十一月の高城・耳川合戦により大友勢が日向から退去すると、親成の親族とみられる高信が領主として復帰し、義久の偏諱を賜り久綱と名乗っている。

ションとも思える。

二十一日、母方の従兄弟肝付兼盛の嫡男で大隅加治木領主肝付兼寛の上洛について詳細を知らされている。覚兼はこの肝付氏の取次を勤めていたとみられ、若い兼寛への気遣いが散見される。島津家の直臣ではなく従属国衆だった肝付兼寛は、比較的自由に上洛できたようであり、老中で自由のきかない覚兼は羨ましかったのだろう。二十二日には主君義久から吉野駒が覚兼に下賜されている。覚兼の老中辞任申請を却下したことへの気遣いか、島原出陣への慰労だろう。

同日、前年以来龍造寺家との和睦調停を進めようとしていた筑前国衆秋月種実から、結果として沖田畷の戦いに至ったことへの釈明の書状が覚兼に届いている。二十四日に返書を送っているが、前年の和睦調停そのものを「謀略」とし、「曲事千万」と怒りと不信感を顕わにしている。

二十七日には、日向国惣先達職である善哉坊の檀那（檀家）をめぐる相論を裁定しており、二十八日にはその御礼に来た善哉坊のリクエストで、『太平記』を読み聞かせている。覚兼が『太平記』を所蔵し、それを読み聞かせできるほど愛読していたことは広く知られていたのだろう。

二十九日、瓜生野の農民が落雷で亡くなり、それを「雷に掴み殺された」と語っていたという。当時、雷が雷神（雷様）の仕業だと信じていたことがうかがえる。

天正十二年（一五八四）

六月条

一日、いつものとおり。看経(かんきん)など特に行なった。衆中が皆やって来て、氷寄合(こおりよりあい)(1)。その後、茶の湯。

この日、敷祢休世斎殿(しきねきゅうせいさい)の内衆(うちしゅ)十六人と語り合った。「縣境(あがたざかい)を豊後に向けて通過するので、引付(曳)を出してほしい」とのこと。そこで土持久綱殿(つちもちひさつな)に、「不審な者たちではないので、早々に通してやってほしい」と、一通したためた。本日は、江田（江田社）に（上洛途上の）大円坊(だいえんぼう)が逗留するというので、合力(ごうりき)(2)のため鹿革を贈った。

この日、鹿児島から紙屋(かみや)(3)経由で伊集院忠棟(ただむね)・本田親貞(ほんだちかさだ)の書状が到来。内容は、「談合があるので必ず、来る十日に到着するように、諸地頭(じとう)と同心して祗候(しこう)するように。次に、栗野八幡宮(4)造営の番匠(ばんしょう)(5)・材木などを調達するように」とのこと。すぐに諸所に申し渡した。

この日の夕方、こちらの庭にて若衆たちが蹴鞠をした。それが済んで長野(ながの)淡路守(あわじのかみ)から、皆と同心して来るよう誘われたので、長野の宿所に行った。いろいろもてなされて閑談。夜更けに帰宅。

二日、いつものとおり。雨だったので、終日、碁・将棋などで語り暮らした。

(1) **氷寄合** 宮中では六月一日に「氷室の節会」といって、氷室に保存した氷を食べる行事があった。この日を「氷の朔日」といい、正月の餅を氷餅にして保存し、この日に食べる風習もある。

(2) **合力** 金品をめぐむこと。

(3) **紙屋** 宮崎県小林市野尻町紙屋。地頭は稲富長辰。

(4) **栗野八幡宮** 現在の勝栗神社（正若宮八幡社、鹿児島県姶良郡湧水町米永）。

(5) **番匠** 大工。

三日、毘沙門天に特に読経など、心の赴くままに。若衆中が来て碁・将棋など。酒など振る舞った。この晩、ことのほかの風雨。鹿児島からの命令を、諸所に使者を派遣して伝えた。その返事も承った。皆々承知したとのこと。水流の普請[6]をさせた。

四日、いつものとおり。〈風問〉[7]のため衆中がやって来た。たいへんな洪水になった。この日は普請をさせて見物。

この日の夕方、若衆中がやって来て蹴鞠など。高野山[8]の客僧賢順房という者が満願寺に滞在中で、こちらで蹴鞠をした。いろいろな〈曲〉[9]を見せてくれた。それぞれに酒を振る舞った。上洛の衆が暇乞いのため酒を持参。

五日、いつものとおり。鮒の大きなものがたくさん届いた。衆中をたくさん呼んで寄り合って食べた。それから蹴鞠をする衆もいて、また、碁・将棋・茶の湯などで、終日、楽しんで暮らした。

六日、いつものとおり。移動希望の衆がたくさんやって来て、要望を聞いた。相応の返事をしておいた。「とにかく鹿児島に参上するので、その際、寄合中と談合して、結果を知らせる」と申しておいた。栗野八幡宮造営の件について、番匠を派遣するよう命じた。この夜、柏原左近将監などがやって来て閑談。酒で寄り合い雑談。夜更けまで楽しんだ。

七日、満願寺(玄恵)から招かれたので行った。息子観千代も連れて行った。立花・すなのもの[10]を院主がやってくれて見せられた。斎を振る舞われて、いろいろと

(6) **水流の普請**　城内の排水施設カ。この日は台風とみられる激しい風雨のため、城内に溜まった雨水を排水する必要があったのだろう。

(7) **風問**　台風見舞いカ。

(8) **高野山**　現在の和歌山県伊都郡高野町にある真言宗の聖地。

(9) **曲**　『大日本古記録』の頭注には「鞠ハ曲ヲ尽ス」とあり、鞠を使う曲芸のことカ。

(10) **すなのもの**　砂の物。立花の様式のひとつ。横幅を広く活ける形式。砂鉢に立て、砂・小石で根元を固定する。

もてなされた。

この日の夕方、拙者の庭にて若衆中が鞠。（五月二十九日に鹿児島に向かった）和田江左衛門尉が帰宅。頭役辞退の件は、今、寄合中（老中）が留守で本田親貞ひとりしかいないので、拙者が参上した際、談合して決着次第、返事するとのこと。

吉利忠澄の鹿児島参上が、洪水のため遅れるとの連絡が使者からあった。鎌田政近からも、「脚が痛むので今度の鹿児島参上は難しく、子息政虎[11]を参上させるので、いろいろよろしく頼む」とのこと。

八日、早朝、海江田に向けて出立。殿所町で宗琢から招かれたので行った。いろいろともてなされた。それから内山まで行った。こちらに着いたということで、皆が酒・肴を持ってきた。

九日、早朝、紫波洲崎に参上。恭安斎様がいろいろともてなしてくれた。それから碁を打って、慰んでいたところ、本田治部少輔殿がやって来た。酒・肴をいただいた。風呂を焼いてもてなした。中城（覚兼祖母）から招かれたので、本田と同心して参上。たいへんもてなされた。その後、恭安斎のところで本田をもてなした。その時、鰹が届いたので、目の前で捌いて調理。この夜、本田治部少輔を同道して内山に帰った。茶屋にて本田をもてなした。夜更けまで閑談。それから本田は帰宅。

十日、早朝、鹿児島に出発。田野にて破籠を食べた。それから大寺安辰殿か

（11）**鎌田又七郎政虎**　一五六三～八五。政近嫡男。

ら長蔵坊(ちょうぞうぼう)が使者として来て、「待ち合わせて鹿児島に同道すべきですが、本日早朝、出発しました」とのこと。この晩、我々は山之口(やまのくち)[12]に到着。この日、肝付兼寛(きもつきかねひろ)に使者を送り、銀子(ぎんす)二十両を贈った。

十一日、明け方に出発。都城でしばらく休憩して、朝食をいただいた。それから急いで敷祢に到着。敷祢休世斎のところに参上。いろいろともてなされた。拙者も酒を持参して賞翫。白浜から迎えの船が来て、待っていると言うので、座が済んだ後、敷祢脇本から出船。一番鶏が鳴く頃、白浜に着船。

十二日、薬師如来に特に祈念。鹿児島に加治木雅楽助(かじきうたのすけ)を派遣し、「今月十日に到着するよう命じられており、そのつもりでいましたが、日向はひどい風雨で洪水になったため、やむなく遅れてしまいました。本日早々に参上すべきですが、暑い中、急いで来たせいか、少々疲れが出てしまいましたので、養生しております。今日・明日中には祇候します。それでも急用がございましたら、なんとしてでも養生して今晩にでも参上いたします」と、書状を添えて言上(ごんじょう)させた。やがて返事が鹿児島仮屋[13]に届いた。「こちらに着いたとのこと。少々疲れが出たため、明日参上とのこと。養生するのが大事だろう。ちなみに未だ諸所の地頭が揃っていない。平田宗張(ひらたむねはる)殿・稲富長辰(いなとみながとき)殿・大寺安辰殿は祇候している」とのこと。そこで、この日は白浜に逗留し、少し良くなったので、船に乗って網曳(あびき)[14]をさせて見物。魚がたくさん捕れたので、とある松陰にて賞翫。酒も呑んで慰んだ。

（12）**山之口**　宮崎県都城市山之口町。北郷忠虎領内。

（13）**鹿児島仮屋**　鹿児島の御内近くにある覚兼屋敷。

（14）**網曳**　地引き網。漁船で遠浅の沖合に張り回して魚を囲み、多人数で綱を引き陸地に引き寄せて魚を捕獲する漁法。

十三日、虚空蔵菩薩[15]に特に読経。未だ霍乱[16]がひどいので養生していた。家景[17]の者どもが酒を持参し、拙者は、「手持ち無沙汰なだけだ」と言った。

この晩、鹿児島に到着。本田信濃守[18]がやって来て、そのほか若衆中一、二名がやって来た。

十四日、早朝、殿中に出仕。「(義久に)虫気が出て大変とのことですが、いかがでしょう」と、奏者の白浜重治を通じて伝えた。あわせて、吉野の駒を拝領した件について御礼申し上げた。伊集院忠棟・平田光宗・本田親貞に挨拶した。それぞれで酒。伊地知重秀に、先日有馬(島原半島)で長々と交流したので、そうしたことの御礼を申した。いろいろともてなされた。

この晩、伊集院忠棟が風呂を焼いたので来いというので、参上して入った。新納久饒[19]・長谷場純辰も一緒。それから、長谷場純辰・市来家繁[20]・岩永可丹と同心して、拙宿にて夜更けまで雑談と酒。この日も拙者が到着したというので、当所の衆が挨拶に来た。

十五日、早朝、出仕。出仕の様子はいつものとおり。城一要斎から、「久しくご無沙汰している」と言って、使者が来た。刀・太刀・釜を義久様に進上。使者は城主計助[21]であった。義久様に見参。

義久様の虫気について、寄合中(老中)で談合し、千部会[22]張行を計画された。細かく命じられた。本田親貞が拙宿に来られた。このほか衆中が皆々挨拶に来た。外城衆[23]の新納教久[24]・山田有信・平田宗張・大寺安辰・川田義朗・新納

(15) **虚空蔵菩薩**　胎蔵界曼荼羅の虚空蔵院の主尊。
(16) **霍乱**　夏におこる激しい下痢や嘔吐をともなう病気の古称。現在の急性腸炎・コレラ・赤痢など。また、日射病・暑気あたりともいう。
(17) **家景**　家中と同義であり、上井家の家臣(忰者)を指す。
(18) **本田信濃守**　『大日本古記録』は盛親に比定。
(19) **新納右衛門佐久饒**　一五四七〜一六二四。奏者カ。父は島津日新斎・貴久に仕え、薩摩市来地頭だった新納康久。弟は肥後八代荘厳寺住持で、後年、島津家重臣となる新納旅庵。新納忠元は又従兄弟にあたる。
(20) **市来掃部助家繁**　?〜一六三六。奏者カ。
(21) **城主計助**　『大日本古記録』は統勝に比定。
(22) **千部会**　『阿弥陀経』、『法華経』、『般若心経』など一つの経典を省略せずに千部読経する法会。
(23) **外城衆**　地頭。
(24) **新納狩野介教久**　?〜一六二三。
(25) **祇園ばやし**　祇園社(現在の八坂神社、鹿児島市清水町)の祭

久時らが挨拶に来た。島津忠長殿のところに挨拶に行った。お留守だった。

この晩、祇園ばやし(25)が例年どおりあった。忠長殿から、祇園ばやしを見に行く前に、拙宿に挨拶に来るとのこと。こちらから使者を派遣し、「ありがとうございます。ついでにお約束していた〈折ための茶杓(26)〉を進呈します」と伝えたところ、大喜びだったとのこと。やがて、忠長がやって来た。一緒に祇園ばやしを見物。演目は猩々・芭蕉・箙之梅であった。不断光院など見物に来ており、同席。それから忠長が拙宿に来た。慌てて肴を準備して、夜更けまで酒宴。山田有信・鎌田政虎なども同席して、いろいろと閑談。

島津彰久殿の宿所に、この日、参上した。阿多忠辰・岩永可丹斎も同心して、酒で寄り合い。彰久宿所で鞁の稽古をしていたようである。奥之山左近将監がおり、それ以外は地下の稽古衆(27)であった。

十六日、出仕はいつもどおり。今年の鹿児島諏訪社頭役は、左が伊集院忠棟の二男(28)、右は村田経宣(29)の息子に決定した。

この日、税所篤和・町田久倍に挨拶した。不断光院が拙宿にお越しになった。酒で対応。為阿弥(30)が来られた。久美崎(31)に唐船が着船したということで、油の壺一・木綿一を持ってきた。為阿弥は久美崎の曖(32)だからである。

この日、御側衆など同心してたくさんやって来た。皆に酒で対応。平田光宗殿の宿所で島津彰久殿が鞁の稽古をするので、饗応のため拙者も来るようにと光宗から頼まれたので、参上して終日、鞁を聞いた。奥之山左近将監の指南

りで興行される能カ。

(26) **折ための茶杓**　先の方を折りたわめた茶杓。

(27) **地下の稽古衆**　島津家家臣ではない町人らで鞁の稽古に来ていた者。

(28) **伊集院忠棟二男**　小伝次カ。玉里文庫蔵『庄内陣記』所収伊集院家系図によると、生没年は一五八二～一六〇二。これが正しければこの年三歳。

(29) **村田雅楽助経宣**　田代清宣の子、村田経威養子。大隅末吉地頭カ。その子息は三郎右衛門経昌。

(30) **為阿弥**　野間宗員（政商）。勝阿弥政定の子。祖父野間喜庵忠政は島津相州家運久の実子、忠良（日新斎）の異母弟。母の名字を名乗り、同朋衆（芸能・茶事・雑役を行なった僧体の者）となる。為阿弥は義久の命で上洛し、将軍家の同朋衆歳阿弥から有職故実を学び、千宗易から茶事を学んだという（『本藩人物誌』）。

(31) **久美崎**　久見崎。鹿児島県薩摩川内市、川内川河口左岸の港。

(32) **曖**　支配・領知という意味。この場合、久美崎付近の領主か地頭という意味カ。

であった。稽古の衆は、島津彰久・平田増宗・税所助五郎・本田親兼[33]・川崎織部助らであった。笛は新納右衛門兵衛尉・島津彰久内衆一人であった。一王雅楽助が唄を担当。このほか、岩切善信・長谷場純辰・木脇祐充・伊地知重隆など。この晩、饗応。席次は、客居に島津彰久・新納右衛門兵衛尉・奥之山左近将監・岩切善信・長谷場純辰、主居に拙者・本田親兼・平田光宗・木脇祐充であった。夜更けまで乱舞・酒宴。

十七日、出仕はいつもどおり。談合衆が皆、揃った。島津忠長殿が、一昨日、拙宿に挨拶に来られたので、その御礼に参上したところ、阿多忠辰殿・白浜重治殿・為阿弥と寄り合いの最中であった。そこで我々にも同じく酒が出て閑談。〈掛絵〉[34]など見せてくれて、いろいろと雑談しながら酒。それから皆、帰った。拙者は、しばらく用があるとのことなので残っていたところ、その後、吉田清存などを招いて茶の湯。夕食を八木昌信・拙者・市成掃部兵衛尉に振る舞ってくれた。それから、上之山観音[35]に我々を召し連れて堂参。ちょうど、南林寺東堂が通夜[36]を行なっており、いろいろと雑談しながら酒宴。町衆も居合わせて乱舞などやり、しばらく楽しんだ。下向の際、八木昌信のところに忠長殿が立ち寄るとのことなので、我々も随身した。いろいろともてなされて、夜更けに帰宅した。

十八日、観音に特に祈念。いつものとおり出仕。この日の朝、談合衆に義久様から談合内容が提示された。使衆は伊地知重秀・税所篤和であった。条々は、

(33) **本田大炊大夫親兼**　一五二八〜?。薩摩永吉地頭本田董親の嫡男。初名重親。天文十六年（一五四七）、朝廷から「従五位下左京大夫」を叙任されているが、その後、島津貴久に降伏しており、主家への遠慮から「大炊大夫」を名乗るようになったとみられる。

(34) **掛絵**　掛け軸の絵ヵ。

(35) **上之山観音**　詳細不明。上之山城付近（現在の城山、鹿児島市城山町）にあったものヵ。

(36) **通夜**　終夜の祈願。

一、今度の出陣での有馬（島原半島）・肥後出陣衆の軍労に対する御礼
一、八代の支配について
一、有馬の番手について
一、弓・鉄砲をさらに準備すること

まずはこれらについてであった。

この日、伊集院忠棟が拙宿に挨拶に来られた。祝言（しゅうげん）のため、酒で対応。それから、殿中に談合衆がきっと揃っているだろうということで、我々と同心して参上。しかしながら、本日、談合はなかったので、伊集院忠棟の宿所に連れられ、立花をしきりに一瓶頼まれた。遠慮したのだが、恵玄（えげん）(37)という京都の人がおり、同じく一瓶花を立て、同じ床の左右に並べられて難儀千万（なんぎせんばん）(38)であった。しかし稽古と思って、文句も言わず花を生けた。そんな最中、島津忠長がやって来て、私の立花を一覧し、まことに恥ずかしかった。その後、伊集院忠棟が茶の湯をし、忠長と拙者が同席した。伊集院忠棟の子息増喜殿が給仕をしてくれたので、我々としてはとても困った。いろいろともてなされた。特に秘蔵の壺など拝見した。お茶の手前は恵玄であった。

十九日、出仕はいつものとおり。三舟（みふね）(39)（甲斐宗運）に対し、義久様が今度の和睦の御礼をすることになった。使僧は大日寺法印（だいにちじほういん）(40)であった。太刀と馬一疋（ぴき）を贈った。太刀を使僧が渡すのは似合わないだろうということになり、八代衆の誰かに命じるようにと平田光宗と寄合中が談合。

(37) **恵玄**　京下りの文化人カ。詳細不明。
(38) **難儀千万**　非常につらいこと。
(39) **三舟**　御船（熊本県上益城郡御船町）。阿蘇大宮司家重臣甲斐宗運の本拠。
(40) **大日寺法印**　鹿児島県日置市東市来町長里にあった寺院の僧侶。

この日、義久様から指示があった。「いつも談合が済んでから、忠平に意見を聞いている。もちろん、尤もなことではあるが、それはいかがなものであろうか。特に今度は肥後国中(41)に軍勢を派遣するので、よくよく談合する必要がある。先に条数を忠平に伝えておくのがいいのではないか」との上意であった。そこで、平田宗張と稲富長辰の二人に命じて、真幸(42)に派遣した。

この日、高城珠長が珠全老人(43)の追善供養のため企画していた連歌を興行した。合戦で取り乱れ、今まで実現していなかったが、今は落ち着いているので興行した。出仕の帰りに、直接、高城珠長の宿所に皆で行った。席次は、客居に島津忠長・伊集院忠棟・瀧聞宗運・岩永可丹・鮫島宗昌(44)・高城重説(45)、主居に吉利忠澄・拙者・高城珠長・鷹捕主殿助であった。夜になって百韻成就した。いろいろと酒宴。

二十日、出仕はいつものとおり。吉利忠澄・伊集院久治に挨拶した。新納忠元殿・猿渡信光殿も同心した。二人からいろいろともてなされた。それから直接、殿中に行き、談合に祗候した。

二十一日、早朝、祗候。今日から法華千部が始まった。義久様がご聴聞になった。出仕の諸侍は言うまでもない。今度の千部は、〈聖家〉(46)が誦経(47)された。この準備は、寄合中（老中）が曖之所(48)、また〈当所衆(49)〉が地頭を勤めている所々であった。

有馬鎮貴から使僧が来た。このたびの勝利（沖田畷の戦い）の祝言とともに、

(41) **肥後国中**　守護菊池氏の旧支配領域。阿蘇大宮司家支配領域の北側、肥後北部（菊池郡・玉名郡・山鹿郡・合志郡・山本郡・飽田郡・託麻郡）。

(42) **真幸**　日向真幸院、忠平領（宮崎県えびの・小林市の広域名称）。

(43) **珠全老人**　高城珠全。島津家お抱えの連歌師。高城珠長の父もしくは師匠。

(44) **鮫島備後守宗昌**　？〜一六一四。鮫島宗秋子息。

(45) **高城重説**　高城珠長の弟子もしくは同門の連歌師ヵ。

(46) **聖家**　特定の宗派・寺院の僧侶を示すのか不明。

(47) **誦経**　経文を声に出して読むこと。

(48) **曖之所**　老中が地頭を兼務している外城。

(49) **当所衆**　奏者ら鹿児島常駐の衆ヵ。

ご高恩により、日頃の胸のつかえが晴れたとのこと。太刀・馬、南蛮の笠[50]・水晶の花瓶・唐墨十挺鏡形が[51]贈られた。使者と義久様が対面された。出仕の帰りに、新納忠元・吉利久金・拙者で伊集院忠棟の宿所に同心して行った。席次は常住の御座所どおりであった。客居に拙者、次に新納忠元、主居に吉利久金・伊集院忠棟・伊地知越中守。いろいろともてなされ、言いようがない。女中[52]にもお目にかかった。

この日、本田正親殿から木脇大炊助殿を使者として承った。「去年以来、（覚兼領の）向島白浜と（本田領の）二俣[53]との間で境界争いが起こり、未だ解決していない。あなたの考え次第で解決させたいのでよろしくお願いしたい」とのこと。返事は、「尤もだと思います。しかし、愚領の境界争いを自分の判断で扱うのは、判断いたしかねます。向島地頭[54]の分別で判断するのがいいのではないでしょうか。そこで、本田と拙者が一緒に川上源五郎殿のところに裁定をお願いしたいと思う」と申した。本田も私の言い分を尤もと考え、拙者とともに、木脇大炊助を川上源五郎のもとに派遣して説明するとのこと。

有馬鎮貴殿から、「このたび諸軍衆が帰帆以後、（覚兼に）井福にてご苦労をおかけした」ということで、使書と馬・太刀をいただいた。

この晩、猿渡信光殿がいらっしゃった。酒を持参。しばらく雑談。

二十二日、早朝に出仕。皆、お経を聴聞。談合があった。この日の昼、千部のお経衆に、殿中で酒が振る舞われた。拙者が用意して振る舞った。

（50）**南蛮の笠**　中央が高く、つばが広い西洋帽子。

（51）**唐墨十挺鏡形**　唐墨（中国製の墨）十個で鏡のような丸い形をしていたのであろう。

（52）**女中**　この場合、伊集院忠棟室。?～一六〇二。吉利久定長女・吉利忠澄妹、伊集院忠真（増喜丸）母。

（53）**二俣**　鹿児島市桜島二俣町。

（54）**向島地頭**　川上源五郎。

この晩、福昌寺に参詣。食籠を肴に樽一荷を持参。東堂天海正曇と対面した。お酌して酒を呑んだ。いろいろと雑談。拙者は先代の代賢守仲(55)和尚の弟子なので、今後も特に親しくしたいと承った。老僧衆などたくさん呼んで、酒。この夜、岩永可丹斎・幸若与十郎・一王雅楽助がやって来て、夜更けまで雑談・酒宴。

二十三日、出仕はいつものとおり。南林寺に義久様がご参詣になった。談合のため居合わせた諸所の衆がお供した。斎が出た際の席次は、客居に義久様・島津彰久・島津忠長・拙者、主居に福昌寺東堂・南林寺。いろいろともてなされた。義久様は樽五荷・折肴(56)をご持参。彰久・忠長・私も酒を持参。諸所の地頭衆も住持のお酌で酒。寺僧たちに義久様ご持参の酒が下された。やがて、ご帰輿。

　この晩、新納忠包(57)・山田有信・上原尚近・猿渡信光が拙宿に来て閑談。酒宴。この夜、新納忠元・伊集院久治が無沙汰しているとして、やって来た。月待ちとのことで、夜更けまでいろいろ語り合った。

二十四日、出仕はいつものとおり。宇土殿（名和顕孝）からご帰陣の祝言が使書にてあった。太刀・馬を進上。赤星統家殿(58)からも同じく祝言。巻物・太刀をいただいた。使者は西郷越中守(59)であった。このたびの談合のなかで、隠密の条項(60)は口外しないように、神判(61)を皆、作成した。去年の冬に遊行同念上人が薩摩に到着して以来、浄光明寺がこれに同行して日向国に滞在していたが、

(55) **代賢守仲**　一五一五〜八四。福昌寺第十八世住持。

(56) **折肴**　檜の薄板を折り曲げて作った箱に入った酒の肴。

(57) **新納越後守忠包**　？〜一五九二。薩摩隈之城（鹿児島県薩摩川内市隈之城町）地頭ヵ。

(58) **赤星統家**　一五三〇〜一六一九。菊池氏旧臣、肥後国衆。反龍造寺方の立場を取り、本拠隈府（熊本県菊池市）から追われ、島津領内に亡命中の模様。

(59) **西郷越中守**　『大日本古記録』は幸勝に比定。

(60) **隠密の条項**　義久の後継問題。

(61) **神判**　起請文（神仏に誓った契約文書）。

ちょうど帰宅した。そこで義久様がお呼びになり見参。

この日、護摩所にて明日の連歌の一順を用意。その帰りに、伊集院忠棟が風呂を焼いたので来いというので、行った。心静かに風呂に入り、それから恵玄が立花を一瓶立て、一覧して帰宿。

二十五日、月例の連歌があった。殿中は、お経読誦の最中なので、島津忠長殿の主催ということもあって、忠長宿所でやるのがよいとの義久様の上意があり、そのようにした。早朝に皆、到着した。主居に不断光院・忠長・新納忠元・岩永可丹・税所篤和、客居に川上忠智・伊集院忠棟・拙者・瀧聞宗運・伊集院久治・喜入久正であった。いろいろともてなしがあり、夜になって終了。

二十六日、出仕はいつものとおり。この日、高城珠長の在所にて稽古連歌があった。吉利忠澄の興行。いろいろと振る舞われた。夜更けに皆、帰った。席次は、客居に島津忠長・新納忠元・伊集院久治・瀧聞宗運・喜入久正、主居に伊集院忠棟・拙者・吉利忠澄・高城珠長・税所篤和・竹迫主殿助(62)であった。発句は高城珠長、脇を吉利忠澄、第三を拙者であった。

二十七日、出仕はいつものとおり。五島(63)の宇久純定から、このたびの高来表での勝利(64)についての祝言の使書が来た。太刀と巻物を進上した。出仕の帰りに本田親貞に招かれた。席次は、客居に島津忠長・新納忠元・奥之山左近将監・猿渡信光・伊地知越中守、主居に吉利忠澄・拙者・伊集院久治・本田親貞であった。いろいろともてなされ、奥之山が小唄など唄って踊った。閑談した。

(62) **竹迫主殿助**　六月十九日の連歌で同席した鷹捧主殿助と同一人物カ。詳細不明。

(63) **五島**　原本は「五島」とだけあり、『大日本古記録』は「宇久純定」に比定する。宇久純定（?～一五八六）は肥前五島列島の国衆。居城は江川城（長崎県五島市江川町）。

(64) **高来表での勝利**　島原半島全体が高来郡に属しており、沖田畷の戦いを指すとみられる。

この日、殿中で談合。この晩、伊地知右京亮殿(65)から招かれたので行った。伊集院久治と拙者であった。絮阿など居合わせた。いろいろと閑談して酒宴。夜に入って帰った。この夜、平田増宗殿夫婦が拙宿に来た。酒を持参。もてなして夜更けに帰った。

二十八日、出仕はいつものとおり。合志殿(66)から帰陣の祝言の使書が来て、太刀・袍表(67)をたくさん進上した。我々へも使書と油(68)をいただいた。入来院殿(69)から〈夏問い(70)〉の手紙が来た。折肴にて樽をたくさん進上した。

この日の朝、談合が終了。日州高城(71)で豊後衆が滅亡してから、今年で七回忌になる。そこで、その境にて大施餓鬼をすべきと義久様が仰った。高城地頭の山田有信と相談して実行することにした。都於郡地頭鎌田政近に、長持寺(72)を高城に派遣するよう命じた。あわせて御物(73)など命じた。財部地頭鎌田政心にもこの件について、油断無く準備するよう書状をしたため、山田有信に渡した。

高崎有閑斎から、「田布施金蔵院(74)が伊作花熟里名(75)の内に門(76)を持っているのだが、諏訪社の頭役を渋っている。どうすればよいか」とのこと。書状にて、「曲事である。なぜなら、新たに寄進されたのならば、神役(77)は所々にて確かに命じるべきである」と回答した。出仕の帰りに、伊集院忠棟が立花を一瓶立て、見せたいとのことなので、同心して見に行った。言語道断の面白い風情であった。

この日、伊集院忠棟のところに参った。「〈蹴鞠之条々(78)〉を上洛した際に、飛

(65) **伊地知右京亮** 『大日本古記録』は重則に比定。

(66) **合志殿** 『大日本古記録』は親重に比定。この年十月四日条に島津忠平からの贈り物を親重が受け取った記述がある。鴨川達夫「戦国末期の肥後国竹迫城主合志氏について」（勝俣鎮夫編『中世人の生活世界』山川出版社、一九九六年）によると、合志氏の家督は親賢（宣頓）―親為―親重と継承されており、親為と親重は兄弟とみられる。本拠は肥後竹迫城（熊本県合志市上庄）。

(67) **袍表** 束帯の上着。

(68) **油** 荏胡麻油。古代以来、合志の名産であった。

(69) **入来院殿** 『大日本古記録』は重時に比定。入来院重時（一五七三～一六〇〇）は島津征久二男で、入来院重豊（?～一五八三）の養嗣子。養父重豊は前年八月五日に亡くなっている。居城は清色城（鹿児島県薩摩川内市入来町）。

(70) **夏問い** 暑中見舞いヵ。

(71) **日州高城** 新納院高城（宮崎県児湯郡木城町）。この場合、天正六年（一五七八）十一月、この城をめぐって起きた高城・耳川合戦を指す。

鳥井雅敦殿(79)から許可を得て、ひととおり伝授されたので、雅敦自筆の書物と一緒に書き写してはどうだ」と言われたので、書き写した。この日、不断光院・道場(80)のところに挨拶に行った。両所とも留守だった。この日、浄光明寺が拙宿に挨拶に来られて閑談し、酒で対応。

この晩、河嶋殿(81)がやって来て、市来野の駒の髪切りをしてもらった。それを見ていたところ、本田信濃守がやって来たので、彼らと夕食を共にし酒宴で閑談。

二十九日、出仕はいつものとおり。談合衆が皆、暇になったので、暇乞いを申し上げた。この日、法華千部が成就した。義久様が聴聞された。布施などは殿中にて渡された。我々もお暇をいただいたので、寄合中に暇乞いに参った。所々で酒。伊集院忠棟に蹴鞠の書物を書き写したので返却。ここでも酒で閑談。芋頭などという水指(82)を見せてくれた。平田光宗が拙宿に来られた。酒を持参。矢野氏が居合わせて、皆と会って賞翫。

この日、税所篤和殿を通じて寄合中に申し上げた。「先年、肝付氏との抗争の際、廻(83)に町田左近将監(84)という人物がおり、敷祢頼賀（休世斎）殿が調略しました。もちろん、〈御門之人〉(85)なので、守護方（島津方）に出頭したことを大慶(86)に思い、廻を召し上げることで談合が落着したところ、こちら（島津）側から疑いが生じ、一、二日遅れて陰謀が露見し、町田は処刑されました。町田の妻子や、拙者の母方の叔母にあたる母親(87)までもが死罪となりました。町田左近将監の親類は、今は皆、所領を与えられております。しかし、町田左近将監は跡

(72) **長持寺**　都於郡にあった寺院。近世には日向飫肥城の北側、宮崎県日南市板敷字原之迫にあった。
(73) **御物**　この場合、七回忌法要のための準備物ヵ。
(74) **田布施金蔵院**　鹿児島県南さつま市金峰町尾下にあった真言宗寺院。
(75) **伊作花熟里名**　鹿児島県日置市吹上町花熟里。
(76) **門**　中世から近世にかけての島津領における農村の基本単位。数戸で構成され、年貢納入の責任を負った。
(77) **神役**　この場合、諏訪社の頭役のこと。
(78) **蹴鞠之条々**　蹴鞠の秘伝書ヵ。
(79) **飛鳥井雅敦**　一五四七〜七八。飛鳥井家は代々蹴鞠と和歌の師範を勤めた。
(80) **道場**　時宗の道場であろうが、詳細は不明。
(81) **河嶋殿**　詳細不明。馬の飼育に通じた者らしい。
(82) **芋頭の水指**　南蛮水指のひとつで、口がすぼみ、肩がなく、胴の中程から胴裾にかけて膨らんだ形のもの。水指とは茶器のひとつで、釜に補給する水や、茶碗・茶

継ぎもないため所領を与えられておりません。拙者にとって間違いなくゆかりのある者ですので、この跡を召し立ててほしいと皆さんにお願いしたいと思い、町田久倍殿と相談し、同心してお頼みします。この件、ご納得いただけるならば、町田左近将監の甥にあたる肝付名字之者が、拙者家景中におりますので、これを跡に取り立ててください。彼もまた〈御門〉でありますので、私事ではありません。次の機会に、義久様にご披露をお願いします」と申した。寄合中からの返事は、「かなり時間が経過しているのでよく覚えていないが、町田久倍と覚兼が申すなら間違いないだろう。覚兼もきっと宮崎あたりで町田の跡を取り立てようと考えているのだろう。合間をみて、間違いなく談合するであろう」とのこと。また、税所篤和殿に申し置いたのは、「このたび有馬表（島原半島）に拙者ひとりだけがしばらく召し置かれた。いろいろと諸人に命じたが、了承しない者もいた。そのような状況は、必ず島津家のためにならないので申し上げます。来る八月には必ず肥後国中への出陣となる、と談合で決した。そこで、肥後表において老中役の拙者ひとりだけに、どちらかに行けだの残れだの命じられても、まったく了承できません。寄合中から誰か一人いらっしゃって同心するというのならば、お供いたします。それができないならば、何があっても辞退いたします。その時になって、このような状況になった際は、境目への出陣を辞退、あるいは苦労などに応じて誰かを充てるべきです。あらかじめ申し置いておきますので、必ずお聞き届けください。詳しい考えは、またその時、

筅などをすすぐ水をたくわえておく器。

(83) **廻** 鹿児島県霧島市福山町の廻城ヵ。永禄四年（一五六一）五月、肝付兼続が攻略し、島津貴久と抗争となった。同年六月、この城での攻防戦で貴久の弟忠将（征久父）が討死している。また、この戦いが島津家久や上井覚兼の初陣であった。

(84) **町田左近将監** 詳細不明。肝付氏家臣、廻城の城代ヵ。

(85) **御門之人** 島津家の一門、つまり御一家出身の人という意味ヵ。

(86) **大慶** この上なく喜ばしいこと。

(87) **町田左近将監の母** 覚兼の母方の叔母ということは、肝付兼固の娘の一人、覚兼母の姉妹ということになる。

お伝えいたします」と申した。また、「去る正月三日、深水名字の宮崎衆中が、思いもかけず盗みをはたらいた。既に鳥目(88)を懐中から引き出し、そのほか一、二種の盗品が懐中から出てきた。そこで深水名字の者もやむを得ないと思ったのか、刀を抜いて（相手を）追い払ったところ、若者どもが集まって彼を仕留めました。その様子は衆中が皆、知っておりますが、致し方ないことでした。しかしながら、御内之人(89)でしたので、このようにご報告申し上げます。年頭の祗候でしたので、あまりに不祝言かと思い、申し上げませんでした。その後、出陣の旅中は言い出せず、今まで報告が遅くなりました」と申し上げた。

この晩、白浜に向けて出船。船元まで若衆中が暇乞いに来た。この夜は、白浜に泊まった。

(88) **鳥目**　銅銭。

(89) **御内之人**　御内、すなわち島津義久の直臣という意味。つまり、覚兼の倅者ではなく宮崎衆中だったため、これを処刑した場合、老中を通じて義久に報告義務があったようである。

【解説】

六日、移動希望の衆が多く宮崎城を訪れ要望を聞いている。衆中の移動希望は移動先に空きがあれば可能であり、日州両院担当老中である覚兼を通じて申請することになっていた。覚兼はそれを取りまとめて鹿児島での老中（寄合中）談合にかけ、検討したようである。

九日には、恐らく折生迫湊の漁師から鰹が届き、目の前で捌いて食している。当時から鰹が生で食されていたことがうかがえる。

十日に紫波洲崎城から鹿児島に向けて出立した覚兼は、敷祢経由で自領の向島白浜に入り、霍乱がひどいと鹿児島に連絡した上で、白浜にて療養している。夏場の霍乱は食中毒の可能性があるが、それでも地引き網で獲れた魚を食べている。十三日に鹿児島に入り、翌日、義久に見参して吉野駒拝領の御礼を述べている。その後、暫く寄合（宴会）や鞁の稽古に明け暮れている。十六日、川内川河口左岸の要港久見崎に着岸した「唐船」からの輸入品をもらっているのが注目される。

　十八日になってようやく談合衆が揃ったようであり、義久から協議事項が示されている。主な議題は沖田畷の戦いでの勝利を踏まえた今後の肥後・島原半島支配についてであるが、実はこの時、「隠密の条項」が義久から諮問されている。これについて覚兼は日記に何も記していないが、二十四日には談合衆が口外しないことを誓う起請文を呈している。後日、明らかになるが、義久の後継問題についてであり、センシティブな内容のため隠密とされたのであろう。

　翌十九日には、これ以前に島津家への再従属を申し入れてきた甲斐宗運に対し、義久が御礼の使僧を派遣することを決定した。これと同時に、談合の結果を島津忠平に後日知らせるのではなく、協議事項について事前に忠平からの意見も聞いておくべきではないかとの意見を受けている。この時点で既に肥後支配について島津忠平を関わらせたいとの義久の意向がうかがえる。

沖田畷の戦いでの勝利、龍造寺隆信討死の情報は九州全域に広がっており、肥後・肥前の国衆達が次々と祝いの使者を鹿児島に派遣するなか、二十七日には九州最西端の五島（長崎県五島市）の領主宇久純定からも使者が来ている。そんななか、二十八日には義久が高城・耳川合戦の七回忌法要の大施餓鬼の実施を命じている。こうした島津家主催の敵味方供養施餓鬼の意図・目的については、伊集守道「戦国期島津氏の施餓鬼」（元木泰雄編『日本中世の政治と制度』吉川弘文館、二〇二〇年）に詳しい。

なお十八日、伊集院忠棟宿所に呼ばれた際、立花を求められ、京都から下向した恵玄なる人物と作品をならべられて恥ずかしがっている。立花の作法が島津領にも広がりつつあることがうかがえる。二十八日には、伊集院忠棟が上洛時に蹴鞠を家業とする飛鳥井家から蹴鞠の秘伝を伝授されたとして、秘伝書の筆写を覚兼に勧めている。天正六年（一五七八）以前に上洛したとみられる伊集院忠棟のもとには、諸芸に通じた京都の文化人が下向・寄宿しており、島津領内への文化伝播の発信源になっているようである。

天正十二年（一五八四）

七月条

一日、いつものとおり。看経などした。白浜にていろいろもてなされた。この日、渡海しようと思っていたが、天気が悪いので白浜に滞留し、盤之上などさせて、見て楽しんだ。

二日、早朝、出船した。この日、宮内(1)の桑幡殿(2)に挨拶のため浜市(3)に着岸。やがて、桑幡殿から使者が来て、馬を送ってくれた。すぐに桑幡殿のところに参った。まず三献。その後、もてなされた。留守藤景殿(4)がいらっしゃった。酒をいただいた。同座していろいろともてなされた。座が済んで、茶の湯で雑談。拙者が持参の酒でお酌した。この夜、治部殿(5)が酒を持参してきて、夜更けまで閑談。

三日、毘沙門に特に読経。留守藤景殿に使者を送り、海鹿の荒巻(6)を贈った。留守藤景殿がやって来て、物語りした。名乗りの字に関する占いの易の書を持参してきて見せてくれた。それから閑談していたところ、朝食が出来たと言って、桑幡殿が振る舞ってくれた。数篇酒を呑んで、留守殿が将棋を拙者と指したいと言うので、四、五番指して楽しんだ。勝負はつかなかった。その後、留守殿は帰宅。政所殿(7)に挨拶に行った。酒を持参。桑幡殿二人もそちらにいた。いろいろもてなされた。座が済んだ後、直接、敷祢に向けて出発。皆、大津川(8)の

（1）**宮内**　大隅正八幡宮門前一帯、現在の鹿児島県霧島市隼人町宮内地区。

（2）**桑幡殿**　大隅正八幡宮四社家のひとつ桑幡氏の当主道隆ヵ。「桑幡系図写」（『鹿児島県史料　旧記雑録拾遺　家わけ一〇』所収「桑幡家文書」）によると、道隆は道延の子で「従四位下、左馬頭、豊後守」とある。その屋形は別当寺弥勒寺（現在の宮内小学校）門前にあり、近年発掘調査も行なわれている。

（3）**浜市**　浜之市とも。現在の霧島市隼人町真孝にあった港。

（4）**留守式部大輔藤景**　?〜一五九〇。大隅正八幡宮四社家のひとつ留守氏の当主。

（5）**治部殿**　「善法寺紀姓留守系図」（『鹿児島県史料　旧記雑録拾遺　家わけ一〇』所収「留守文書」）によると、留守藤景長男景広が治部少輔を名乗っている。

（6）**海鹿の荒巻**　海鹿とはアメフラシのことであり、これを干して簀巻きにしたものヵ。

（7）**政所殿**　詳細不明。四社家の残り、沢氏か最勝寺氏ヵ。

（8）**大津川**　現在の天降川。大津川は寛文六年（一六六六）に完成

あたりまで見送ってくれた。夕方に敷祢に到着。敷祢休世斎に直接会いに行った。いろいろともてなされ、夜更けまで酒宴。

四日、朝食を休世斎が振る舞ってくれた。敷祢頼元殿(9)も城から下りてきて相伴。いろいろともてなされた。玉宝唐人(10)が酒を持参。酌をして戯れた。大笑い、大笑い。やがて敷祢を発ち、都之城(11)にて破籠を食べた。突然、雨が降り出し、輿などを雨紙(12)で葺かせた。それから雨が強くなり、日も暮れていったので、佐野の渡り(13)を思い出した。ようやく、うはもと(14)（上本）という村に着いて、泊まった。

五日、早朝、上本を出立し、田野にて破籠などいただいた。それから加江田衆は直接帰り、我々は宮崎へと急ごうとしたところ、田野の渡りまで行くと増水しており、渡れないと地下衆が申し出てきた。それから、地下の若衆中二十人ほどに命じて、荷物など皆に持たせて渡らせた。宮崎に通じる鷺瀬之渡(15)が難しいので、また加江田に向かった。先に行った衆に木原町(16)で追いついた。ここかしこの川が深くなっており、ようやく夕方になって加江田の内山に到着。

六日、早朝から皆がやって来て、恭安斎様からも使いが来て、城（紫波洲崎城）に登って来いとのこと。「参りたいのですが、ここ一、二日、雨に濡れたので気分が良くなく、明日は必ず宮崎に急がないといけないので、今回は無沙汰いたします。憚りながら、申刻（午後四時頃）、下りてきてください。お顔を拝したいです」と返事した。

この日、肝付雅楽助殿(17)が、私がこちらに来ていると聞いて、やって来た。曽

した川筋直しまでは、現在の手籠川合流地点から東に蛇行し、霧島市国分湊付近に河口があった。

(9) **敷祢三郎五郎頼元**　一五六六～九八。敷祢休世斎の孫、敷祢頼兼（一五三三～七八）の子。覚兼甥。

(10) **玉宝唐人**　董玉峯、本日記には、「十八官」としてたびたび登場。帰化明人、医師。

(11) **都之城**　宮崎県都城市。現在は広域名称であるが、この当時の広域名称は「庄内」が一般的であり、都之城とは北郷氏の居城都城（同市都島町）の城下を指すとみられる。

(12) **雨紙**　油紙カ。輿を葺かせたということは、この時、覚兼は輿で移動していた模様。

(13) **佐野の渡り**　歌枕（和歌において使われた言葉や詠まれた題材）。今の和歌山県新宮市南端の地域の海岸沿いにある木の川の渡し。歌では多く「雨」「雪」が詠み込まれるので、思い出したのだろう。

(14) **うはもと**　上本。現在地不詳。

(15) **鷺瀬之渡**　現在の宮崎市田野町内を流れる清武川の渡河地点カ。田野町内の通称地名に上鷺瀬・下鷺瀬あり。

井で我慢できないことがあったらしく、どこへでも移してほしいと地頭の比志島義基に暇乞いをしたところ、いいだろうと聞き入れてくれたので、どちらかに移していただけないか、と拙者に尋ねに来たとのこと。「移動希望ということなら、あなた次第である。確かに移動の件は承った。ただ、このたび鹿児島で聞いたところでは、今年の秋までは各地への移動は決まらないだろうから、急がなくてもいろいろと情報を集めて移りたい場所を決めるのがいいだろう。とにかく地頭の比志島義基に頼むのが一番である」と伝えた。酒で対応。閑談して帰宅した。恭安斎様が城から下りてきて、円福寺と祖三寺を、話し相手に呼んだ。茶屋にて終日もてなした。四方山[18]の雑談などで、時々、茶・酒など。夕方にそれぞれ帰られた。この晩、雨が降り続いたので、次のように詠んだ。

　今日よりの雨心せよ天川あすの渡の水や増らん

〔今日からの雨に気をつけなさい。明日（七夕）渡る天の川は水が増していることだろう〕

七日、旅泊の麻衣など、七夕[19]なので借りた。虫干[20]しなどする書物は無かったので、やむを得ない。昔の人は、我が腹中の書物[21]があると言って、腹を日に干したという。「我々も酒で虫干ししているので、そういうものなのだろう」と言って、大笑い。

　この日、宮崎に向かった。殿処（外所）で宗琢が瓜などくれた。〈やさ原渡[22]〉にて賞翫。しばらく安らいで慰んだ。申刻（午後四時頃）、宮崎に到着。帰宅し

(16) **木原町**　宮崎市清武町木原。

(17) **肝付雅楽助**　曽井衆。

(18) **四方山**　四方山話。種々雑多な話。

(19) **七夕**　五節句のひとつ。七月七日に行なう牽牛星と織女星を祭る行事。平安期以来、織物や歌・書の上達を祈り、書物の虫干しをした。

(20) **虫干し**　書物や掛軸などを保管場所から取り出して、風を通してカビや虫の害を防ぐこと。

(21) **腹中の書物**　八世紀前半の成立とされる唐の李瀚著『蒙求』にみえるエピソード。同書は説話集であり、日本には遣唐使によって九世紀までにもたらされた。同書に「郝隆曬書」と題され、「世説、郝隆字佐理、七月七日、人皆曬衣書、隆於庭中向日仰臥、人問其故、答曰、我曬腹中ノ書耳也」（七月七日に人々は皆、書物を日にさらして干したが、郝隆は庭で陽に向かって仰向けになっていた。人々が理由を聞くと、自分の腹の中の書物をさらしているだけだと答えた）とある。

(22) **やさ原渡**　現在地不詳。

たと聞いて、衆中などがやって来た。拙宿の風呂を焼いて入った。この夜、柏原左近将監などと夜更けまで、酒宴して雑談。

八日、衆中が、皆やって来た。茶の湯などで物語りした。財部地頭の鎌田政心から使者が来た。鎌田新介であった。「鹿児島への祗候、ご苦労様です。高城方面で施餓鬼を準備するとのことですが、こちらは無理ですので辞退します。財部衆の広田氏は屋敷持ちですが、今度のご出陣にも人を立てず無礼しております。加えて〈御物〉(23)を借りて返却せず、勝手気ままにしております。このような者を放置しておくと、衆中たちも同じようになり、公役(24)なども状況により辞退しなければなりません」とのこと。「施餓鬼準備のことは、ずっと続けていることであり、特に今年は豊後衆（大友勢）が滅亡して七回忌にあたるので、特別に大施餓鬼を命じられたのである。近隣でもあり、是非とも果たすように。御物などのことについては、もう少し山田有信と談合して詳しく伝える。また広田氏のことは、今聞く限りでは無礼千万である。早々に所領を没収するのがいいだろう」と返事した。

この日、雨中なので、終日、碁・将棋を楽しんだ。ちょうど西俣七郎左衛門尉が京樽を持参してきたので、皆で寄り合って賞翫。

九日、いつものとおり。施餓鬼の件について、高城と財部に関右京亮を使者に命じていたが、洪水のため中止した。この日も雨が暮れまで降り続いたので、盤之上などで楽しんでいたところ、関治部少輔が酒を持参し、皆で賞翫して、

(23) **御物**　詳細不明。施餓鬼などで使用する道具類カ。
(24) **公役**　島津家からの軍役など諸々の役全般。

終日、雑談。今度の出陣での苦労話などした。すると、新納殿（綾地頭新納久時ヵ）・樺山殿に、衆中を派遣するように、と鹿児島から指示が来たので、使者として新納殿に和田江左衛門尉を、樺山忠助殿には中村内蔵助殿を派遣した。お二人とも、忝いとのこと。

十日、いつものとおり。この日も雨中で退屈なまま暮らした。海蔵坊が酒を持参してきた。敷祢越中守らと寄り合って賞翫。終日、碁・将棋などで過ごした。白木の弓(25)などたくさん選ばせて見物。

十一日、御会所(26)造営の切符(27)によると、皆、同じ槇材(28)を用意するように、とのことだったので、〈山裏〉(29)に命じることにした。その方面は不案内なので、嶽米良殿(30)の内衆を広原(31)から呼び寄せて、内々に相談。

新納久時から使者が来た。御使者の御礼であった。あわせて、拙者に無沙汰しているとのこと。次に、久時父親の三回忌なので、風流(32)を行なうため小袖(33)をたくさん借用したいとのことなので、貸した。若衆中がたくさんやって来た。碁・将棋などで楽しんだので、酒を振る舞った。この晩は、こちらの庭にて蹴鞠。

財部が施餓鬼調達の辞退を以前より申し出ていたが、しきりに勧めるよう説得したところ、「なんとかあなたの考え次第に勧める。ただ、〈御物〉のことは下賜されないと勧められない」とのこと。柏原将監殿まで使者が来たので、詳しく承った旨返事するよう柏原に伝えた。

十二日、いつものとおり。高城地頭山田有信に送った書状への返書が届いた。「施

(25) **白木の弓**　漆を塗らない白木のままの弓。
(26) **御会所**　義久の居城「御内」内の建物。私的空間から独立して寄合などの諸行事を行なうための建物とみられる。翌日条は「御主殿」と称している。
(27) **切符**　材木調達の分担を記したものヵ。
(28) **槇材**　木材として優れたスギやヒノキの総称。
(29) **山裏**　九州山地沿いの地域。山中・山内とも呼ばれる。
(30) **嶽米良殿**　米良山（宮崎県児湯郡西米良村、西都市北西部の旧東米良村一帯）の領主。『大日本古記録』は重隆に比定するが、その父重良の可能性もある。
(31) **広原**　宮崎市広原。
(32) **風流**　芸能の一種。華麗な仮装をし、囃し物を伴って群舞した中世の民間芸能（『日本国語大辞典』）。
(33) **小袖**　広袖の和服に対して、筒袖で袖口の小さい垂領の和服。

餓鬼については細々承知した。調達のことは財部が拒否しているのだろうか。それならば、高城のみで準備する。〈御物〉などについては、あなたの考えを示してほしい」とのこと。御主殿(34)造作の切符に書状を添えて、嶽米良殿に送った。あわせて、〈山裏〉の所々にも同じく送った。

この日、竹篠にて、風呂を長野淡路守の〈番前〉(35)で焼いたとのことで、招かれたので行った。その後、大門坊の庭にて蹴鞠をした。薄暮に帰ったところ、西方院から招かれたので行ったら、非時の振る舞いであった。いろいろともてなされた。俳諧などで閑談。夜更けに帰宿した。

十三日、〈坪之弓場〉(36)の普請をさせて見物。鎌田兼政が鹿児島に逗留していたが、夕方、帰ってきたとのことで、挨拶に来た。寄合中（鹿児島の老中）からの伝言があった。「栗野八幡造営(37)を日向国の番匠衆が命じられた。しかし、覚兼が担当する番匠だけがやって来ており、それ以外の番匠は来ていない。そのため、先月中に造営が始まっていない。曲事である。全力で糾明するように。次に、今年の諏訪社の居頭役のこと。一人は新納氏一族に命じ、もう一人は長野氏一族に命じる。早々に日向国にいる長野氏一族衆に命じるように」とのこと。

この日、高城に施餓鬼の談合のため関右京亮を派遣した。満願寺（玄恵）が、しばらく無沙汰していると言って、やって来た。西大寺(38)のお茶をいただいた。観千代に牛黄円(39)をいただいた。酒などで対応。閑談した。

この晩、坪弓場にて的を射て楽しんだ。皆、弓場始めということで酒をくれ

(34) **御主殿**　前日条にみえる御内の「御会所」のこと。

(35) **番前**　当番もしくは主宰という意味カ。

(36) **坪之弓場**　詳細不明。一坪程度の小規模の弓場という意味カ。

(37) **栗野八幡造営**　この年六月一日条にみえる。

(38) **西大寺**　大和国の真言律宗寺院。ここでは現在でも延応元年（一二三九）、叡尊上人が西大寺復興の御礼に八幡神社に献茶した余服を民衆に振る舞ったことに由来する「大茶盛式」という茶儀が行なわれている。

(39) **牛黄円**　牛の胆嚢中にできる結石。癇・熱病・小児の百病に効くとして、珍重される。

た。いろいろとあった。

十四日、早朝、都於郡に長野殿の惣領(40)がいるので、諏訪社居頭役の検討を命じるようにと、地頭の鎌田政近に対し、長山兵部少輔を使者として伝えた。あわせて、栗野八幡に番匠を派遣しなかった件を糾明させた。これに対し都於郡からは、「居頭役のことは、鹿児島から長野殿にも直接五日前に命令があったので検討する。番匠のことは、覚兼から間違いなく命じられていたので派遣しようとしたのだが、この前の数日間、番匠当番をしたので、覚兼に届けること無く派遣しなかった。やむを得なかった」とのこと。

高城から関右京亮が帰ってきた。「施餓鬼のことは、高城と財部が談合の上で準備する方がうまくいくだろう」とのこと。この晩、拙者の倅者どもが踊りをしたので見物した。

十五日、祈念など特にやった。吉利忠澄殿に使者を派遣した。「久しく無沙汰しております。先日、的矢羽(41)をご所望でしたので持たせます。次に、三城(42)に長野名字之者がいるので、諏訪社の居頭役を申し渡すように」と伝えた。衆中が皆やって来て、酒で対応。吉利忠澄に派遣した使者が帰ってきた。「居頭役の件、命じておきます」とのこと。的弓を頂戴した。

この日、柏田(43)から踊りに来たので見物した。この晩、若衆中がこちらの庭にて蹴鞠をした。この夜、衆中たちが踊ったので、見物。酒などを振る舞った。

十六日、いつものとおり。山田有信殿から使者が来た。関右京亮に対応させた。

(40) **惣領** 一族の長。本家の当主。

(41) **的矢羽** 的練習用の矢羽根ヵ。

(42) **三城** 門川城（宮崎県東臼杵郡門川町大字門川尾末）・日智屋城（同県日向市日知屋）・塩見城（同県同市塩見）の三城。吉利忠澄の所管。

(43) **柏田** 宮崎市瓜生野の南端、大淀川北岸。現在の相生橋北詰付近。当時、大淀川の船着き場があり、付随して町場があった。

「先刻から、たびたび命じられている施餓鬼の件、来る二十三日・二十四日に決まった。そこで準備のことは財部と談合します。どうあろうと覚兼のお考え次第にします」とのこと。「先日、拙者は財部と談合するようにと命じたが、財部が異議を唱えたので、今度の件は、山田有信殿が高城単独で準備するのがよい。財部には準備させず、相応の奉公を、後日、命じるつもりである。また、山田有信殿と高城衆の鹿児島祭礼のお供については、『施餓鬼の日程が延期になったため、準備が終わった後では、とても参上できないだろう』とのこと、尤もだと思う。今年はしっかりとそちらに残り、施餓鬼を実施するのが大事である」と伝えた。

この晩、こちらの坪弓場にて的。拙者の悴者や宮崎衆中も少々射た。酒と飯を振る舞った。夜に入って、酒宴で雑談。

十七日、いつものとおり。この日、目曳口(44)の弓場普請を衆中が揃って行ない、普請が終わったので蹴鞠をしようということになり、拙者の庭に揃った。しかし雨が降ってきたので、できなかった。そこで風呂を焼き、皆で寄り合って入った。本田治部少輔殿が、無沙汰していると言って、やって来た。これも風呂に入れて閑談した。

十八日、観世音菩薩に特に読経。寺田壹岐丞を使者として、伊集院久宣に申し入れた。「このたび鹿児島に参りました。談儀所（大乗院盛久）から聞いたところでは、先年、祢寝重張殿(45)の仮屋に義久様が訪問されて、そのお帰りの際、

(44) **目曳口**　現在の宮崎城本丸西側に字「目引」があり、目引池というため池もある。こちら側からの登城路であろうが、現在、登城路ははっきりしない。目曳口の弓場については、字「目引」の南西側にある字「伊手本」・「伊屋坊」が、「射手」・「射矢」に通じるとして、この付近に弓場があった可能性が指摘されている。『宮崎市文化財調査報告書 第七一集 宮崎城跡測量調査報告書』（宮崎市教育委員会、二〇〇九年）第Ⅲ章「宮崎城周辺の地名」。

(45) **祢寝右近大夫重張**　一五六六～一六二九。父祢寝重長、母肝付兼続娘。大隅根占（鹿児島県肝属郡南大隅町）領主。

気分が悪くなったとのこと。これについて、その際、鹿児島に居合わせた諸所の衆で談合を行ない、神舞(46)を立願したとのことですが、今に至るまで成就しておりません。その際の談合衆は誰だったのでしょうか。あなた（久宣）が〈使〉でしたので、御願を成就されるのがいいのではないでしょうか。また、先例どおりに御祭礼のお供に鹿児島に祗候する件も油断無きように」と伝えた。返事は、「神舞を立願したのは確かです。肝付兼寛が、特にやりたいとのことだったので談合したのですが、今、肝付は上洛中で留主なので、とにかく自分が成就するようにとのこと、了承しました。祭礼のお供についても了解しました」とのこと。

こちらの坪弓場にて的を皆で射た。鎌田兼政殿・敷祢又十郎殿が、的衆に酒と飯を振る舞ってくれた。いろいろとあった。蹴鞠の衆は傍らでやった。いろいろと楽しんだ。この晩、沙汰寺と穂村衆が同心して踊りをやった。酒で対応。これを見物して、そのまま若衆中と拙宿で酒宴。

この日、樺山忠助殿から使者が来た。先日の使節の御礼であった。

十九日、いつものとおり。竹篠で淋汗の風呂(47)があった。和田刑部左衛門尉の〈番前〉であった。拙者も誘われたのだが、先年、鹿児島に滞在中、京都の四条道場(48)の時宗(49)僧日当(50)という者がやって来て、立花を見せてくれた。一、二年、拙宿に滞在していた。彼は今、伊予国の河野殿(51)を頼り、寺を持っている。先日、私が懇意にした御礼としてやって来たので、お目にかかってもてなした。京都あ

(46) **神舞** 神に奉納する舞ヵ。

(47) **淋汗の風呂** 夏の風呂。

(48) **京都の四条道場** 金蓮寺、四条京極にあった時宗寺院。昭和初期に京都市北区鷹峯藤林町に移転。

(49) **時宗** 浄土教の一宗派。開祖は一遍上人。

(50) **日当** 詳細不明。鹿児島の覚兼邸に暫く滞在していた模様。

(51) **河野殿** 河野通直ヵ(一五六四～八七)。河野氏最後の当主。天正十三年（一五八五）、豊臣秀吉の四国攻めで居城湯築城（愛媛県松山市）を包囲され降伏するが、所領を没収されて安芸国竹原で没する。

たりの話を語ってくれた。〈葉柴筑州〉(52)が敗北したと語った。この話を聞いていたので風呂には行けなかった。日当から、関(53)の小刀十振り、二条昭実(54)殿筆の『伊勢物語』をいただいた。妻にも関のはさみ・硯・小刀などいただいた。

この日の夕方、こちらの庭にて若衆中が鞠を蹴った。同じく坪弓場にて的を射る衆もいた。この夜は竹篠から踊りに来た。踊衆に酒を振る舞った。

二十日、いつものとおり。重阿(55)に朝食を振る舞い閑談した。

この日、坪弓場にて的。鞠を蹴る衆もいた。また、碁・将棋の衆もいて、いろいろ楽しんだ。井尻伴兵衛尉(56)が右の衆に酒と飯を振る舞ってくれた。この晩、敷祢休世斎がやって来たので、いろいろもてなした。雑談。

二十一日、いつものとおり。本田親正殿に鷹を贈る約束をしていたので、餅原氏に鷹を準備させて、鹿児島に派遣した。重阿が伊予に帰国するというので、酒を呑みながら暇乞い。緞子一段を贈った。この晩、こちらの庭にて蹴鞠。

二十二日、朝、城下の弓場を普請させて見物。その時、地頭の市来家守が野尻からやって来た。すぐに同心して城に登った。市来からの話は、「先日、紙屋で弓場普請があり、若衆中がいろいろと邪礼(57)をしていたところ、脇刀が鞘走り(58)してしまい、大村名字の人が亡くなってしまった。刀の主も傷ついた。十四、五人が組み合いとなり、誰が誰を相手にしたのかは分からない。紙屋地頭の稲富長辰も、『〈てんほう無益〉(59)と止めていたにもかかわらず、このような事態が生じてしまったことは曲事である』と厳しく断じている。そこで稲富長

(52) **葉柴筑州**　羽柴筑前守、豊臣秀吉（一五三七？〜九八）。敗北とは小牧・長久手の戦い。この年三〜四月、秀吉と徳川家康・織田信雄連合軍との間で合戦となり、秀吉勢は池田恒興が討死するなど大敗を喫したが、十一月に秀吉と織田信雄が単独講和を結び終結した。

(53) **関**　刃物の町として知られる現在の岐阜県関市。戦国期には「関の孫六」で知られる刀工孫六兼元が出て多くの武将の佩刀を打った。

(54) **二条昭実**　一五五六〜一六一九。この時、正二位右大臣、十二月に左大臣となる。

(55) **重阿**　前日の時宗僧日当のことヵ。

(56) **井尻伴兵衛尉**　詳細不明。

(57) **邪礼**　射礼。本来は朝廷行事として行なわれた礼式としての射法。

(58) **鞘走り**　刀身が自然に鞘から抜け出ること。この場合、刃傷沙汰を意味するヵ。

(59) **てんほう無益**　粗暴な振る舞いはよくないということヵ。

辰の二男を含む若衆中で、邪礼をしていた衆十四、五人を霧島山(60)に頼んで謹慎させていたのだが、ひとまず野尻で留置することにした」とのこと。この件を、先日、市来家守から使者にて連絡を受けた際、拙者は、「相手が分からないというのは、納得できない。また、〈てんほう〉した者は曲事である。稲富長辰殿がしっかりと処分すべきであり、とにかく御内衆(61)が一人亡くなったのだから、鹿児島に報告すべきである」と伝えた。このため市来本人がこちらにやって来たようである。市来によると、鹿児島にもこの件を報告したところ同様の反応で、「説明を聞く限り、相手がはっきりしていない以上、面目を失った連中も、召し直して(62)いいだろう」とのことだった。柏原左近将監を使者として承った。拙者からの返事は、「この件、先日返答したように、鹿児島にも報告したのはよかった。拙者ひとりの判断では難しいのでこのように申した。ただ、今回の話を聞くに、鹿児島に伝えたとは言っても、何事も日向国のことは拙者が担当している。特に後日のことを考えると、この件で相手がいるにもかかわらず、しかるべき対応無しというのは、あり得ない話である。必ず調査するよう指示した結果、巧者が調査したのであろうから、どうあろうと市来の判断に任せる」と返答し、酒で対応して閑談。持参してきた酒を賞翫した。

池田主馬允が同名であると言って、拙者に会いたいとやって来た。酒を持参し、木綿・中紙をくれた。

この日、茶的(63)始めであった。本田治部少輔・上井兼成、このほか十人ほどが

(60) **霧島山** 霧島のどこかの神社とその別当寺。霧島には複数の神社があったが、高千穂の峯の火山活動により何度も焼失・遷宮・再興を繰り返しており、特定は難しい。

(61) **御内衆** この場合、島津家の直臣の意カ。

(62) **召し直し** この場合、恐らく蟄居状態にあるものを平時に戻すという意味。

(63) **茶的** お茶を賭けた弓競技カ。

〈的前〉。[64] 麓の弓場でと考えていたが、天気が良くないので、こちらの坪弓場にてやった。敷祢休世斎が見物し、酒と飯で終日いろいろとあった。夕方には雨が降ってきたので、的は成立せず、碁・将棋・乱舞などで夕方まで酒宴。穂北から衆中一、二人が、無沙汰していると言って、酒持参で来た。福嶋[65]から八木名字の者が酒を持参してきた。すぐに賞翫した。

二十三日、いつものとおり。雨が続くので、じっとしていた。休世斎などと終日、物語っていた。野村豊綱[66]を呼び寄せ、唄わせた。『太平記』を一、二巻、休世斎に読み聞かせた。また、『直心抄』[67]といって、西明寺殿[68]が息子の相模太郎[69]に与えたものを読んだ。そのなかにあった歌、

　憂世にハかゝれとてこそ生れつれ理しらぬ吾涙かな

〔このようにあれ（辛い目に遭いなさい）と定められてこの世に生まれてきたのだろうに、そのことをわきまえることなく、こぼれ落ちる私の涙であるよ〕（土御門院の和歌）

これにそれぞれ感動して、日が暮れていった。

二十四日、地蔵菩薩に特に祈念。弓場の朝普請をさせて見物。猿渡大炊助殿[70]が祭礼のお供に鹿児島に向かった。「拙者も参上すべきであるが、持病の痔が、現在、悪化しており、その上、来月は出陣が決まっていて準備で忙しいので、以前からの立願をこちらで果たしたいと思います。私事ではありますが、やむを得ないことでありますので参上いたしません」と寄合中に伝えてもらった。

（64）**的前**　的の準備担当という意味カ。

（65）**福嶋**　宮崎県串間市西部。旧福島町。

（66）**野村大炊兵衛尉豊綱**　宮崎衆、詳細不明。

（67）**直心抄**　「六波羅殿御家訓」。実際は、北条重時（一一九八〜一二六一、北条義時の三男）が嫡男長時に与えた家訓。日常、家中での立ち居振る舞い、従者への配慮、総じて政治に関わる上層武士の「イエ」のありかたを示したもの。

（68）**西明寺殿**　北条時頼（一二二七〜六三）。

（69）**相模太郎**　北条時頼の嫡男時宗（一二五一〜八四）。

（70）**猿渡大炊助**　『大日本古記録』は信孝に比定。詳細不明。

この日、瓜生野正祝(うりゅうのせいはふり)(71)から、「宮本(72)に弓場を作ったので、的射(まとい)に下りて来てほしい」と招かれたので、衆中を少々同心して下った。敷祢休世斎も見物したいと言うので同心した。いろいろともてなされた。終日、的。休世斎は、この晩、宮崎城に帰ったが、我々は留まった。この夜は、正祝のところに留まり、終夜、酒宴など。衆中も同宿した。

二十五日、天神に特に読経。この日の朝、鞠を蹴る衆も、的射(まとい)の衆もいて楽しんだ。またまた瓜生野正祝がいろいろともてなしてくれた。

都於郡から竹之下名字の者が使いに来た。地頭の鎌田政近から、「今度の祭礼のお供についていては、都於郡でも諏訪社の祭礼があるので辞退して、二男政富(まさとみ)(73)をお供に参上させるつもりでいたのだが、洪水で難しくなった。今日も本庄(ほんじょう)川を見分(けんぶん)させたのだが、難しい状況なのでやむを得ない。そこでまずは、あなたに怠ったのではないことを報告する」とのこと。「まずは承知した」と返事した。宮崎衆は三町衆(74)が祭礼のお供に、本日、出発した。支度は烏帽子(えぼし)・上下(75)を着用のつもりで参上するとのこと。

金剛寺から風呂を焼いたので来るようにと誘われたので行った。風呂が済んで酒を振る舞われた。それから帰ろうとしたところ、大門坊で蹴鞠になった。薄暮に城に帰った。

昼頃、敷祢休世斎から使者が瓜生野に来て、「あなたが留主なので退屈だ。急いで帰宅することにする」と捻文(ひねりぶみ)が来た。「夕方からあなたはお楽しみなの

(71) **瓜生野正祝** 瓜生野八幡（宮崎市大瀬町）の宮司ヵ。
(72) **宮本** 上野天満宮前（宮崎市瓜生野）ヵ。
(73) **鎌田甚五郎政富** 一五六七〜九八。鎌田政近二男。
(74) **三町衆** 知行地が三町の者。
(75) **烏帽子・上下** 頭には折烏帽子、着衣は礼服である素襖と袴のセット。

だろうと察しました」と記して戯言(76)を詠まれ、

　独ねの永き夜すがらいたづらにおもひこそやれ君がまとゐを

〔一人で寝る長い夜の間ずっと、ただひたすらに思っているよ。今頃、あなたは親しい人達と団欒しているのだと〕

と(文書の)奥に書き付けたものをいただいた。すぐに詳しく返事を記し、奥に、

　まと居してたゝまくおしき心にハ独し有ぞうら山れぬる

〔みんなで集まって団欒していると、立ち上がるのも惜しい気持ちになる。そのような私には、一人でいるあなたのことがかえってうらやましく思えるものだ〕

と書き付けた。まことに客人を留主に置いたままの遊山(77)、無礼の極みであり、疎略にするつもりはなかった。上井恭安斎から使者が来て、休世斎がやって来た、とのこと。

二十六日、いつものとおり。泉長坊が上洛していたのだが、下向したと言って、やって来た。大神宮御祓(78)と扇子・帯をいただいた。鞍馬寺(79)の妙法坊から書状と扇子二本をいただいた。内容は、「武運長久の祈念は油断無くやっています。あわせて、あなたの管轄内に神領があります。その夫役などは免除していただいたとのこと、大変嬉しく思います。今後も頼みにしております」とのこと。また、京都あたりが騒々しくなってきたと語ってくれた。〈葉柴筑州〉が負けて、〈松平家保(80)〉が勝利したとのこと。

(76) **戯言**　戯言歌。滑稽味のある和歌。俳諧歌。

(77) **遊山**　気晴らしに外出すること。

(78) **大神宮御祓**　伊勢神宮（三重県伊勢市）の「御祓大麻」、現在の「神宮大麻」のこと。

(79) **鞍馬寺**　京都市左京区鞍馬本町の寺院。

(80) **松平家保**　徳川家康（一五四二～一六一六）。小牧・長久手の戦いで秀吉が家康に負けたことが、京都で大きく報じられていたことがうかがえる。

この日、敷祢休世斎が野村豊綱に唄を聞かせた。この晩、こちらの庭にて若衆中が蹴鞠。酒など振る舞った。

二十七日、いつものとおり。休世斎などと終日、雑談。泉長坊を呼んで、京あたりの話を聞いた。鴛川氏(81)が酒を持参してきた。みんなで賞翫。泉長坊から京茶をいただいた。これらも賞翫した。この日の夕暮れ、こちらにて的・蹴鞠などした。

二十八日、御崎寺が恒例の講読に来た。この日の朝、和田刑部左衛門尉を八朔(82)の祝言のため、鹿児島に派遣した。そのついでに、今度の出陣が、先日の談合から変更無いか詳しく聞いてくるよう頼んだ。また、泉長坊が聞かせてくれた京都の情報を寄合中に伝え、大友殿(83)と龍造寺政家殿(84)が、最近、羽柴秀吉に接近しているとの情報があることを伝えた。特に龍造寺は、当家に対して合戦を挑むことはできないので、なんとしてでも秀吉の支持により家を存続させたいと頼んでいるらしいとのこと。とにかく九州全域は島津殿の支配下に入ることは間もないであろうと、諸国で噂されているとのことである。

この晩、都於郡から野村為綱が(85)、久しく無沙汰しているとのことで来られた。鵜戸山参詣を志し、この日から精進入り(86)した。折よく野村が来たので、百韻興行(87)で法楽連歌(88)を提案した。野村は連歌の巧者なので、遠慮されたが両吟(89)してくれるとのこと。発句を野村にと、お願いしたのだが、法楽連歌なので拙者がやるのがいいだろうと強く言われたので、それに従い、

(81) **鴛川氏**　押川氏カ。詳細不明。

(82) **八朔**　旧暦八月一日（朔日）のこと。重要な節日で、八朔節供、田実の節供などといわれ、稲の収穫前に豊作祈願や予祝行事及び各種の贈答（贈物）が行なわれる。

(83) **大友殿**　大友宗麟（一五三〇～八七）もしくは嫡男義統（一五五八～一六一〇）。

(84) **龍造寺政家**　一五五六～一六〇七。龍造寺隆信の長男。初名鎮賢、のちに久家・政家。居城は佐嘉城（佐賀市）。天正六年（一五七八）に父隆信から家督を譲られるが、実質的な当主は隆信のままであり、隆信戦死後は柳河から鍋島信生が戻り補佐した。

(85) **野村民部左衛門尉為綱**　詳細不明。連歌が得意らしい。

(86) **精進入り**　一定期間、飲食・言動に制限を設けて心身を清めること。

(87) **百韻興行**　連歌・俳諧を百句連ねて書きつけること。

(88) **法楽連歌**　神仏に手向ける連歌。

(89) **両吟**　連歌・連句を二人で付け合って詠むこと。

月に雲吹あはせずの風もがな
〔月に雲を吹き合わせることのない（月を雲で隠してしまうことのない）吹き合わせずの風であってほしいよ。鸕鷀草葺不合尊を祀っている鵜戸社なので〕
岩屋戸ハ月さへ磯の草葉哉
〔岩屋の入口から見る月は、潮が満ちると隠れてしまう磯の草のように、やがて見えなくなってしまう〕

このように二句詠んで、どちらがいいだろうかと聞いたところ、野村は、「月に雲の句は、先日、鵜戸山にて当国の巧者が発句して、『花に風吹あはせずの春もがな（花を散らす風が吹きつけない春であってほしいよ）』と詠んだ」と語ってくれた。自分と同類であり、やむを得ない。また、「来月二日の参詣の頃は、月も見えなくなる時期なので、もうひとつの方が発句にはいいのではないか」と言われ、「岩屋戸」の方に決まった。そこで、脇句と第三は野村が詠んでくれた。この晩、飯で寄り合った。

二十九日、毘沙門堂で法楽の連歌を行なった。野村為綱と両吟。執筆（記録係）は野村大炊兵衛尉。この日、成就した。この日の朝、普請を目曳口で行なった。

晦日（三十日）、目曳口の普請。野村為綱と寄合、昨日の懐紙(90)を見てもらい、野村大炊兵衛尉に懐紙を清書させた。この日、野村為綱は帰宅した。

(90) **懐紙**　和歌や俳句を書くのに用いる和紙。

【解説】

前月末に鹿児島を発ち、向島白浜で休んだ覚兼は、二日に大隅正八幡宮門前の宮内に渡り、桑幡・留守といった社家衆らと交流している。彼らの屋敷地は現在でも同じ場所にあり、発掘調査が行なわれている。三日に敷祢に渡り、十八官（董玉峯）と呑んだ後、都城経由で宮崎に戻ろうとするが、五日に田野にさしかかったところで、大雨のため渡河できない箇所があり、加江田に向かっている。八日には財部地頭鎌田政心が高城・耳川合戦七回忌施餓鬼の準備を忌避しており、しばらく揉めている。

鹿児島出仕中に、義久の居城御内の御会所造営用材木の調達を命じられたようで、十一日に九州山地沿いの「山裏」に命じている。この地域の領主のひとりが嶽米良氏である。この子孫は近世に入っても米良の領主として続き、旗本の一種「交代寄合」になっている。

十三日には栗野八幡社の造営を割り当てられながら、覚兼以外、誰も番匠（大工）を派遣していなかったことが発覚し、催促を受けている。たびたびの肥後・肥前への出兵の合間にこうした寺社造営の負担もあり、その上、施餓鬼の準備も加わり、それらの調進責任者である地頭の負担もかなり大きかったとみられる。

十三日には宮崎城内に「坪之弓場」、十七日には目曳口での弓場普請を開始しており、弓場普請・的稽古のブームが起きている。

十九日には、覚兼が鹿児島仮屋に二年ほど滞在させていた京都四条道場（時宗寺院）の僧日当が宮崎を訪れている。この僧は立花も嗜む文化人であり、こうした人物を招き、滞在させることで京都の文化を摂取すると同時に、畿内情勢も掴もうとしたとみられる。日当はこの頃、伊予河野氏の庇護で寺を持っており、瀬戸内ルートから迅速に畿内の情報を知りうる立場にあった。この僧から、この年三月に勃発した羽柴秀吉と織田信雄・徳川家康の合戦である「小牧・長久手の戦い」について情報を得ている。覚兼はここでも人名を音だけで聞いており、「葉柴」・「家保」と当て字で記している。

二十八日には、山伏の泉長坊がもたらした、大友家と龍造寺家が秀吉に接近しているとの京都での噂を、鹿児島に通報している。実際、天正十一年六月六日、羽柴秀吉は大友義統からの書状に返書を送り、柴田勝家を亡ぼしたことなどを伝えている（大友家文書録）。大友氏の秀吉への接近はここまで遡るのであり、ようやく島津家もこうした動きを掴んだのである。

天正十二年（一五八四）

八月条

一日、祝言などいつものとおり。衆中がそれぞれ挨拶に来た。酒などくれた衆もいた。寺家・社家とも同じくお目にかかった。諸方からも挨拶いただいた。

この日、鵜戸参詣のため海江田に来た。敷祢休世斎も同道した。日が暮れたので蘓山寺(1)に泊まった。休世斎・鎌田兼政・柏原左近将監・野村豊綱・上井兼成、これらの衆が同心した。蘓山寺がたいへんもてなしてくれた。終夜、酒宴。

二日、早朝、出船した。鵜戸に参詣した。まず船本まで別当から使僧が来た。それから宿坊(2)に入った。案内者として使僧がお供して、同心して別当(3)のところに行った。まず三献。食籠を肴に樽二荷を贈った。案内者を付けてもらい神前に参詣。言葉では言いようのない霊地であり、感動した。日頃の念願であった祈りと読経をした。御幣を頂戴し、御鎰(4)の坊主が縁起の趣旨を詳しく語ってくれた。参銭を百疋献上した。その後、本地堂(5)に参詣。別当から庭まで出てきて、しきりに誘われたので御坊(6)に参った。席次は、客居に休世斎、次に恭安斎・柏原左近将監・弟の神九郎(7)、主居に別当、次に拙者・鎌田兼政・上井兼成であった。いろいろともてなされ、感動した。三篇目に拙者が持参の酒で別当に酌をした。

(1) **蘓山寺** 天正十一年には主に「祖三寺」と表記。曽山寺。宮崎市大字加江田にあった寺院。
(2) **宿坊** 参詣者が泊まる宿。
(3) **別当** 別当寺吾平山仁王護国寺の住持。
(4) **御鎰** 神社正殿の扉開閉を担う者。この場合、別当寺の僧侶が担っていたようである。
(5) **本地堂** 鵜戸社の本地仏（本地垂迹説により、神の本地であるとされる仏）を祀った仁王護国寺のお堂。
(6) **御坊** 別当の住坊（庫裏）のことか。
(7) **上井神九郎** 覚兼の末弟。紫波洲崎城で父恭安斎と同居している模様。

すぐに別当も酌をしてくれた。衆僧にも持参の酒を、上井兼成の酌で振る舞った。私の悴者にもそれぞれにおもてなしいただき、酒を出された。稚児(8)・若僧たちの酌で、いろいろ懇切にしていただいた。仁王堂にて追い酒。八町坂(9)の上まで別当が見送りに来てくれた。拙者が初めて参詣してくれたということで、別当から百疋いただいた。薄暮に鵜戸を出船し、矢野大炊左衛門尉が小目井に(10)、しきりに来るよう中途まで迎えに来たので、この夜は小目井に泊まることになった。いろいろもてなされ、終夜、酒宴。円福寺も同心した。

三日、早朝、矢野大炊左衛門尉がもてなしてくれた。昨日、野村大炊兵衛尉が船に酔ってしまい、野島(11)に降ろしてきてしまった。陸路で来るとのことで、やって来た。鵜戸別当に、昨日ご慇懃なもてなしを受けたので、御礼を伝えた。恭安斎が、休世斎・拙者と同心したいと言って、伊比井(12)に着船した。

この日、川下におりて河逍遙(13)をした。桟敷を構えていろいろと珍しいものでもてなしを受けた。別当から、「昨日お越しいただいたのに十分なもてなしができませんでした」と使僧が来た。すぐにお目にかかり、酒宴。ご挨拶して帰した。

この晩、蹴鞠を楽しんだ。仮屋にていろいろともてなされた。地下の者どもが我々の宿に来て踊り、見物して楽しんだ。円福寺がいらっしゃって、我々が聞いたことの無い話を語ってくれたので聞き入った。夜更けにそれぞれ小宿に帰った。

(8) **稚児**　寺院に召し使われた少年。
(9) **八町坂**　八丁坂。約八百メートル（八丁）の石段が続く参拝路。
(10) **小目井**　宮崎県日南市大字富土字小目井。
(11) **野島**　宮崎市内海の巾着島付近。
(12) **伊比井**　宮崎県日南市伊比井。
(13) **河逍遙**　川遊び。

四日、仮屋でいろいろもてなされた。野島から、しきりに来るよう誘われたが、先々忙しいと言って、急ぎ紫波洲崎に帰帆。着船の際、野島の者どもが途中で酒を呑みたいと考えていたようだが、順風が荒れてきたので、こちらまで持ってきてくれたとのこと。いろいろとあり、賞翫。やがて風呂を焼いたと言うので、行って入った。柏原左近将監と野村豊綱が同心した。折生迫の浜の者が酒を持参した。皆で賞翫した。蘊山寺も酒を持参した。この晩、紫波洲崎城の中之城[14]で悴者どもが寄り合って、坂迎え[15]してくれた。夜更けまで酒宴。

この日、長野淡路守が、諏訪社の居頭役を勤めるため鹿児島に行っていたが、帰宅したと野村豊綱まで書状で伝えてきた。内容は、「出陣のこと、先日、あなたが祗候した時の談合から変更は無く、来る二十六、七日、必ず肥後隈本に諸勢が揃うように出立するように」とのこと。そこで、上井兼成を宮崎に帰し、この内容を諸方に連絡させた。

五日、早朝、内山茶屋にて敷祢休世斎をおもてなしすると言っていたので、掃地（掃除）などを命じるため内山に行った。柏原左近将監・野村豊綱も同心した。また、宮崎衆の内から今度出陣する衆を書き上げ、そのほか様々な盛を命じた。

この日の朝は、天気が悪く、未刻（午後二時頃）、休世斎が下りてきた。茶の湯でもてなした。柏原左近将監・野村豊綱も同座。お茶は〈別儀〉[16]を使用した。この夜は、茶屋に彼らは泊まり、終夜、閑談し酒宴。

六日、早朝、茶屋にてもてなした。円福寺が、「敷祢休世斎ら皆さん同心して

(14) **中之城** 覚兼の祖母が居住する曲輪、転じて祖母（敷祢休世斎妹）のことも指す。

(15) **坂迎え** 遠い旅から帰る者を村境に出迎えて酒宴をすること。

(16) **別儀** お茶の名称カ。

お越しください」と言うので、行った。斎を振る舞われ、いろいろあった。『無門関』(17)四、五則を読み聞かせられた。その後、「百丈の野狐(18)」に謀られて大酒となり、皆、沈酔。柏原左近将監・野村豊綱は、宮崎に命じることがあったので、帰した。休世斎は紫波洲崎城に登った。拙者は観千代（三歳）が参宮のためやって来たので、木花寺まで迎えに行った。木花にていろいろともてなし、それから諏訪社に参詣。参銭百疋を献上し、御幣を頂戴した。それから伊勢社に参詣。参銭は同じ。式三献、御幣を頂戴。それから紫波洲崎城に登った。内城(19)にて式三献。観千代に百疋下され、夜更けまでいろいろもてなされた。持参の酒を賞翫して酒宴。

七日、中城に観千代を召し連れて行った。三献は同じ。それから御崎寺に参詣。銭百疋を持って行った。座主坊(20)のところで、終日もてなされた。院主から観千代に百疋賜った。休世斎・恭安斎は留主だった。座主のところに珍しい酒があったので、拙者が両老（休世斎・恭安斎）に使いを送り、この酒を贈った。捻文の奥に、

おもひきや出にし跡ニ君をゝきてかゝる情をかハ（交）すべきとハ

〔思いもしなかったことである。あなたを差し置いてこのように親しく酒を酌み交わすことになろうとは〕

などと戯言を書いた。お二人からも返歌をいただいた。

この晩、中城に泊まった。折生迫衆が踊りに来た。二、三番、入破(21)など舞われた。

(17) **無門関**　中国宋代に無門慧開によって編集された公案集。古人の公案（いわゆる「禅問答」。参禅者に示して坐禅工夫させる課題）四十八則を解釈した書。禅宗で最も重んぜられる書のひとつ。

(18) **百丈の野狐**　『無門関』第二則「百丈野狐」。百丈懐海禅師の講話を聞いていた老人が、かつてこの寺の住職だった時、「多年に渡り修行した人でも、因果律（必ずある原因によって起こり、原因なしには何事も起こらないという原理）にとらわれるのでしょうか」と尋ねられ、「因果律にとらわれることはない」と答えたところ、誤った答えであったようで五百回野狐として生死を繰り返す。「百丈禅師より一語をお示しいただき、野狐よりお救いください」と請い、禅師の『因果律を曖昧にしない』の一語を聞くと即座に老人は悟り、礼を述べて野狐より脱した、という話（「東京禅センター」HP）。円福寺が読み聞かせた四、五則にこれが入っていたのであろう。

(19) **内城**　紫波洲崎城の曲輪のひとつ。覚兼の父恭安斎の館があったとみられる。

八日、 中城で寄り合い、いろいろともてなされて酒宴。この晩、加江田の伊勢社前の弓場にて的。いろいろとあった。この夜は、内山に泊まった。

九日、 宮崎に向けて出立。蕪山寺が弓場を作っており、拙者をもてなしたいとのことであったが、今回は忙しいので断った。「通過する際に、そっと見に来てほしい」と言うので、立ち寄って見物。盛大に酒など。この晩、宮崎に到着。

十日、 帰宅したというので、皆やって来た。碁・将棋など。出陣前なので、諸細工などさせて見物。この晩、柏原左近将監の庭にて、鞠を慰みに蹴ってはどうかと誘われたので、やってみた。いろいろともてなされ、夜更けまで酒宴。

十一日、 この日も細工などさせて見物。時々、碁にて慰んだ。この日の暮れ、敷祢休世斎が紫波洲崎から宮崎にやって来た。

十二日、 薬師に祈念など特に行なった。脇刀を上野弥左衛門尉[22]に作らせるため出立させた。〈丸貫〉[23]である。

　この日、紫波洲崎から妻が帰ってきた。皆もお供してきた。帰ってきた時、当所北方・南方[24]から雑掌が来て、寄り合って賞翫。お供衆などにも酒を出した。

　一昨日、遊行同念上人から使僧が来た。その内容は、「後住[25]が決まった。鹿児島（義久）の同意を得て、来る二十日の祝儀は間違いない。その後、当住に決まった人物は、また遊行に出発するだろう。美々津まで送ってほしい」とのことであった。

十三日、 いつものとおり。観千代のお供をしてやって来た上井神九郎・加治木

(20) **座主坊**　寺を統括する者。
(21) **入破**　雅楽の大曲「春鶯囀」の一楽章。
(22) **上野弥左衛門尉**　刀工もしくは鍔などの細工師。
(23) **丸貫**　脇刀の種類カ。
(24) **北方・南方**　現在の宮崎市上北方町・下北方町、南方町のことカ。
(25) **後住**　次の遊行上人、つまり第三十二代普光。普光は常陸佐竹氏の出身とされ、佐竹義宣を頼って、天正十九年（一五九一）水戸に藤沢道場（現在の神応寺）を建立し、遊行派本山とする。普光に譲った第三十一代同念は、このまま都於郡の光照寺に残って、天正十五年（一五八七）ここで亡くなっている。

与介[26]などを帰した。恭安斎様に御礼を伝えた。

十五日、早朝、佐土原に家久公お二人[27]がご帰宅されたので、祝言に行った。樽一荷・食籠肴を進上。衆中十人ほどが同心。銘々、瓶酒[28]を進上した。家久公父子にお目にかかり、寄り合った。ちょうど新納殿[29]と都於郡興善寺[30]がやって来ており、同座で見参した。いろいろもてなされた。持参の酒で酌をした。また家久公父子も酌をしてくれた。表の座が済んだ後、奥[31]に呼ばれた。ここにも食籠肴で酒を持参。ここでも酒宴。ことのほか酩酊してしまった。弓削太郎左衛門尉[32]のところに滞在。そこに帰ったところ、又七殿[33]が酒持参で挨拶に来た。またしばらく酒宴。又七殿が拙者に刀をくれた。銘は「康光」[34]であった。ようやく薄暮に出立して、宮崎に帰った。

十六日、いつものとおり。柏原左近将監殿が、子息の帯[35]をこちらで解いてほしいとのことで、子息と同心してやって来た。そこで帯を贈った。祝言ということで、終日、酒宴。

　この日、上原尚近から書状が到来。「今度のご出陣について、飯野にて、またまた談合が行なわれ、その内容を詳しく宮崎まで連絡したと聞いたのだが、ご存じか」とのこと。全く知らないので、そのように返答した。鎌田筑後守[36]を都於郡に派遣した。内容は、「今朝の鹿児島からの書状がそちらからもたらされ、拝見した。『豊後（大友家）から使僧が鹿児島に来て、今帰宅するところである。この使僧を送るための夫丸[37]など縣[38]に命じるように』とのことであった。豊後の

（26）**加治木与介**　上井家怜者カ。紫波洲崎城周辺に居住していた模様。
（27）**家久公お二人**　島津家久・忠豊父子カ。
（28）**瓶酒**　瓶詰めの酒。
（29）**新納殿**　日向富田地頭新納忠真、または日向綾地頭新納久時。
（30）**興善寺**　詳細不明。
（31）**奥**　佐土原城内にある家久の私的空間。「表の座」は会所であり、これとは別棟であろう。
（32）**弓削太郎左衛門尉**　佐土原在住の者。家久家臣であろう。
（33）**又七殿**　家久長男又七郎忠豊、のちの豊久。この年十五歳。
（34）**康光**　室町時代初期を代表する備前の刀匠。
（35）**子息の帯**　帯解き。子供の付け紐をやめて普通の帯を使い始める祝儀。
（36）**鎌田筑後守**　宮崎衆、もしくは覚兼怜者。
（37）**夫丸**　運搬、土木、建築など多岐にわたる労働者。
（38）**縣**　現在の宮崎県延岡市。縣領主土持久綱。

使僧は、都於郡光照寺の[39]遊行上人のところに向かったようです。そこで、（使僧の）帰宅の日取りを鎌田政近から詳しく伺ってほしい」と伝えた。その返事は、「まだ豊後の使僧は都於郡には到着していないようだ」とのこと。また、（政近の）使者が語るところでも、今度の出陣が延期になるのではないかと、瀧聞宗運から都於郡に伝えられており、飯野での談合の内容は、宮崎まで伝わっているだろうとのこと。都於郡に派遣した鎌田筑後守が語ってくれた。

十七日、いつものとおり。鹿児島浄光明寺が遊行の後代決定について、都於郡にお越しになっており、その使僧がやって来た。「遊行の〈送〉のこと、美々津までお願いしたい」とのこと。

十八日、観音に特に読経などした。家久公から使者が来た。川上左近番長殿[40]であった。先日祇候したことへの御礼であった。ちょうど美々津から安藤氏[41]が酒を持参してきたので、使者と会っていろいろの肴で酒宴。

十九日、幕[42]を仕立てさせて見物。高城の山田有信から使者が来た。内容は、「遊行普光[43]上人から、『近日中に出立し、都於郡から高城まで行くので、宿の手配をお願いしたい』と連絡があった。しかし、出陣直前であり難しい。その上、高城には二、三反の道場[44]はあるものの、とても遊行上人一行が宿泊できるようなところではない。また一泊ご逗留いただくための準備はどうするのであろうか。伺いたい」とのこと。拙者の返事は、「こちらにも遊行から連絡があったが、それは都於郡から美々津までとのことであった。高城までとは聞いていな

(39) **光照寺** 宮崎県西都市大字鹿野田に現存する時宗寺院。

(40) **川上左近番長** 詳細不明。家久家臣。

(41) **安藤氏** 詳細不明。美々津の有力者ヵ。

(42) **幕** 陣幕ヵ。

(43) **普光** 第三十二代遊行上人。

(44) **二、三反の道場** 小規模の時宗寺院のことヵ。時宗寺院は「道場」と呼ばれた。

い。遊行にさらに確認するのがいいだろう。また準備の件、去年、飫肥から海江田の浄瑠璃寺(45)までいらっしゃって、同寺に一宿されたが、その際、我々は肥後に出陣中で留守であった。このため加江田での準備はこちらはやらなかった。野菜・薪などは準備を命じたが、それだけであった。もしものときは、その程度でいいのではないか。とにかく、よくよく都於郡と相談するのがいいだろう」と返事しておいた。

この日、都於郡興善寺がやって来た。久しく無沙汰しているとのことで、酒をいただいた。お目にかかって閑談。この日、所々に遊行上人〈送〉のことを命じた。本庄から萬福寺が酒持参でやって来た。お目にかかった。

二十日、海江田から軍勢を呼び寄せ、出陣しようとしていたところ、鹿児島から庄内役人衆(46)宛の書状が届いた。その内容は、「ご出陣の件、来る二十七、八日に隈本に到着するよう命じていたが、談合の結果、変更となった。来月二日・三日に隈本に揃うように。この件、宮崎にも伝達するように」とのこと。このため出陣は延期した。このことを当国中に命じた。

この日、幕の加持(47)など敷祢休世斎がやってくれて、お祝い。穂北の平田宗張から両使が来た。上井兼成・柏原左近将監が対応。本田治部少輔殿が、先年、平田宗衡(48)殿に無礼をはたらき相論となったため、宮崎衆に加わり公役を果たしてきた。しかし、また元通りに穂北で公役を勤めるよう拙者にお願いしたいと、地頭平田宗張殿から依頼があった。これに対し、「この件は、拙者の判断で本

(45) **浄瑠璃寺**　所在地不明。

(46) **庄内役人衆**　北郷家重臣。御一家・国衆といった領主の重臣（老中・家老）を「役人」と呼んでいる。

(47) **幕の加持**　出陣時に持参する幕に対する祈祷カ。

(48) **平田孫六宗衡**　?～一六一九。日向穂北地頭平田宗張の子。

田治部少輔が公役をこちらで果たすよう決めた訳ではない。相論の件は、家久公などが裁定し、穂北衆中に入れるべきではないと決し、こちらで公役を果たすようになったのである。私としては意見は言えない。本田治部少輔と談合し、彼の判断で穂北にて公役を果たしたいというのならば、その通りにするのがいいだろう」と答えた。また平田からは、「遊行上人〈送〉の件、鹿児島から、『穂北一か所で担当するように』と命じられたが、難しいので覚兼からの〈盛〉[49]ならば負担可能なのですが」とのこと。これへの返事は、「間違いなく遊行上人〈送〉の件は、私が〈盛〉を命じた。しかし、鹿児島から直接そちらに担当を命じられたのならば、それに従うしかありません。拙者が所々に命じた分は無かったことにする」と伝えた。

二十一日、彼岸の入りなので、特に念仏を唱えた。諸所に出陣延期の件を伝えた返事が届いた。都於郡に本田大膳亮を使者として派遣した。「前日の遊行上人〈送〉の件、所々に〈盛〉を命じたが、鹿児島から直接、穂北に命令があったので、私から所々に命じたのは出過ぎた真似だったので、先日の私からの命令は停止する。そこで〈盛〉を書き上げた文書も不要になったので、こちらに返してほしい」とお願いした。鎌田政近からの返事は、「〈送〉の件、実行しようと考えていたところに、またまたこのようなことになるとは困ったことだ。あなたには、もっとしっかりしてほしい」とのことであった。

二十二日、彼岸中の看経は同様。この日、柏原左近将監殿に依頼して、遊行上

(49) **盛** 編成、配置カ。

人に、「久しく無沙汰しております」と伝えるとともに、「俵四十、軽微ではありますが合力(50)いたします」と伝えて進上した。鹿児島浄光明寺にも京樽一荷を贈った。どちらも大喜びであったとのこと。

この晩、こちらの庭にて蹴鞠。皆に酒を振る舞った。この夜、長野淡路守・野村豊綱が、明日敷祢休世斎が帰るというのを聞きつけ、暇乞いに酒と肴を持参してきた。夜更けまで酒宴。

二十三日、看経などいつものとおり。蓮香民部少輔(51)のところで細工させた。城を下って見物。いろいろもてなして、終日、楽しんだ。

この日、都於郡にて遊行上人の後代定めが行なわれた。光照寺・川原田道場(52)、この二つの寺を〈藤沢(53)〉にするとのことである。

二十四日、特に愛宕(54)に読経して祈念。敷祢休世斎がお帰りになった。柏田の船本まで見送りに行った。それから直接、和知川原(55)に船を繋留できる入り江があると聞いたので、そのあたりに村を仕立てたいと考え、現地を見分するため城を下った。斉藤讃岐丞(56)のところで、もてなされた。皆、酒など持参。清武の伊集院久宣から使者が来た。肥後出陣の日取りのこと。「来月十五日に祭礼があるので、衆中も忙しい。そこで、祭礼が済んでから出立したい」との申し入れであった。拙者からは、「宮崎も来月十五日に二社で祭礼がある。特に衆中・百姓は掛け持ちになるので、祭りを延期して出陣するつもりである。祭礼が重なるのはどこも同じである。出陣の軍勢が少なくなってしまうので、必ず祭礼

(50) **合力**　金銭、物品を与えて援助すること。

(51) **蓮香民部少輔**　宮崎城下に住む細工職人カ。

(52) **川原田道場**　宮崎県西都市下三財字川原田にあった時宗寺院光台寺。

(53) **藤沢**　神奈川県藤沢市にある時宗の本山清浄光寺の末寺にするという意味カ。

(54) **愛宕**　愛宕権現。イザナミを垂迹神として地蔵菩薩を本地仏とする、山岳信仰と修験道が習合した神。

(55) **和知川原**　現在の宮崎市和知川原・祇園・霧島付近。現在でもこの地を流れる小松川と大淀川の間は低地となっており、この付近に入江があったとみられる。

(56) **斉藤讃岐丞**　和知川原付近に住む有力者カ。

に関わらず、来月二日・三日に隈本に到着するよう、出立するように」と返事した。穆佐（むかさ）の樺山忠助（かばやまただすけ）殿からも、出陣の日取りを使者で尋ねてきたので、同じように回答した。

この日、老中伊集院忠棟（ただむね）から曽井の比志島義基（ひしじまよしもと）経由で書状が届いた。内容は、「来る二十六日に必ず出陣するので、覚兼もそのつもりでいるように。今度の大将は、島津忠平（ただひら）殿が担当することになったので、知らせるために書いておく」とのこと。

大野忠宗（おおのただむね）殿(57)から、「山田(58)の百姓が逃散して、宮崎にいるとの情報がある。これは御法度であるので、有無を言わせず山田に帰すようにお願いしたい」とのこと。使者にて承った。「すぐに帰す」と返答した。

二十五日、天神に特に看経。出陣についての談合を衆中と寄り合って実施。

この日、新納忠真（ただざね）殿(59)がやって来たので、お目にかかった。酒を持参された。席次は、客居に新納忠真・鎌田兼政・新納右近将曹（うこんしょうそう）(60)・新納殿内衆上井名字の者、主居に拙者・柏原左近将監であった。いろいろとおもてなしし、持参の酒でお酌を受けた。拙者もお酌した。この夜は、柏原殿のところにお泊まりになった。拙者が挨拶に参った。柏原がおもてなしした。

二十六日、鹿児島に派遣していた飛脚が帰ってきた。老中本田親貞（ちかさだ）・伊集院忠棟から書状が届いた。「先日命じたように、油断無く早々に出陣するように。秋月種実（あきづきたねざね）からの使者への返事も、まだ決着していない。もう少し談合した上で

(57) **大野治部大輔忠宗** ?〜一五九二。島津薩州家庶流。養子は穆佐地頭樺山忠助の二男久高。

(58) **山田** 鹿児島県南九州市川辺町上山田・中山田・下山田。大野氏の本領。

(59) **新納四郎忠真** 一五六四〜一六三七。日向富田地頭カ。

(60) **新納右近将曹** 忠真同行の一族カ。

詳細を決定したいので、来る二十九日、馬越(まごし)[61]で談合する。忠平公もそちらにお越しになる。そのほかの談合衆もそちらに揃うので、覚兼も必ず馬越に来るようにとの義久様のご上意である」とのこと。

この日、吉日だったので、門出の祈願に岩戸(いわと)[62]に参詣。満願寺が城に登ってきた。今度の出陣では特に御神慮が重要だと、鹿児島から命じられたので、不動護摩(ふどうごま)二十一座を帰宅次第やるので、立願を依頼したい旨（満願寺に）お伝えした。やがて祈念していただき、願書[63]をいただいた。

二十七日、肥後に向けて出陣のため出立した。馬越で談合と決まったので、恐らく一、二日は馬越で忙しいだろうから、衆中は明日、出立するよう命じた。

この日、紙屋あたりまでと考えていたところ、吉利忠澄(ただずみ)・忠張(ただはる)殿父子が竹田[64]にやって来て、仮屋でいろいろともてなしてくれた。そこで日が傾いてきたので、そこに泊まった。しきりに吉利忠澄の館に誘われたのだが、沈酔していたので、加治木雅楽助(うたのすけ)を派遣して、その旨伝えた。

二十八日、鶏の鳴く頃、荒神(こうじん)に看経し、未明に出立。野尻町で破籠(わりご)をいただいた。すると、飯野から来た者の話によると、忠平公は今日、出立と決まっていたが、どういう理由か延期になったとのこと。そこで、愚弟上井秀秋(ひであき)のところに人を派遣して確認したところ、間違いなく忠平公の今日の出陣は延期になったとのこと。とにかく今夜は秀秋のところに泊まろうと思い、使者を派遣した。そして秀秋の館に行き、茶屋にてもてなされた。いろいろと酒と肴で閑談。

(61) **馬越**　鹿児島県伊佐市菱刈前目。
(62) **岩戸**　磐戸神社（宮崎市上北方町）。
(63) **願書**　神仏に対する願い事を記した文書。
(64) **竹田**　宮崎県東諸県郡国富町竹田。

二十九日、早朝、秀秋が振る舞ってくれた。いろいろとあった。それから出立。般若寺麓（はんにゃじ）の河原(65)で破籠をいただいた。ようやく馬越田中の大宮司(66)のところに到着。すぐに伊集院忠棟の宿所に使者を派遣した。内容は、「本日こちらで談合があるとのことでしたので、急いで到着するつもりでいましたが、忠平公の出立が遅れているので、今日の談合はできないだろうと思い、ゆっくり進んで、ただいま到着しました。そちらに伺って挨拶すべきですが、道中疲れましたので」と伝えた。忠棟からは、「到着したようでよかった。明日は談合があるだろう」との返答であった。

(65) **般若寺麓の河原**　鹿児島県姶良郡湧水町般若寺の東端を流れる川内川の河原。
(66) **田中の大宮司**　鹿児島県伊佐市菱刈田中の神社の大宮司。諏訪社カ。

【解説】

二日から鵜戸山大権現（現在の鵜戸神宮）参詣に船で向かっている。当然この頃は神仏習合で別当寺の吾平山（あひらやま）仁王護国寺の僧侶が案内を務めており、廃仏毀釈で失われた本地堂・仁王堂などの建物が確認できる。なお、一日に宿泊し、その後もたびたび登場する蓊山寺は、前年は「祖三寺」と表記している。もちろん同じ寺であるが、どちらが正しいのかはっきりせず、覚兼の表記がかなりブレて、いい加減なことがうかがえる。

十二日には、都於郡光照寺に落ち着いた遊行同念上人から後住（次の遊行上人、第三十二代普光）が決定したことを伝えられ、遊行を続ける普光一行を美々津まで送り届けることを依頼されている。同念はこのまま光照寺に隠居し（独住という）、天正十五年（一五八七）六月にここで示寂している。島原半島では、すれ違いになったためか、十五日には帰陣した家久にお祝いを述べるため佐土原に赴いている。表での見参のあと、奥（私的空間）にも呼ばれて酩酊している。この館が、現在の佐土原城の麓（近世佐土原藩の藩庁付近）にあったのか、山上の曲輪にあったのかはっきりしない。さらに、城下の弓削太郎左衛門尉邸に下がったあとも、元服直後の又七郎忠豊が御礼に来て、さらに酒と刀を拝領している。ちなみに前日十四日条の日記は存在していない。

十六日条によると、飯野の島津忠平のもとで肥後出陣について再度、談合が開かれていたようであり、その結果が宮崎にも伝わっているはずだと飫肥地頭上原尚近から問い合わせが来ている。しかし覚兼はまったく情報を掴んでおらず、老中でありながらまったく蚊帳の外であったことがうかがえる。結局二十日になって、来月二・三日に隈本に揃うようにと出陣延期が伝わっており、所々に伝達している。

二十三日、都於郡光照寺にて遊行上人の同念から普光への継承儀式が行なわれたようであり、あわせて同寺と川原田道場（光台寺）が「藤沢」、つまり時宗遊行派の末寺に指定され、同念の隠居地と定められたようである。

二十四日には、城下の和知川原に船を係留できる入江があり、そこに村を建設する計画を立て、見分している。現在の宮崎市和知川原・祇園・霧島付近は大淀川左岸にあたり、現在でも明らかに低地である。古い航空写真や地図をみると、かつては大淀川が大きく蛇行し、和知川原付近はこの記述のように入江だったようである。大淀川河川水運を利用した商業地の建設を計画したのだろう（若山浩章「戦国末期の宮崎城下の町―上井覚兼在城時を例にして―」『宮崎県地方史研究紀要』二五、一九九九年）。

二十六日には、鹿児島の老中から飛脚が来て、二十九日に大隅馬越にて談合があるので遅れずに出陣するよう伝えている。覚兼の遅陣癖を懸念したのだろう。翌二十七日、覚兼は宮崎を出陣し、翌日、島津忠平の出陣が延期になったと聞いて、またも油断し、二十九日に馬越に到着した時点で伊集院忠棟は既に到着しており、釈明している。

天正十二年（一五八四）

九月条

一日、看経など特に行なった。伊集院忠棟に使者を派遣した。今日の御談合は、どこで行なうのかを尋ねた。忠平公の宿所で行なうとのこと。亭主が酒を振舞ってくれた。やがて伊集院忠棟の宿所に参上した。新納忠元・川上忠智らと閑談した。島津忠平公から使者が来た。夕方には、こちらに到着されていたようであり、「ご無沙汰しています。やがて祗候してください」とのこと。「拙者こそ早々に挨拶に伺うべきところ、御使者をいただき忝い」と返答した。伊集院忠棟と同心して、忠平公の宿所に参上した。すぐに見参。亭主の伊東祐延[1]がもてなしてくれた。席次は、主居に忠平公・伊集院忠棟・町田久倍・松尾[2]氏・亭主（祐延）、客居に島津忠長・拙者・奥之山左近将監[3]・新納忠元・川上忠智・猿渡信光であった。いろいろともてなされた。点心をいただいた。主居に忠平公・川上久隅・新納忠元・町田久倍・松尾与四郎・亭主、客居に島津忠長・伊集院忠棟・拙者・奥之山・本田正親・川上忠智。いろいろ持参の酒で酒宴。その座が済んで、談合。町田久倍・税所篤和が御使衆であった。皆に義久様から提示された内容は、「今度のご出陣、皆ご苦労である。秋月種実を仲介者として龍造寺家との和平が提案された。そこで、秋月の神判と龍造寺

（1）**伊東右衛門佐祐延**　大隅馬越（鹿児島県伊佐市菱刈前目）地頭。

（2）**松尾氏**　本文行間に「小鞁打」とあり。

（3）**奥之山左近将監**　本文行間に「大鞁打」とあり。

政家の起請文(4)を出すよう秋月に要求したところ、二、三度使者が到来した。この件について飯野の忠平のもとに、老中平田光宗と御使衆町田久倍を派遣し、そちらで新納忠元・川上忠智らと談合をさせた。皆、和平交渉に納得しておらず、ただ合戦あるのみとのこと。頼もしくは思ったが、去る春の出陣の際も、私が出陣しなければどうにもならなかったではないか。自分が出陣しての大勝利は当然である。今回は虫気が良くないので私は出陣できない。そういうことなので、私が出陣しなくても、誰かしっかり差配してくれるような人物がいれば有り難いのだが。特に今回は、ようやく百日間だけの用意を諸軍衆の出陣に対して命じたのであろう。それで肥後にて、ひと合戦するとは納得できない。そんなことでは、諸勢が帰国したいとすぐに言ってくるであろう。そのような状況下、龍造寺家がこちらの被官(5)になり、人質を出すと言ってきている。相手が所領を割譲するまで和睦に応じないというのは、自分の好みではない。なぜなら、日新様(6)・伯囿様以来、十分ではない状況こそ第一にしてきた。諸侍は、理不尽な和平などと思っているのだろうが、まずは秋月氏の使者に和平を受け入れる旨、返事をすべきである。また、当家が和平を決断する以上、それが成立する日までは互いに〈防戦大法〉(7)に従い、今回の出陣もそれに従うつもりであると秋月氏に返事をした上で、諸勢は隈本付近に集結し、それに基づく軍事行動が大事だと思う。ただし、合戦あるのみと判断し、今度の出陣の日限（百日間）が過ぎても、自分たちで決着させると考える者がいるならば、それでよい。繰

(4) **起請文** 寺社発行の牛王宝印の裏に記す契約文書。

(5) **被官** 主従関係の従者。この場合、「幕下」（従属国衆）になることを示す。

(6) **日新様** 島津忠良（一四九二〜一五六八）。義久・忠平ら兄弟の祖父。

(7) **防戦大法** 室町幕府法の「故戦防戦」。この場合、和睦調停中の武力行使を禁じるという意味カ。

り返しになるが、十分な結果を望まず勝利を収めた例は数多く、筆紙に尽くし難い」とのこと。皆、上意にもちろん従うとのことであった。秋月氏からは使者四人が来ており、二人は八代に留め置かれており、もう二人にこちらからの使僧を付けて和平受諾の件を伝えることにした。ただ、「龍造寺家が〈肥筑〉(8)を差し出すと言い出さない状況なので、〈兵儀衆〉(9)は納得していない。なぜなら、龍造寺隆信の勢力が強大な時でさえ、肥後については秋月氏の考えで和睦を申し入れてきたではないか。いわんや、今は弓を断たれ、矢が尽きた龍造寺政家が、和平を懇願しているというのに、領知を割譲するとも言わないのは、また謀計なのではないか。とにもかくにも合戦すべきであるが、もう一度、龍造寺側の言い分を聞こう」との旨、秋月氏に伝えるのがいいだろうと決定した。そういうことで、皆、仮屋に帰宿した。

二日、早朝、馬越を出立。軍勢が閊えていたので、ようやく久木野(10)に到着した。

三日、早朝に出立。申刻（午後四時頃）、佐敷に到着。拙者は腫れ物がひどくなったので、そこから船に乗ることにした。宮崎衆中と拙者の悴者は陸路を行った。佐敷の宿所に地頭の宮原景種が酒持参で来た。いろいろとあった。夕方の満ち潮に出船。

四日、朝の満ち潮に徳渕に着岸。老中平田光宗から着津したということで使者が来た。町の衆が酒持参で挨拶に来たので賞翫した。とにかく申刻（午後四時頃）、八代麓(11)に到着。村山舎人助のところを宿所とした。亭主がすぐ酒を振る

(8) **肥筑**　肥後・筑後カ。
(9) **兵儀衆**　今回出陣した衆という意味カ。
(10) **久木野**　熊本県水俣市久木野。
(11) **八代麓**　八代古麓城のことカ。

舞ってくれた。伊集院忠棟からも到着したということで使者が来た。拙者も使者を派遣した。

五日、伊集院忠棟の宿所にて、寄合中でいろいろと談合をした。この日、忠平公が着岸された。伊集院久治(ひさはる)が皆の宿所などの準備のため、隈本に派遣された。

この日、秋月氏からの使者に、「二人はこちらに留まり、もう二人はこちらの使者を同道して帰って、詳しく龍造寺家の考えを聞いてくるように」と説明した。使衆は町田久倍と税所篤和。「〈兵儀衆〉のお考えはご尤もです。そちら(島津氏)からの使者二人と同心して帰ります。ただ、諸勢が龍造寺家との境目に攻めかかり、〈火色(かしょく)〉(12)が明らかとなれば、肥筑で混乱が広がります。そうなると和睦交渉も整い難くなりますので、使者が行って戻ってくる十日間ほどは軍事行動を延期していただけると有り難いです」と、秋月の使者から、しきりに懇願されたとのこと。

六日、〈兵儀衆〉が揃って、平田光宗の宿所にて談合。とにかく今度の十一日から十方暮(じっぽうぐれ)(13)になる。そこで、この間は合戦などできない日廻なので、いずれにせよ十日間は合戦を延期すべきであり、秋月の使者の考えに従うのがよいということになった。そういうことで、義久様から秋月種実への書状と寄合中の書状・返答などを使者に渡した。

七日、忠平公の宿所にて寄り合い。席次は、主居が忠平公・伊集院久春(ひさはる)(14)・本田董親(ただちか)・川上忠堅(ただかた)(15)、客居に島津忠長・拙者・奥之山左近将監・松尾与四郎。

(12) **火色**　この場合、戦火という意味カ。

(13) **十方暮**　甲申(きのえさる)から癸巳(みずのとみ)までの十日間。この間は、十方の気がふさがり、万事うまくいかないとされる。

(14) **伊集院肥前守久春**　一五四五〜一六一六。大隅横川(鹿児島県霧島市横川町)地頭。

(15) **川上左京亮忠堅**　一五五八〜八六。大隅栗野地頭川上忠智嫡男。この年三月二十四日、沖田畷の戦いで龍造寺隆信を討ち取った。

いろいろもてなされた。

この日、秋月氏の使者から、「この間、秋月種実からの書状を持参してきたのだが、日州は遠方のため届けることができなかった。失礼なことに遅くなってしまったことは、やむを得ませんでした」と言って、書状を持参してきた。内容は、「和平をお頼みしたい」とのこと。下緒(16)二筋頂戴した。使者は、内田九郎左衛門尉であった。

この日、合志親重(17)と山鹿刑部大輔殿(18)から使書をいただいた。こちらの出陣を祝うものであり、到着した諸勢への挨拶をいただいた。

八日、早朝、肥後国内に立てる高札(19)に署判した。内容は、

禁制

一、神社・仏閣または四方に壁を構える場所の竹木を切ること。

一、耕作地を荒らし、押領すること。

一、その場所に住む者、旅の者ともに、喧嘩・口論すること。

右の条々堅く禁止する。もし背く者がいれば、速やかに罰する。

天正拾弐年九月八日

（上井覚兼）伊勢守判

（伊集院忠棟）右衛門大夫判

（島津忠長）図書頭判

(16) **下緒**　刀の鞘の栗形の孔に通して下げる緒。

(17) **合志親重**　竹迫城主、熊本県合志市上庄。

(18) **山鹿刑部大輔**　詳細不明。九月十三日条の記述によれば元山鹿の領主であり、合志氏のもとに亡命していたようである。

(19) **高札**　制札とも。法度などを板に記し、人通りの多い所に高くかかげた札。

このような内容。右筆は本田正親。

この日の朝、徳渕から出船。この夜、三角蓑之浦[20]に泊まった。税所篤和殿が類船[21]。船中が物寂しく夜も明けないうちなので、せめてということで、〈薫〉[22]など焼いて、旅愁を慰めてはどうかと同船の衆から勧められたので、それを頼りに、

梶枕夜も長月のとまり（泊）船焼香にあすの花ぞ先立

〔楫を枕として寝る船の旅よ。夜の長い長月（九月）、停泊している船で香をたくと、明日（九月九日。重陽）の菊の花が先立って思われることである〕

このように詠んで戯れているうちに月が落ち、鳥が鳴いた。

九日、未明に蓑之浦を漕ぎ出し、船中で破籠をいただいて酒を呑んでいる最中、今日はほかにすることも無いので、

なさけのミか（交）はせバかゝる船の内に酌も山路の菊の露哉

〔（菊の花を見ることもなく）情けだけを交わしながら酒を酌み交わしていると、このような船の上にあっても、杯の酒が山の中の菊の露のように思えるものだ〕

などと詠んだところ、本当に故郷の山の菊は今日あたり咲いているだろうと、皆、戯れていたので、黙っていられなくなり、また詠んだ。

故郷の山路の菊に誰をかもあらましかばとけふ（今日）忍ぶらん

〔今日、故郷の山の菊を見ながら、「あの人がここにいたなら」と誰のことを偲んでいるのだろうか〕

(20) **三角蓑之浦** 熊本県宇城市三角町。蓑之浦は現在地不詳。
(21) **類船** 一緒に行く船。
(22) **薫** 香りのよい草木。

いろいろと戯言を互いに言って楽しんでいるうちに、川尻(23)というところに着船。伊豆志摩丞という者のところに宿泊。すぐに加悦飛騨守(24)から使者が来た。「こちらへの着岸お祝い申し上げます。みずから早々にお伺いすべきですが、今日は木原(25)でやむを得ない祭礼があり、参詣して今帰る途中ですので、やがて伺います」とのこと。「こちらから挨拶すべきところ、着津を聞いて使者を派遣してくれたこと、有り難い」と返答した。

この晩、隈本に向かうつもりであったが、鹿児島衆が少々やって来て、「忠平公・伊集院忠棟はどういうお考えなのか、今日は小川(26)・豊福(27)あたりに泊まられる」と話してくれた。それなら陸路をお供できない。せめてこちらでお待ちしようと考え、税所篤和と拙者で同心して、ここに泊まった。加悦飛騨守が拙宿に挨拶に来た。すぐにお目にかかって、酒で寄り合った。

十日、看経などいつものとおり。（九月五日に隈本に先乗りしていた）伊集院久治から使者が来た。隈部殿(28)が、島津家に奉公したいと申してきたとのこと。そのほか、あちこちから申し出が来ているので、早々に隈本に来てほしいとのこと。

それから川尻を出立し、隈本に到着。忠平公・島津忠長・伊集院忠棟は、この晩に到着された。拙者の宿は、長野惟冬(29)の在所であった。城一要から使者が来た。「ご到着されたとのこと。みずからご挨拶すべきですが、忠平公がご到着になり、そのまま引き続き対応があるのでやむを得ません。これから一人ずつご挨拶します」とのこと。

(23) **川尻** 熊本市川尻、緑川と加勢川の合流点。港町として栄えた。
(24) **加悦飛騨守** 詳細不明。宇土の名和顕孝家臣ヵ。
(25) **木原** 熊本市南区富合町木原。宇土城に移るまでの名和氏の本拠。六殿神社や長寿寺がある。
(26) **小川** 熊本県宇城市小川町。
(27) **豊福** 熊本県宇城市松橋町豊福。
(28) **隈部殿** 『大日本古記録』は親泰（?～一五八八）に比定するが、その父親永（?～一五八八）の可能性もある。肥後隈府周辺を領する国衆。本拠は熊本県山鹿市菊鹿町上永野。これまでは龍造寺氏に従属していた。
(29) **長野惟冬** 詳細不明。肥後長野城（熊本県阿蘇郡南阿蘇村長野）を本拠とする阿蘇大宮司家家臣長野惟久の一族ヵ。

十一日、早朝、忠平公の宿所に参上。すぐに見参。「各地から到来する者が多いので、集まって談合するのがいいだろう。伊集院忠棟にこの旨を伝えて申し合わせてほしい」と仰ったので、伊集院忠棟のところに参上。談合衆を書き立て、触れを出された。その衆は、島津忠長・伊集院忠棟・新納忠元・伊集院久治・吉利忠澄・比志島義基・町田久倍・伊集院久宣・税所篤和・吉田清存・上原尚近・伊集院久春であった。談合の条数を拙者が書き付けた。

一、諸方面の計策・用捨（降伏赦免）のこと

一、豊後陣（筑後出陣中の大友勢）への連絡のこと

一、陣替えのこと

右の条々について、伊集院忠棟の宿所で談合。

この日の朝、城一要・同親縄[30]が同心して拙宿に挨拶に来た。すぐにお目にかかった。酒で対応。太刀・織筋一をいただいた。地下衆・旅衆からも挨拶を受けた。この晩、亭主長野惟冬から酒を振る舞われた。上原尚近・税所篤和に相伴してもらい、夜更けまで酒宴。

十二日、島津征久[31]・島津義虎などに挨拶した。この日の朝、忠平公の宿所で談合。伊集院忠棟・新納忠元・上原尚近・伊集院久治・町田久倍・拙者であった。

この日、城一要の宿所に忠平公が招かれて行った。その席次は、客居に忠平様・島津忠長・拙者・町田久倍・伊集院久治、主居に島津征久・伊集院忠棟・城一要・新納忠元であった。終日もてなされた。点心の時、奥之山左近将監・松尾

(30) **城親縄** 『大日本古記録』は城親綱に比定。

(31) **島津右馬頭征久** 一五五〇〜一六一〇。島津貴久の弟忠将の嫡男、義久の従兄弟。大隅清水（鹿児島県霧島市国分）領主。右馬頭の唐名「典厩」と呼ばれることが多い。

与四郎が参った。地下からは長野惟冬が参った。酒宴で乱舞。奥之山と松山（尾）が鞁を担当。城一要から祝物をいただいた。寄合中から一要に太刀と織筋を一つずつ持たせた。座中で城一要に見せた。夜更けに皆、帰宿。

十三日、早朝に出発し、吉松[32]に陣替え。諸勢も同じ。忠平様は、この朝、城一要と朝寄り合いがあるため遅延。未刻（午後二時頃）に吉松に到着。島津忠長の宿所で談合。山鹿[33]（有動氏カ）から、島津家に奉公したいと、しきりに懇望してきた。伊集院久治が対応した。有動氏は現在、合志氏のもとにいる元の山鹿殿[34]のことを心配しているとのこと。「それならば、早々に人質を差し出し、こちらに従属すると表明すれば、合志にいる山鹿氏に対しては、今後、心遣いは不要である」と、証文をしたためて送った。我々が署判した。

この夜、暇だったので、衆中らと酒で寄り合い閑談。独居のあまり、

月夜よし松に音せよ秋のかぜ

〔月夜が美しいこの吉松という地の松に吹いて音をたてなさい。秋の風よ〕

このようにこの地の名にひっかけて発句を思案し、軍旅の寂しさを読んだ。

十四日、早朝、忠平様の宿所に参上した。それから伊集院忠棟の宿所に参上した。隈部親泰殿[35]の言い分を城一要が聴取し、それを新納忠元・伊集院久治に伝えたとのこと。現在、隈部殿は三郡（山鹿・山本・菊池）を領有しており、このうち二郡を献上して、山鹿郡だけ安堵していただければ、島津氏に出仕するとのこと。これはいいだろう。しかし、菊池郡の隈府[36]の城近くに領知千町ほどを

(32) **吉松**　熊本市北区植木町豊田。

(33) **山鹿**　『大日本古記録』は「有動左衛門尉某」と傍注に記している。有動氏は隈部氏の重臣とみられ、後年天正十五年（一五八七）の肥後国衆一揆で、有動大隅守兼元が城村城（熊本県山鹿市城）で抵抗したことが知られる。

(34) **元の山鹿殿**　元の山鹿領主山鹿氏の意カ。九月七日条で合志氏とともに挨拶に来た山鹿刑部大輔を指すとみられる。

(35) **隈部親泰**　?〜一五八八。隈部氏は菊池三家老のひとつ。本拠は、永野（熊本県山鹿市菊鹿町上永野）の隈部氏館。天正六年（一五七八）高城・耳川合戦後に龍造寺隆信に接近し、隈府の赤星統家を倒して隈府を入手。山鹿・山本・菊池の三郡を支配した。

(36) **隈府の城**　菊池城とも。熊本県菊池市隈府町城山。

宛行（あてが）ってほしいと希望しているとのことだが、これについては、皆、納得しなかった。まずは、山鹿の有動氏から直接、和睦の申し入れがあったので、隈部の分については、追って談合すると回答するのがいいだろうという話になった。

宇土（うと）殿（名和顕孝（なわあきたか））・城一要殿から着陣の祝言（しゅうげん）があり、「自分で来るべきだが、この先、忙しくなるだろうから」とのことであった。それぞれ同名衆から伺った。隈本在番の島津義虎からも使者が来た。御舟（みふね）の甲斐宗運からも使書が到来。合志殿からも使者が来た。太刀・袷表（あわせ）一つをいただいた。

この晩、山鹿から人質宇藤伊賀（うどういが）(37)という者がやって来たので、町田久倍と伊集院久治を山鹿に派遣した。

十五日、看経などいつものとおり。皆から挨拶を受けた。忠平様の宿所にて談合。その衆は、忠平様・島津忠長・伊集院忠棟・新納忠元・上原尚近・税所篤和・吉田清存・伊集院久春・拙者であった。（前日、山鹿に派遣した）町田久倍・伊集院久治から書状が到来。「昨晩は、ようやく途中までたどり着いたので、今朝、山鹿の有動氏と交渉に入りました。山鹿（城村城（じょうむらじょう）カ）を島津勢の陣所とする旨を伝えたところ、難色を示しています。その理由は、『山鹿の三里四方(38)は、〈あがり城〉をしており、女・子供が取り乱れている状況なので、城内に軍勢は入れません。麓に宗方（むなかた）(39)という村があるので、そこに番衆を置いていただけないでしょうか』とのことです。恐らく狼藉人（ろうぜきにん）を恐れているためと思います。こうした者の成敗が大事だと思います」とのこと。「それなら、まず宗方というところを見分のため、

(37) **宇藤伊賀**　有動伊賀。有動氏の一族カ。

(38) **三里四方**　東西南北、半径約12㌔圏内のこと。

(39) **宗方**　熊本県山鹿市宗方。城村城から南に約四㌔の距離にある。

二人が行って調べるのがいいだろう」と返事した。忠平様が談合衆に振る舞った。それが済んで、伊集院忠棟の宿所で島津忠長・新納忠元・吾々とで閑談。

この夜、伊集院忠棟から捻文（ひねりぶみ）が来た。「伊集院久治から、たった今連絡があり、『山鹿の件は、昨日と言い分が変わり、和睦は成立しなかった。そこで、軍勢を派遣してほしい』とのことなので、菱刈（ひしかり）[40]・七浦（ななうら）[41]から八代までの衆を、明日、派遣するのはどうだろうか」と尋ねられた。了承したと返事した。この夜、島津征久の宿所にて閑談。拙者が酒を持参した。

十六日、いつものとおり。伊集院忠棟の宿所にて談合。忠平様・島津忠長・新納忠元・拙者であった。小代親泰（しょうだいちかやす）・臼間野宗郷（うすまのむねさと）[42]などが島津家に奉公したいと言ってきた。山鹿の件は、なおもはっきりせず、伊集院久治・町田久倍が中途に留まっている。山鹿からは、さらに宇藤弾正（うどうだんじょう）という者を人質に出してきた。

この日、内空閑鎮房（うちこがしげふさ）[43]が拙宿に挨拶に来た。留守にしていたので会えなかった。木綿五をいただいたとのこと。この晩、吉利忠澄の宿所で酒が振る舞われた。席次は、主居に島津忠長・拙者・吉利忠澄、客居に伊集院忠棟・新納忠元・伊集院久治であった。

この日、新納忠元・本田正親を派遣し、城一要に対して、「隈部氏に対し、城一要殿が仲介して帰順の計策を行なわれましたが、いろいろ難しいことを言っているうちに、今度は山鹿が突然、伊集院久治に和睦を申し出てきましたが、不成立となりました。しかし、軍事力を行使することにもなるので、隈部氏の

（40）**菱刈**　菱刈院。鹿児島県伊佐市の旧菱刈町域。

（41）**七浦**　肥後国葦北郡沿岸部。

（42）**臼間野宗郷**　肥後坂下城（熊本県玉名郡南関町下坂下）を本拠とする国衆。

（43）**内空閑鎮房**　肥後霜野城（熊本県山鹿市鹿央町霜野）を本拠とする国衆。

言い分をよく聞いてほしい」と伝えた。城一要は、「納得した。隈部氏に対し、家を存続させるためにも出仕すべきであると説得するつもりである」とのこと。

十七日、いつものとおり。島津征久が拙宿にやって来た。税所篤和などが居合わせたので閑談。酒を数返いただいた。

この日、忠平様の宿所にて打ち合わせの談合。宇土殿・城一要殿に忠平様がご挨拶なさった。（山鹿で対応に当たった）伊集院久治・町田久倍を両使として、宇土・城に伝えた。「山鹿のこと。番衆派遣を求めているというので、皆が出陣したところ、考えが変わり、『一切、島津家には奉公できない』と言ってきた。力が及ばなかった」と。

甲斐宗運から、孫の兵部大輔を出陣させる旨、使書が届いた。

十八日、観音に特に読経。赤星統家殿がやって来た。たびたび挨拶に来られたが、留守だったので面談できなかったらしい。いろいろお願いしたいとのこと。

この日、筑後山下(44)の蒲池家恒(45)からの申し出を聞いた。また筑後方面の状況を絵図で見せてくれた。隈庄(46)から、甲斐上総介が津久礼(47)というところまで出陣した旨、使書にて承った。城一要が挨拶に来た。酒で対応。新納忠元・本田正親など挨拶に来た。皆、酒で対応。

この晩、島津忠長の宿所に忠平様が入られた。席次は、客居に忠平様・吉利忠澄・拙者・松尾与四郎、主居に島津忠長・伊集院忠棟・奥之山左近将監であった。いろいろもてなされた。座中、求摩の深水氏(48)から連絡があった。「本日、隈部との境

(44) **筑後山下** 山下城（福岡県八女市立花町北山）。
(45) **蒲池家恒** 鎮運。山下城を居城とする上蒲池氏の当主。
(46) **隈庄** 熊本市南区城南町隈庄。阿蘇大宮司家領で甲斐宗運の支配地域。
(47) **津久礼** 熊本県菊池郡菊陽町津久礼。合志の南側。
(48) **深水氏** 相良家重臣深水長智（一五三二〜九〇）ヵ。

目に諸所の若衆中が出陣したところ、突然、敵が攻めかかってきたので、皆で応戦し、敵十一人を討ち取った。そのほか手負いの数、十人くらいがいる」とのこと。新納久饒（ひさあつ）にすぐに命じて、頸（くび）を捨てさせた。

この間、合志氏のところに寄宿していた三池殿(49)が、一昨日、三池に攻め入ったとの注進があったので、祝言を伝え、そして援軍派遣見分のため、高山（こうやま）衆と飯野御手（おんて）衆(50)五、六人を派遣した。山鹿口の状況視察のための巧者(51)なども多数派遣した。山鹿口でも矢軍（やいくさ）(52)などがあったとのこと。

十九日、忠平様の宿所にて談合。この晩、伊集院忠棟のところに忠平様が招かれた。席次は、中座に忠平様、客居に城一要・奥之山、主居に島津忠長・拙者・伊集院忠棟・高山進士（しんし）であった。初鴈（はつかり）(53)を皆で賞翫した。伊地知美作守（いじちみまさかのかみ）(54)が手火矢（てびや）で射た。

二十日、伊集院忠棟が拙宿に挨拶に来た。酒で対応。この晩、拙宿にて奥之山・幸若与十郎（こうわかよじゅうろう）などと茶の湯でもてなした。

二十一日、忠平様の宿所にて談合。隈部親泰から城一要を介して、「島津家に無二の奉公をしたい」と言って、人質として木場名字の者を差し出してきた。隈府の役人とのこと。また、龍造寺政家との和睦の件。先日、秋月の両使に使僧を添えて派遣していたところ、秋月の使者とともに帰って来た。龍造寺政家は、肥後国は少しも残さず島津氏に割譲して和睦したいとのこと。龍造寺政家は、永遠に当家に対し逆らわず、その幕下（ばくか）(55)に入る旨を起請文に血判して誓うとのこと。次に、豊後衆(56)が梁川（やながわ）(57)近くまで攻め寄せてきた。豊後衆に対し、島津家

(49) **三池殿** 三池鎮実ヵ。筑後三池山城（福岡県大牟田市今山）を本拠とする国衆。龍造寺氏の圧力により、合志氏のもとに亡命していた模様。

(50) **飯野御手衆** 島津忠平の直臣。

(51) **巧者** 状況分析に巧みな武士。

(52) **矢軍** 両軍が矢を射合って戦うこと。

(53) **初鴈** 秋になって最初に北方から渡ってきた雁。

(54) **伊地知美作守** 『大日本古記録』は重常に比定。

(55) **幕下** 従属下。従属国衆となることを意味する。

(56) **豊後衆** 戸次（べっき）鑑連（あきつら）らが率いる大友勢。

(57) **梁川** 福岡県柳川市。当時は龍造寺領であり、柳川城主は龍造寺家晴（?〜一六一三）。

から戦端を開いていただけると有り難いとのこと。終日、右の件について談合。

　この晩、島津征久を拙宿に招いた。伊集院久春・本田正親・上原尚近に、おもてなしを頼んだ。夜更けまで閑談して酒宴。

二十二日、忠平様宿所にて談合。明日、陣替えすることに決定。合志親重から、「世間で雑説が出ているようなので、親である合志宣頓（親賢）をどちらにでも人質として差し出すつもり」とのこと。税所篤和・白浜重治の二人を合志に挨拶に行かせ、起請文を頂戴した。そのほか、条々を申し渡した。秋月種実殿から書状をいただいた。「龍造寺政家との和睦の仲介を申し出たところ、受諾していただき有り難い」とのこと。彦山座主坊(58)からも書状をいただいた。〈池田総（房）(59)〉を一懸いただいた。

　この晩、忠平様を拙宿に招いた。島津忠長・伊集院忠棟も一緒。奥之山・松尾らが参った。茶の湯でもてなし閑談。夜更けにお帰りになった。

二十三日、隈部殿の舎弟(60)が人質として来た。早朝、皆に見参し、それから出立。伊集院忠棟と拙者は諸軍衆を同道して高瀬(61)に進攻した。忠平様・島津征久・島津義虎・島津忠長、これらの衆は山北(62)に着陣。この日も、足軽衆が山々を追い攻めて、敵七、八人討ち取った。この夜は月待ちだった。

二十四日、早朝から諸所の衆を境目に出陣させ、小代の下栫(63)まで破却した。敵を少々討ち取った。忠平様をはじめ、山北に一宿した諸軍衆は、本日、高瀬に入った。伊集院忠棟が拙宿に来て、物語っている最中、忠平様が到着された

(58) **彦山座主坊**　舜有（一五五一～八七）。舜有の娘は秋月種実嫡男種長（一五六七～一六一四）の室。
(59) **池田房**　複数の紐を束ねて撚り合わせて編んだ房紐の一種カ。
(60) **隈部殿の舎弟**　隈部親永の弟、もしくは同親泰の弟。
(61) **高瀬**　熊本県玉名市高瀬。菊池川下流域右岸。有明湾水運・菊池川河川水運と陸上交通の結節点として栄え、龍造寺家の肥後支配の拠点でもあった。
(62) **山北**　熊本県玉名郡玉東町西安寺付近。
(63) **小代の下栫**　小代氏の居城筒ヶ嶽城（熊本県荒尾市府本）麓の防禦施設。

というので、一緒に忠平様の宿所に参上。しばらくこちらの状況について談合。
二十五日、天神に特に読経して祈念。忠平様の宿所にて談合。条数は、
一、小代に対する刷(つくろい)(64)のこと
一、龍造寺との和睦について、返事のこと
一、豊州（大友勢）への返答のこと
終日、これらについての談合。豊州（大友勢）からの連絡というのは、筑後での合戦が順調にすすみ、豊後衆が梁川近くまで攻め寄せ、坂東寺(ばんどうじ)(65)に着陣し、豊後衆の戸次道雪(べっきどうせつ)(66)・高橋入道(たかはしにゅうどう)(67)からの両使が、こちらに申してきた条数についてである。その題目は、「豊後（大友家）と薩摩（島津家）の同盟に変わりが無いように。また、龍造寺家と和睦したと伝え聞くが、是非ともこの際、龍造寺家を退治することが肝要である。和睦をするならば、戸次・高橋両人が仲介をしたい」とのこと。「とにかく、島津家と龍造寺家が和睦をするならば、大友の陣衆は撤退困難との考えのようである」と御使衆（奏者）が報告した。

今日の談合では、小代については、ひたすら攻め崩すべしという者が半分、降参と言っている以上、まずは出頭させるのがよいという者が半分で、はっきり決まらなかった。龍造寺家に対する返事のことは、我々出陣衆が口出しすべきことではなく、義久様のお考えであり、また、龍造寺政家が既に血判起請文を提出しているからには、早々に和睦し、幕下に収め、肥後国を残らず知行するのがいいだろう、ということになった。また、後日状況によっては、筑後国の梁川・田(た)

(64) **刷** 計らい、処置。

(65) **坂東寺** 福岡県筑後市熊野の天台宗寺院。

(66) **戸次道雪** 戸次鑑連（一五一三～八五）。大友氏重臣。永禄八年（一五六五）毛利氏に内応した立花鑑載が大友氏に討たれた後、元亀二年（一五七一）大友宗麟の命で立花城に入り、同家の名跡を継ぐ。宗麟の重臣として加判衆・筑後方分などを勤めた。

(67) **高橋入道** 紹運（鎮種、？～一五八六）。大友氏重臣吉弘鑑理の子。永禄十二年（一五六九）大友氏に反した高橋鑑種の降伏後、高橋家の家督を継承。筑前国宝満・岩屋城督となる。戸次道雪とともに大友氏の筑前支配を支えた。長男宗茂は、戸次道雪の養子。

尻(68)あたりまでは龍造寺家に割譲を要求すべきではないかとの意見も出た。

二十六日、早朝、龍造寺家への返事を出すことになり、伊集院忠棟の宿所に島津忠長・拙者が参上した。御使衆の税所篤和・上原尚近が同心した。そこで朝食が振る舞われて、酒宴。

この日、島津征久が境目を見分するため出陣した。すると所々で〈軽き人衆(69)〉が多く打って出てきた。小代の城（筒ヶ嶽城）の腰に臼間野氏が陣を構えていたので、その陣を破却した。宮崎衆と拙者悴者が一番乗りだったとのこと。〈墻越の合戦(70)〉であった。一番乗りは宮崎衆の和田刑部左衛門尉と志布志衆の久富伴五左衛門尉の二人で、立ち会いの衆は私の悴者などであった。数百人を討ち取った。宮崎衆で分捕りをあげた衆は、中村内蔵助・永山兵部少輔・丸田左近将曹・唐仁原藤七兵衛尉(71)・山下弓介・海老原外記・指宿大炊権助・永山平内左衛門尉・村岡弥介・瀬戸山藤内左衛門尉。弓削治部左衛門尉は手負いを受け、刀・鑓疵三か所。拙者悴者で分捕りをあげた衆は、加治木治部左衛門尉・谷山仲左衛門尉・鳴海舎人助(72)・永嶺雅楽助(73)・仁田脇伊賀丞・安楽三介・山内彦四郎・佐藤(74)、このほか相討ちとなった衆もたくさんいた。勝吐気は新納久饒であった。諸所の分捕りの人数を書き載せるには有り余る。

この日、高瀬町(75)諸口の城戸番(76)・〈外野伏(77)〉などの担当を決めた。この日、島津忠長・平田光宗の宿所に挨拶に行った。

二十七日、義虎の宿所に挨拶に行った。いろいろともてなされた。昨日高名を

(68) **田尻** 福岡県みやま市高田町田尻～柳川市大和町鷹ノ尾。

(69) **軽き人衆** 敵の足軽カ。

(70) **墻越の合戦** 敵城の塀を乗り越えて攻め入る合戦カ。

(71) **唐仁原藤七兵衛尉** 『大日本古記録』は秀元に比定。

(72) **鳴海舎人助** 本文にはこの人物の下に「二人」とあり、首の数カ。

(73) **永嶺雅楽助** 本文にはこの人物の下に「三人」とあり、首の数カ。

(74) **佐藤** 本文にはこの人物の下に「二人」とあり、首の数カ。

(75) **高瀬町** 熊本県玉名市高瀬の町場。

(76) **城戸番** 高瀬の町にはその出入口に城戸（門）があったようであり、そこで人の出入りを監視する在番のこと。

(77) **外野伏** 城戸の外側に隠れて敵に備える要員カ。

あげた人衆を召し連れ、忠平様のところに行った。すぐに見参。それから終日、談合。この日、合志親重殿が着陣。忠平様にお目にかかり、酒で寄り合い。

この日、龍造寺家への返事を出した。使者は、税所篤和と上原尚近。肥後を割譲するというので、まずはそれを条件に和睦する。忠平様から、「龍造寺政家が今の姿勢に変わりが無いのならば、もちろんこちらも裏切ることは無い」との旨、起請文で返答した。「豊後（大友家）と義絶(78)のことは、先年、京都の仲介(79)で和睦した以上、はっきりとは決断し難い。しかし、龍造寺家と秋月家の態度次第では、龍造寺家を島津家が見捨てることはしない」と返事しておいた。

二十八日、荒神に特に看経。忠平様から使者が来て、「隈庄・三舟（御船）の軍勢が出陣したと聞いたが、こちらが和平になった以上、軍勢は不要である旨伝えて、出陣を留めるべきではないか」とのお考えを示された。すぐに寄合中の書状で、甲斐勢の出陣を止めた。この日も忠平様の宿所にて談合。隈部の人質を弟に交替した。

二十九日、忠平様から五代友慶(80)を使者として打診があった。（五代曰く）日置越後守(81)は我々も知っているように、先年、野心を企てたことで、主君島津朝久とともに知行地の過半を召し上げられ、面目を失った。日置のせいであろう。そこで、水俣に着陣した際、喜入季久殿が赦免を申し出たのであろうか、それにつき、「義久様や御兄弟衆に日置越後守を見参させてはどうでしょうか」と忠平様に打診したようである。忠平様の返事では、「日置を見参させるかどうかは、もちろんのこと

(78) **義絶**　縁を切ること。
(79) **京都の仲介**　天正八年（一五八〇）、故織田信長・近衛前久の仲介。
(80) **五代右京亮友慶**　一五四〇～一六二六。忠平家臣、飯野衆。
(81) **日置越後守**　『大日本古記録』は忠充に比定。島津豊州家朝久の元家臣。

義久様のご意向次第である。ただ、島津朝久自身は、その当時はまだ若輩で何も弁明できない状態であり、日置越後守が判断を誤り、面目を失った上に所領まで失った。朝久は日置を深く恨んでいるようだ」と仰ったらしい。それからいろいろあったようで、義久様は日置にお会いにならず、今に至っている。先日、隈本にて伊集院久春・新納忠元を頼り、日置越後守が見参を求めたが、忠平様自身は以前から（日置と）昵懇ではあるが、今は島津朝久がやむを得ない状況にある。そうしたなか、島津朝久にしっかり奉公しなかった人物に見参するなどありえない。そこで（忠平は）、「島津朝久にそっと尋ねて、返事をするように」とのことであった。またまたこちら（高瀬）においても同じように打診してきたので、島津朝久殿にお尋ねになったところ、朝久は、「日置越後守が義久様に見参するのは義久様のお考え次第であるが、ゆめゆめ私に見参することなど無いように。なぜなら、起請文を提出して、今後、日置とは会わないことを義久様に誓った。しかしながら、日置は忠平様に見参してしまい、忠平様は、「島津朝久の考えを詳しく聞いておこう」と返事したらしい。さては日置を朝久に見参させようとのことであろうか。それにつき、（覚兼から）朝久に打診するよう、こまごまと説明を受けた。「詳しく承りました」と返事しておいた。

島津義虎からも使者が来た。ちょうど今、水鳥が届いたので来いと言うので、参上した。席次は、主居に義虎・新納忠元・伊集院久春・伊集院伊予守、客居に拙者・伊集院久宣・猿渡信光であった。いろいろともてなされた。

この日、島津征久の宿所に挨拶に行った。城一要・加星九郎殿が同心して拙宿に挨拶に来た。酒で対応。

この晩、忠平様の宿所に参上。小代親泰から、「人質を出して島津家に奉公したい」と申し出てきた。人質の二人は小代の一家衆である。こちらから派遣した使僧に同行する形で人質を出してきた。「身上はどうにかお助けいただきたい」とのこと。これらの件について物語っている最中に、青鷺が届いた。しばらく我々が滞在するということで、振る舞われた。島津忠長・喜入季久・我々であった。酒宴にて閑談。

晦日（三十日）、拙宿にて皆と酒で参会。席次は、客居に平田歳宗(82)・伊集院久宣・吉田清存・伊地知重秀、主居に新納忠元・町田久倍・拙者・伊集院久治。酒宴で閑談。宇土殿が拙宿に挨拶に来られた。酒で対応。加悦飛騨守も座に呼んだ。

この日も境目には軍勢を出さないよう、厳しく禁じた。

(82) **平田左近将監歳宗**　?〜一五九八。老中平田光宗嫡男。覚兼娘聟平田増宗の父。

【解説】

今回の肥後出陣は島津忠平を総大将として、肥後の龍造寺方国衆を掃討することが目的であったが、義久は再度、龍造寺家本隊と大規模な合戦になるのを恐れていたようである。一日条によると、秋月種実は再度、龍造寺家との和平調停を義久に持ちかけ、義久は秋月・龍造寺両氏の起請文提出を要求したようである。それを踏まえ、事前に義久は老中平田光宗・奏者（使衆）町田久倍を飯野の忠平のもとに派遣し、和平を受諾すべきか、忠平・大口地頭新納忠元・栗野地頭川上忠智と協議させたという。これが前月、覚兼にも連絡のなかった談合である。この談合は和平協議を拒否し、断固、龍造寺家との戦いを継続すべきとの結論だったようであるが、義久は一日の馬越での談合に奏者町田久倍・税所篤和を派遣し、秋月種実の要請に応じて和睦を受諾すべきであると説得し、今回の肥後出陣では正式な和平成立までは「防戦大法」にのっとり行動するよう求めたのである。この解釈が難しいが、龍造寺本隊との合戦を避け、肥後国衆の制圧のみに軍事行動を制限したと理解したい。

龍造寺家との戦闘継続中止・和平受諾を主張した理由として義久は、自分自身が出陣しない場合の指揮官の力量不足、出陣衆のモチベーションがすぐ下がって帰陣したがること、祖父日新斎・父貴久が、「十分ではない状況こそ第一としてきた」との遺訓を挙げている。忠平ら談合衆は、この義久の決断を支持しつつも、秋月種実への使者には、龍造寺家が和平を懇願しながら領知割譲を言い出さないことへの不信感を伝えた上で、出陣している。覚兼ら諸将は四日前後に肥後八代古麓城周辺に着陣したようであり、軍議を行なっている。

五日、秋月種実の使者は、和平協議に影響するので十日間は攻撃をしないよう求めている。龍造寺隆信の敗死を知った大友家では、龍造寺家に奪われていた筑後奪回に向けて攻勢を強めていく方針をとり、六月二十二日、筑前の戸次道雪・高橋紹運は大友義統に対し、島津勢が再び肥前に進攻する場合はこれを支援し、島津勢と協力して筑後を制圧することを上申している。翌七月、豊後からは加判衆（年寄）朽網宗歴率いる大友勢が、筑後の龍造寺方国衆黒木実久の居城猫尾城を攻略し、八月には戸次道雪・高橋紹運が筑前衆を率いて筑後に進攻し、同月末には朽網勢と高良山（福岡県久留米市）で合流している。大友宗麟・義統父子も筑後進攻を支援すべく、みずから玖珠郡・日田郡まで出陣している（八木直樹『戦国大名大友氏の権力構造』戎光祥出版、二〇二一年、三二三〜三二九頁）。これに対し、龍造寺家は一門龍造寺家晴が柳川城（福岡県柳川市）に籠もり、大友勢と対峙していた。大友勢の攻勢に対処すべく、龍造寺・秋月両家は島津家との和平を急ぎ実現する必要があったのである。ただ、この時点で大友家側から島津家への共闘要請は届いていない。

十日、覚兼ら諸勢は城一要の居城隈本城に入り、翌日、軍議を開いている。その前後から隈部氏ら龍造寺方国衆が次々と島津家への従属を申し出てきており、談合では彼らへの方針とともに、筑後出陣中の大友勢への連絡についても協議されている。

十三日には吉松に陣替えし、従属を申し出てきた国衆らに使者を派遣している。隈部氏は従属の意向を示しつつも、家臣とみられる有動氏が島津勢の山鹿受け入れを拒否し、十八日には島津方として出陣中の相良勢と隈部勢との間で戦闘が起きている。山鹿の城（城村城カ）には近隣の村々の女・子供が避難しており、島津勢の狼藉（住人を奴隷として拉致する「乱取り」行為）を恐れているようである（藤木久志『新版 雑兵たちの戦場』朝日新聞社、二〇〇五年、一五六〜一五七頁）。

十八日には、筑後山下城の国衆で、既に龍造寺方から大友方に転じていた蒲池家恒の使者が到来し、筑後情勢を絵図を使って詳しく説明している。大友方からのファーストコンタクトであろう。また同日には、合志氏のもとに亡命していた筑後国衆三池氏が三池に攻め入ったとの情報も入っており、義久が心配していたように筑後情勢に関わらざるを得なくなっていった。

二十一日には秋月・龍造寺両家の使者が肥後に戻り、龍造寺政家が島津家の幕下に入り、二度と裏切らない旨の血判起請文を提出することを約束するとともに、柳川近くまで進攻してきた大友勢への攻撃を依頼しており、ようやく和平懇願の目的を表明している。二十三日には隈部氏から舎弟が人質として出され、軍勢も山北に陣替えしている。さらに、未だ抵抗を続ける小代氏の居城筒ヶ嶽城を攻撃しつつ、本隊は二十三日から二十四日にかけて肥後北部の重要拠点高瀬（熊本県玉名市）を制圧している。

二十五日、筑後に進攻した大友家重臣戸次道雪・高橋紹運への返答について協議している。ここにきて両氏は、島津勢と大友勢が共同で龍造寺家を討つべきと説き、龍造寺家との和睦は大友家が仲介すると申し出ており、島津家と龍造寺家が和睦したなら大友勢の筑後からの撤退は困難と伝えている。筑後は大友・龍造寺両家が領有権を主張しており、大友家との「豊薩和平」と龍造寺家との「肥薩和平」は矛盾することにようやく気付いたようである。談合した肥後出陣衆は、既に龍造寺政家から起請文が提出された以上、肥後国をすべて島津領とした上で龍造寺家と和睦し、後日、筑後南部の柳川・田尻あたりまで割譲を求めてはどうかとの楽観的かつ図々しい意見も出ている。

二十七日には龍造寺政家に対して、和睦を受諾する旨の忠平起請文が出され、正式に和平が成立したようである。ただ、龍造寺側からの筑後出陣要請は、豊薩和平を理由に断っており、ことの重大性に覚兼らはまだ気付いていない。二十九日には筒ヶ嶽城に籠城していた小代親泰が人質を出して降伏し、肥後掃討作戦は終結したようである。

なお、覚兼は忠平への敬称をこれまで「公」・「殿」と表記してきたが、この月十二日を境に「様」に変更している。肥後掃討作戦の総大将として敬意を払ったのか定かでない。なお、肥後からの帰陣後は再び「公」・「殿」に戻っている。

天正十二年（一五八四）

十月条

一日、看経など特に行なった。皆から挨拶などいただいた。忠平様に挨拶に伺った。衆中も同心した。皆々お目にかかった。島津忠長のもとにも伺った。忠平様から、金瘡の医術[1]を習い始めた。

　この日、談合があった。小代の帰順の件など。先に押領していた分は召し上げて、本領だけを宛行い、小代家は存続させるのがいい、ということになった。隈部殿と辺春殿[2]がみずから出頭され、忠平様のところに参上した。すぐに見参された。甲冑を進上したようである。酒で寄り合った。我々にも挨拶があり、太刀と銭百疋をいただいた。留守だったので対面はしなかった。小代から御礼に両使が来られた。税所篤和と白浜重治が趣旨を伺った。辺春殿が挨拶に来られた。白麻二十帖をいただいた。

二日、いつものとおり。忠平様の宿所で談合。この晩、宇土殿（名和顕孝）の宿所で寄り合い。席次は、主居に忠平様・伊集院忠棟・奥之山左近将監、客居に名和顕孝・拙者・上原尚近。いろいろともてなされ、乱舞。奥之山が大鼓、松尾与四郎が小鼓、笛は蓑田甚丞であった。飯が済んで肴の時、加悦飛驒守が座にやって来て、酒を下された。

（1）**金瘡の医術**　刀傷・鉄砲傷の治療法。戦場で負傷した際の止血など応急処置であろう。

（2）**辺春殿**　辺春親行カ。肥後・筑後両国境に位置する坂本城（熊本県玉名郡和水町山十町）を本拠とする国衆。

三日、毘沙門に特に読経。伊集院忠棟の宿所にて、豊後陣から来た戸次道雪・高橋紹運の使者に返答をした。町田久倍と吉田清存が使衆。大友側からの条々に応対するための返答であった。「龍造寺家との和平は、秋月種実を仲介役として、大方、協議が進んでいるが、まだ決着はついていない。しっかり落着した際は、こちらから豊後陣に説明するつもりだ」と返答した。伊集院忠棟の宿所で各々と寄り合い。席次は、客居に島津義虎・赤星統家・新納忠元・上原尚近、主居に島津征久・島津忠長・拙者・伊集院忠棟・奥之山であった。いろいろともてなされ、終日、乱舞。奥之山・松尾が鞁。笛は蓑田甚丞であった。石原治部右衛門尉が狂言舞をやった。幸若与十郎が一曲やってくれた。合志から〈備中屋〉の弟子という笛を吹く者が来て、一番吹いてくれた。すぐに伊集院忠棟が、差していた刀を彼に与えた。

四日、いつものとおり。和仁殿(3)が挨拶に来た。白麻二十帖をいただいた。

この日の朝、城一要へ酒を振る舞った。席次は、客居に城一要・上原尚近・城外記(4)、主居に拙者・長野惟冬・奥之山左近将監・高山進士允。いろいろともてなした。奥之山がいろいろと雑談などして酒宴。

この晩、合志親重殿の陣所に忠平様が挨拶に行かれた。島津忠長・私も挨拶に参ろうと思っていたところだったので、いい機会と考えお供した。合志殿の陣所は高瀬川の川上にあるので、皆、船で参った。船本まで合志親重が迎えに来た。まず三献。席次は、客居に忠平様・拙者、主居に島津忠長・合志親重であっ

(3) **和仁殿**　親実（?～一五八七）カ。肥後田中城（熊本県玉名郡和水町和仁）を本拠とする国衆。
(4) **城外記**　城一要の一族カ。詳細不明。

た。三献が済んで、忠平様が合志親重殿に太刀・織物を贈り、親重が受け取った。島津忠長・拙者が持参の太刀・織物も続いて披露した。それから湯漬け[5]をいただいた。席次は、客居に忠平様・拙者・上原尚近・松尾与四郎・川上大炊助[6]、主居は、島津忠長・合志親重・吉田清存・奥之山であった。いろいろともてなされた。点心の時、山鹿刑部大輔と合志殿の親類衆一、二人が座に参った。合志親重がお酌の時、馬・太刀・鎧甲・織物などを三度、忠平様にご覧いただいた。奥之山・石原などが狂言舞をやった。奥之山・松尾・石原に合志親重から織物一つずつが下された。合志の大夫という者が唄った。これに忠平様から織物二つが下された。互いに酌などして酒宴。夜に入って帰宅。

五日、いつものとおり。倉岡地頭の吉利久金殿が、祭礼のため遅参したと言って、参上。

この日の朝、宇土殿が拙宿に来て寄り合い。席次は、客居に名和顕孝・新納忠元・松尾与四郎・敷祢越中守、主居は拙者・加悦飛騨守・八木昌信であった。いろいろと酒宴などで閑談。この日、松尾と新納忠元などが碁を打って、雑談。吉田清存を通じて合志親重殿から申し入れ。「あなたが春山野の星栗毛[7]を所持していると聞き及びました。不躾ではありますが、いただけないでしょうか」とのこと。たやすいことだと言って、すぐに進上した。

肝付兼寛殿から書状が到来した。内容は、「去る二十九日、京都から加治木に下着しました。早く肥後に出陣すべきですが、遠路で疲れているので出陣で

（5）**湯漬け** 湯をそそぎかけた飯。

（6）**川上大炊助** 『大日本古記録』は久三に比定。本文行間に「武庫御太刀持」とあり。

（7）**星栗毛** 毛色が茶褐色で、額に白斑がある馬。

きません。しかし、覚兼のご意向次第では出陣いたします。まずは忠平様・伊集院忠棟らにこの件を申し入れていただきたい」とのこと。すぐに敷祢越中守を使者として、忠平様・伊集院忠棟に伝えた。「無事の下着おめでとう。こちらは和睦が成立しそうなので、今のところ軍勢は不要である。しっかりとそちらにいらっしゃるのがいいだろう」と忠平様らのご返事であった。肝付兼寛には、この旨、返書した。

この夜、大津山殿（おおつやま）[8]が挨拶に来られた。太刀・織筋（おりすじ）一をいただいた。町田久倍殿から案内者が到着。

六日、いつものとおり。島津忠長が宇土殿と寄り合うので、「こちらに来て、もてなしを頼む」とのことなので参上した。席次は、名和顕孝・新納忠元・本郷甲斐守（ほんごうかいのかみ）、主居は島津忠長・拙者・山田有信（やまだありのぶ）。いろいろおもてなしして、酒宴などで閑談。合志親重殿から、「昨日、不躾にあなたの馬を所望したところ、すぐに頂戴してたいへん有り難い」ということで、御礼に鎧甲を使者に持たせて、これをいただいた。「馬をお贈りしたところ、御礼をいただくとともに祝い物をいただきまして、遠慮すべきですが有り難くいただきます」と返事した。

この日、上井兼成（うわいかねしげ）を使者として、合志親重殿に、「明朝、酒を呑みたいので、拙宿にお越しください」と伝えたところ、「明日、早々にお伺いします」と返事が来た。城一要から使者が来た。明日、伊集院忠棟のところで酒寄合があるので、拙者に来てほしいとのこと。「伺うべきですが、合志殿が明朝、拙宿に

（8）**大津山殿**　『大日本古記録』は家稜（?～一五八七）に比定。肥後大津山城（熊本県玉名郡南関町関東）を本拠とする国衆。

来る約束をしているので参れません」と返答した。

この晩、小代殿が挨拶に来られた。太刀と馬をいただいた。臼間野殿も同心。鳥目百疋(9)いただいた。両人ともに酒で寄り合った。

七日、いつものとおり。合志親重殿から二度、使者をいただいた。「今朝そちらで寄り合うとの約束でしたが、夜中から瘡気となり、我慢できない状態です。諸神に誓って偽りではありません」とのこと。「そういうことなら致し方ありません。ご慇懃にご説明いただき祝着です」と返事しておいた。

この日、島津忠長と一緒に忠平様の宿所に参上した。田尻鑑種(10)から密使が来た。内容は、「現在、鷹尾城にいるのですが、妻子らは龍造寺家に人質として取られています。島津家に別心(11)はなくても、ひたすら奉公することは難しい状況です。本心は以前と変わらない気持ちです。現在、江之浦(12)城は、豊後衆の下知に従い、龍造寺家から離反しています。元々、田尻鑑種の内衆だった者七、八十人が今は江之浦に居住しています。彼らには内応するよう工作しますので、三池上総守(13)とご相談いただければ、三池氏と談合の上、江之浦を簡単に取り戻すことができます」とのこと。我々が面談し、詳しく田尻氏の使者から事情を尋ねた。

島津忠長とともに忠平様から金瘡医術をご教示いただき、金瘡術の医書など所望した。この晩、忠平様が我々と酒寄合をし、雑談などした。

八日、薬師に特に祈念など。宇土殿の宿所に、皆、誘われて行った。席次は、

(9)**鳥目百疋** 銅銭百枚。

(10)**田尻鑑種** 筑後鷹尾城(福岡県柳川市大和町鷹ノ尾)を本拠とする国衆。この時点では龍造寺家に従属。

(11)**別心** 相手を裏切るような心。

(12)**江之浦城** 福岡県みやま市高田町江浦。

(13)**三池上総守** 『大日本古記録』は鎮実に比定。九月十八日に亡命先の合志から筑後に進攻した三池殿と同一人物ヵ。

客居に島津征久・吉利忠澄・拙者・本郷甲斐守(14)、主居に島津忠長・名和顕孝・税所篤和であった。いろいろともてなされ、乱舞など。茶などいただいて、皆、帰った。

この日、諸方面の偵察のため、三池(15)に新納忠元・伊集院久治・山田有信・猿渡信光が派遣された。

伊集院忠棟のもとに珍しい釜が届いたらしく、見に来るよう誘われたので参上した。編笠のように見える霰の釜(16)であった。言いようのない無類のものだと、皆、褒め称えた。もちろん茶の湯でもてなされた。川上久隅・島津忠長・拙者が同席。いろいろと珍しいものが出て、茶は無上(17)であった。伊集院忠棟のお手前で、皆、薄暮になって帰宿した。

九日、いつものとおり。一昨日、善哉坊が到着した。豊後陣に、善哉坊を使者として派遣すべきという意見が出たので、この件を命じた。伊集院忠棟と同心して、忠平様の宿所に参上した。いろいろと談合。高瀬町の五か寺の住持が、我々にお目にかかりたいと町田久倍のところに申し出てきた。町衆でさえ、そのまま許しているので、出家衆の見参は問題ないだろうと決まった。

この晩、忠平様が島津征久のところで寄合。席次は、主居に忠平様・伊集院忠棟・町田久倍・白浜重治、客居に島津征久・拙者・新納久饒・税所篤和であった。いろいろともてなしを受けた。夜になって、皆、帰った。この夜、善哉坊やそのほか衆中などがやって来て閑談。酒などいただき、雑談で楽しんだ。

(14) **本郷甲斐守**　本文行間に「宇土衆」とあり。

(15) **三池**　福岡県大牟田市三池。

(16) **霰の釜**　茶の湯釜の形状のひとつで、地肌に粒状の細かな突起を浮き出させた釜。

(17) **無上**　お茶の銘柄。

十日、拙宿にて合志親重殿と寄合。席次は、客居に合志親重・税所篤和・合志対馬守(18)・矢野出雲守、主居に伊集院久宣・拙者・松尾与四郎。いろいろと戯言など言いながら酒宴。座が過ぎて、碁などで楽しんだ。伊集院久宣が、『太平記』を読みたくて取り寄せていた。それを見ていたところ、島津忠長・伊集院忠棟が談合のためにやって来た。それから、『太平記』一巻を拙者が読んで、皆に聞かせてやった。すると、三池に偵察に行っていた新納忠元・伊集院久治らが帰ってきたと言って、やって来た。彼らから筑後方面の様子について話を聞いた。皆で打ち合わせて、こちらの状況について談合した。その衆は、島津忠長・伊集院忠棟・新納忠元・伊集院久治・伊集院久宣・上原尚近・町田久倍・税所篤和・本田正親・山田有信・猿渡信光であった。右の衆に夕食を振る舞った。酒宴など。夜になって、皆、帰って行った。

十一日、いつものとおり。島津〈忠親〉(19)から招かれたので参上した。席次は、主居に島津義虎・忠親・本田刑部少輔・伊集院伊予介、客居は、拙者・伊地知重秀・八木昌信。いろいろともてなされて酒宴。伊集院忠棟の宿所にて談合をやるとのことなので、皆、揃って談合。風呂を焼いたというので、我々も入って楽しんだ。高来(20)・三会から出家衆など酒持参でやって来た。同じく安徳純俊殿から、連絡の使者が来た。肴をいただいた。高瀬町衆別当（町役人）そのほか一、二名がやって来て、織筋一・鳥目二百疋を祝い物として持ってきた。

十二日、薬師善逝(21)に特に祈念。諸所からの軍勢出陣状況を記録させた。当寺(22)の

(18) **合志対馬守** 合志親重一族カ。

(19) **島津薩州家忠親** 薩州家義虎二男忠隣カ。一五六九～八七。この年、薩摩祁答院領主島津歳久の養嗣子となる。

(20) **高来** 長崎県諫早市高来町。

(21) **薬師善逝** 「医王善逝」が正しく、薬師如来の別称。善逝とは、仏の十号のひとつ。迷いの世界を脱し、真理の境界に至ったもの。

(22) **当寺** 覚兼が宿所としている高瀬の寺であろうが、寺名は不明。

住僧が一、二名やって来て、こちらの諸寺家（じけ）の状況など話してくれた。酒で寄り合った。

この日、雨で暇なので、宮崎衆中を呼び寄せて、終日、雑談。皆に酒を振る舞い、茶の湯など。宇土殿から、「雨でお暇なようですね」と言って、酒・肴を贈ってくれた。すぐに使者の前で賞翫した。合志親重殿から、無沙汰していると言って、肴一種を持ってきた。使者と酒で寄り合った。島津征久から使者が来た。「明朝、忠平様と酒で寄り合うので、来ておもてなししてほしい」と頼まれた。

十三日、忠平様が島津征久の宿所にお出でになった。席次は、客居に忠平様・伊集院忠棟・拙者、主居に征久・本田董親（ただちか）・奥之山左近将監であった。いろいろとおもてなしした。筑後の黒木(23)から使者が来た。内容は、「このたび豊後衆が攻めかかってきて、数度、防戦して籠城していましたが、肥前衆（龍造寺勢）からの援軍が無かったので、力及ばず豊後衆に明け渡しました。豊後衆は坂東（ばんどう）寺（じ）に在陣しています。龍造寺・秋月・筑紫(24)などが一致結束すれば、豊後衆は一人も撤退することはできなくなるでしょう。哀れなことですが、軍勢を三千ほど黒木に派遣してください。豊後衆を討ち果たすなら、この時期しかありません」とのこと。この申し出について、忠平様の宿所にて談合。まず黒木の見切（みきり）(25)のため軽い衆(26)二、三人を派遣して、その報告次第で軍勢を派遣するか否か談合しようということになり、黒木からの使者高山氏に打診したところ、「通路はたやすく通れますが、島津勢を同心しているということが大友側に知れたら、

(23) **筑後の黒木** 『大日本古記録』は実久に比定。黒木氏は筑後猫尾城（福岡県八女市黒木町北木屋）を本拠とする国衆。この時は龍造寺方であり、大友義統が派遣した朽網宗歴（鑑康、?～一五八六）ら豊後勢の攻撃を受け、この年九月一日に黒木実久は降伏した。猫尾城には田北宗哲が城番として入ったという（竹本弘文『大友宗麟』大分県教育委員会、一九九五年、一一二頁）。

(24) **筑紫** 『大日本古記録』は筑紫広門（一五五六～一六二三）とする。筑紫広門は肥前勝尾城（佐賀県鳥栖市牛原町）を本拠とする反大友方国衆。

(25) **見切** 状況を見極めること。

(26) **軽い衆** 足軽など身分が低い者ヵ。

後日のためになりません。とにもかくにも今回、一戦交えるというのならば問題ありませんが、未だ決まらない状態ならば、一、二人同心して行くことはできません」とのこと。そういうことなら適当に対応して返事するのがいいだろうということになり、適当に返答しておいた。

志岐兵部大輔殿(27)が挨拶に来られた。鹿革十枚を持参してきた。城一要殿の内衆平川殿が挨拶に来られた。酒・肴を持参。

十四日、縣の土持久綱殿から、こちらの在陣を慰労する使書が到来した。すぐに相応の返答をしておいた。大宰府天満宮の大鳥居信寛法印(28)から使僧が来て、書状をいただいた。内容は、「肥後にご出陣と聞いたのでご連絡いたしました。天満宮社家は島津家に従いますので、祈祷の巻数(29)を贈ります。今後もご崇敬ください」とのこと。梅花香(30)を一箱いただいた。相応の返答をしておいた。使僧と会って酒で寄り合った。

この日、忠平様が城一要の陣所に招かれ、それから帰る途中、伊集院忠棟の宿所に立ち寄られた。私にも参るようにとのことなので、そうした。茶の湯でもてなされた。いろいろと閑談。

十五日、看経を特に行なった。諸所の地頭衆・一所衆、そのほか衆中たちから挨拶を受けた。龍造寺家・秋月家・筑紫家から和睦成立の祝言の使者が夜半に着津した。趣旨は、税所篤和・上原尚近両人が聴取した。忠平様の宿所に皆が揃って談合。龍造寺家からの趣旨は、「このたび、幕下となって和睦したい

(27) **志岐兵部大輔** 『大日本古記録』は親重に比定。その父鎮経(麟泉)の可能性もあり。親重は島津薩州家義虎娘聟でもある。

(28) **大鳥居信寛** 大宰府天満宮大宮司、神宮寺の安楽寺留守別当。

(29) **巻数** 僧侶や行者が読誦した経典や陀羅尼の数を記録した文書や目録。

(30) **梅花香** 練り香の一種。梅の花の香りに似せて作ったもの。

とお願い申し上げたところ、『先非を改めて、島津家への奉公を申してきたので、許す』と仰っていただき、忝く思います」とのことで、今後、背くことは無い旨の起請文を、龍造寺政家をはじめ、龍造寺家晴(31)・鍋島信生(32)が忠平様に提出するとともに、馬・太刀をそれぞれ進上した。また、「豊後衆が筑後方面に在陣しています。是非とも今回の出陣で大友勢を討ち果たしていただきたい。なぜなら、豊後衆から龍造寺側に対して申すには、『大友家は日州で数万騎を討たれ、島津家に対しての鬱憤は深い。龍造寺家も、去る春、隆信が戦死したからには、きっと同じく遺恨をお持ちでしょう。何としてでも、肥後国が薩摩衆の支配下にならないよう、両家（大友と龍造寺）で談合をしたい。そうすれば、八代・求摩あたりが合戦場となるでしょう』と何度も説得してきました。このため、龍造寺家中でも意見が分かれたが、龍造寺政家の考えでは、大友家の言うことは、神慮天道に背くことである。自分の利益になれば、その都度、方針が変わってしまう。島津家のことは、協議が成立して以降、今後方針を変えることは無いとのことなので、遺恨を持たず島津家を頼りたいと考え、今回の和睦に至りました。豊後（大友家）は必ず敵になることは間違いありません。遠くまで遠征してきている今こそ、討ち果たすべきです」とのこと。（談合では）「大友勢を討ち果たしてほしいと言われたからといって、薩摩衆が筑後まで出陣するのはいかがなものか。なぜなら、肥後を支配するようになって分かったが、国衆(33)から人質を取っても、まったく役に立っていない。肥後衆を頼りにして

(31) **龍造寺家晴**　?〜一六一三。龍造寺氏庶流。筑後柳川城主。のちの諫早鍋島家初代。

(32) **鍋島飛騨守信生**　一五三八〜一六一八。のちの直茂。龍造寺家重臣。龍造寺隆信の義弟。隆信戦死後は後継政家を補佐した。

(33) **国衆**　当時、独立した領域を支配していた領主。戦国大名に従属することで安全保障を確保した。

も実態は無い。だから、大軍勢を筑後まで派遣することは約束できない。隈部殿がしっかり帰順しない限り、豊後衆を帰陣させることはできないだろう」とのこと。

この日、忠平様宿所にて終日、談合。出た意見は、「今回のご出陣も日程を限っての盛であった。その上、よく知らない軍勢と一緒になって豊後陣に攻めかかるのもいかがなものか。また、ここで越年するような長陣は、これも用意しておらず、できない。特に大友家とは、京都の噯[34]で和平が実現している。それを義久様のご意見も伺わずに、重臣がこちらに揃っているとはいえ、〈手色〉[35]を大友氏に明らかにするというのもいかがなものか。いずれも納得できない」とのことであった。そこで、使僧を豊後衆に派遣し、「早々に陣を引いてください。なぜなら、龍造寺家からは、『大友勢が軽率にも筑後の奥深くまで出陣してきた。特に歴々[36]が在陣しているので、彼らを討ち果たしてほしい』と言ってきている。しかし大友殿とは現在、和睦が成立しており、（龍造寺家からの要請には）同意しませんでした。筑後進攻をあきらめて撤退しないようならば、島津家に対して敵対の意思を示すことになりますので、厳しく命じて諸勢を早々に帰陣させてください」と伝えることになった。

この晩、島津忠長が、伊集院忠棟・拙者に茶の湯でもてなしてくれた。このほか、談合衆には別座で酒を振る舞われた。

十六日、この日も終日、忠平様の宿所にて談合。秋月家経由で、宇佐八幡宮[37]社

(34) **京都の噯** 天正九年（一五八一）、故織田信長・近衛前久の仲介による豊薩和平。

(35) **手色** この場合、大友家に対する敵対表明という意味カ。

(36) **歴々** 重臣。この場合、戸次道雪や高橋紹運のこと。

(37) **宇佐八幡宮** 現在の宇佐神宮（大分県宇佐市南宇佐）。天正九年（一五八一）十一月、田原親家率いる大友勢によって焼き打ちにあったという（竹本弘文『大友宗麟』大分県教育委員会、一九九五年、一一三頁）。

家衆から島津忠平様宛の書状が届いた。内容は、「大友家は現在、無道[38]なだけである。今のようでは、神慮により破滅することは間もないことです。そうしたところ、島津家のご出陣はめでたいことです。豊州（大友家）退治をご決断されるのが大事です」とのこと。八幡神が合戦で守護してくれる威徳について詳しく書いてあった。ご祈祷の巻数も添えてあった。

十七日、島津義虎を拙宿に招いた。席次は、客居に義虎・吉利忠澄・山田有信・鎌田源三郎・白浜重治、主居に島津忠長・島津忠親・本田親正・拙者であった。いろいろとおもてなしした。義虎が酒・肴を持参してきて賞翫。閑談など。

この日の朝、城一要から、無沙汰していると言って、酒・肴をいただいた。

この日、秋月種実殿からの使節が挨拶に来た。すぐにお会いした。席次は、客居に使者小御門大和守[39]・新納忠元・内田九郎左衛門尉[40]、主居に拙者・猿渡信光であった。秋月種実殿から太刀と馬料[41]として銀子六両をいただいた。書状と太刀は小御門氏から渡された。柏原左近将監が受け取った。小御門氏から太刀・銭百疋をいただいた。自身で渡され、これも柏原が受け取った。酒などでしばらく閑談した。

この晩、伊集院忠棟の宿所で談合。島津忠長と同心して参上。小代殿と寄り合いがあり、その間に風呂に入った。それから終夜、談合。豊後陣に善哉坊と金乗坊[42]を使僧として、明日、派遣することにした。内容を談合し、伝達することが多々あり、短筆では書き尽くせない。しかし主たる内容は、「龍造寺家

(38) **無道**　道理に合わないこと。人の道に背いたひどい行ないをすること。

(39) **小御門大和守**　本文行間に「使者也」とあり、秋月家臣とみられる。

(40) **内田九郎左衛門尉**　本文行間に「是も使者」とあり、秋月家臣とみられる。

(41) **馬料**　馬の飼育料としての銭。

(42) **金乗坊**　詳細不明、山伏ヵ。

とは一、二年前から秋月種実を仲介役に和睦を模索してきました。特に今回は、永く島津家の幕下となる旨、懇願してきました。そこで肥後・筑後を島津家の公領として割譲する旨を言ってきたので、それを受け入れることにしました。豊後陣衆が筑後の奥深くまで進攻してきたので、秋月・筑紫・龍造寺など、そのほか〈通路の衆〉(43)が一致談合して、大友勢を一人残らず討ち取るよう要請してきましたが、大友家とは現在、和睦中なので、特段の理由も無いのに戦闘に及ぶことはできないと突き放したところです。そういうことで、双方と和平を結んだので、現在こちらに在陣している（島津の）軍勢を、まず八代あたりまで撤退させます。豊後陣衆も早々に〈豊府(ほうふ)〉(44)に向けて撤退するのが大事です。もしこれを拒否するようならば、島津家への敵対開始とみなします」というもの。

十八日、観音に特に読経などした。この日、吉利忠澄・山田有信の二人を、隈部殿への祝礼の使者として派遣した。あわせて、条々の談合内容を伝えさせた。彦山座主(ひこさんざす)舜有(しゅんゆう)から使書をいただいた。内容は、龍造寺政家のこと。「たびたび詫びを入れたところ、お許しいただき忝い」とのこと。織筋一が届いた。

この晩、鹿児島若衆中と寄り合った。席次は、客居に伊集院掃部助(かもんのすけ)(45)・伊地知治部少輔(じぶのしょう)・和田玄蕃助(わだげんばのすけ)・岩永玄蕃助・市成掃部兵衛尉(いちなりかもんのひょうえのじょう)、主居に佐多忠増(さたただます)・拙者・伊集院左近将監・長谷場純智(はせばすみとも)であった。いろいろと閑談して酒。義久様の小者四人がこちらに逗留しているというので呼び寄せ、もちろん別座にて振る

(43) **通路の衆** 日頃から親交のある者という意味ヵ。

(44) **豊府** 豊後の府内（大分市）という意味ヵ。

(45) **伊集院掃部助** 『大日本古記録』は伊集院忠棟三男春成に比定。『本藩人物誌』には、伊集院掃部介に「幸侃三男春成、一忠斎ト云」とあり。『庄内陣記』所収系図には、忠棟末弟として「掃部助忠成」の記述あり。

舞った。酒を出して振る舞った。

十九日、小代殿・大津山殿・臼間野殿と寄り合った。席次は、客居に大津山殿・本田刑部少輔・幸若与十郎、主居に拙者・小代殿・伊地知備前守であった。種々閑談にて酒。臼間野殿はこちらまで来られたが、急に虫気が出たと言って、帰った。

　この日、秋月種実殿の使者の宿所に柏原左近将監を使者に遣わし、返事をした。太刀・織筋一を贈った。使者にも太刀と銭百疋を贈った。彦山座主に返書と沈香[46]三十両を贈った。これも柏原左近将監が持って行った。

　この晩、島津忠長の宿所にて談合。忠平様・島津征久は、今夜の満潮に出船と決まった。

　この日、龍造寺の使者副島光家[47]が拙宿に挨拶に来た。不在だったので会えなかった。龍造寺政家の書状と太刀・馬をいただいた。書状の内容は、「このたび、島津家の幕下となることを懇望したところ、秋月種実の仲介でご免許いただき有り難い。永く変わること無くお付き合い願いたい」とのこと。

　横島[48]に在番を置くよう諸所に命じた。北郷忠虎殿・喜入季久殿・樺山忠助殿・肝付兼寛殿・佐土原衆[49]・都於郡衆・穂北衆・高城衆・根占衆[50]などである。いずれも今度の出陣に遅参した所々の衆である。

二十日、忠平様・島津征久は、夜半の満潮に出船したとのこと。龍造寺政家殿に返事をした。敷祢越中守を副島光家の宿所に遣わした。龍造寺政家に太刀一

(46) **沈香**　ジンチョウゲ科の常緑高木。また、それから採取した天然香料。

(47) **副島長門守光家**　龍造寺家家臣。

(48) **横島**　熊本県玉名市横島町。菊池川河口左岸。

(49) **佐土原衆**　島津家久家臣。家久本人は不出陣。

(50) **根占衆**　祢寝重張家臣。重張本人は不出陣。

腰・織筋一を贈った。返書の内容は、「当家の幕下となることを懇望したので、それを受け入れた。これに対する祝儀をいただいたこと、まことに喜ばしいことである」と。

島津忠長の宿所にて談合。昨日、鹿児島から伊地知重隆が義久様の使者として到着。我々の長期の在陣を慰労するとともに、こちら方面が静謐になったことに満足している旨、御礼をいただいた。

この晩、城一要から城主計助が使者として来た。「この間の島津家との連繋は、日頃の本望であった」ということで、刀をいただいた。拙者は不在だったので使者に対面できなかった。やがて、城一要に返礼をする際、何となく思うところがあり、城一要の子息親綱に、無沙汰しているということで、市来野の栗毛馬を贈った。敷祢越中守に使者を頼んだ。長野惟冬子息に、その後無沙汰しているということで、鉄砲一張(挺)を贈った。あちらからも太刀一腰をいただいた。この夜、乗船したところ、拙者が乗った船があまりに大船だったため、潮時が悪く、出船できなかった。本田親正殿と同船だった。

二十一日、満潮を待っていたところ、本田親正殿が鉄砲で水鳥を射た。それを賞翫し、酒宴などで楽しんでいたところ、やがて満ち潮となったので出船した。

この晩、蓑之浦に泊まった。先日(九月八日)、ここに泊まった際のことを思い出すと、青山(51)は変わらない様子で、古人の「楓橋の再宿(52)」などを思い出し、旅の思いを慰めた。

(51) **青山** 樹木の青々と茂った山。

(52) **楓橋の再宿** 北宋の詩人孫覿(一〇八一〜一一六九)が詠んだ漢詩「重ねて楓橋に宿す」のこと。

二十二日、早朝、蓑之浦を出船したところ、島津忠長から早舟(53)が来て連絡。「一昨夜、難風(54)のため多くの船が遭難した。覚兼の着岸が遅いので心配である」とのこと。忝いと返事した。それから申刻（午後四時頃）に徳渕に着船。税所篤和・本田正親・鎌田源三郎やそのほか諸所の衆から、拙者の着船が遅かったので心配したと言って、やって来た。有馬鎮貴殿から、拙者がこちらに着船したということで使者が来た。こちらからも使者を送った。島津義虎が酒持参で来られた。閑談して酒宴。

　この夜、本田親正殿と同心して島津忠長の宿所に参った。いろいろと戯言などで酒。夜更けに帰った。平田光宗からも着船したということで使者が来た。

二十三日、いつものとおり。地下衆が酒など持参。忠平様の宿舎に参上。酒で物語りした。すると、有馬鎮貴殿が参られて、酒で寄合。それが済んで、島津義虎の宿所に忠平様が参られるとのことで、「覚兼らも同行して、もてなしてほしい」と義虎から頼まれたので、お供した。席次は、主居に忠平様・島津義虎・奥之山左近将監、客居に島津忠長・拙者・松尾与四郎であった。いろいろともてなして茶の湯などあった。義虎から忠平様に、長島野(55)の栗毛馬が贈られた。閑談して夜更けになり帰宅。有馬鎮貴殿が拙宿に挨拶に来られた。酒・肴を持参。不在で会えなかった。

　この日、龍造寺家の使者副島氏から税所篤和に、「（島津勢を徳渕まで）輸送した船を帰帆させます。途中でもしかすると不審な者がいるかもしれません。

(53) **早舟**　船足の速い舟ヵ。
(54) **難風**　航行する船舶をなやます暴風。
(55) **長島野**　鹿児島県出水郡長島町の牧。

曳付(ひきつけ)を一通お願いします」ということなので、一書したためて送った。

この日、宇土から伊集院忠棟の書状が届いた。明日こちらに到着するとのこと。

二十四日、地蔵菩薩に看経を特に行なった。有馬鎮貴殿の宿所に挨拶に行った。酒で寄合。それから島津忠長の宿所に参上して、いろいろと雑談。

忠平様から使者が来た。内容は、「肥前から龍造寺家晴と鍋島信生の起請文が提出された。高瀬では忙しく返書ができなかったので、こちら（八代）から返答したい。ついては案文を確認してほしい」とのこと。自分の考えを伝えた。また（忠平から）、「ここ（八代）に滞在するのは納得できない。何か談合すべき内容があったとしても、直接在陣している諸勢でないと意味が無いので、まずは明日、帰宅したい。覚兼には内々に伝えておく」とのこと。

この日、平田光宗が挨拶に来た。酒をいただいた。すぐにお目にかかった。この晩、有馬鎮貴殿が拙宿に来て寄合。席次は、客居に有馬鎮貴・平田増宗(ますむね)・鎮貴舎弟（新八郎）・鎌田源三郎・敷祢越中守、主居に本田親正・拙者・平田宗位であった。いろいろ酒宴で閑談。鎮貴から南蛮犬(56)をいただいた。まことに珍しいものであり、見物衆が多く来た。島津義虎と島津忠長が同心して犬を見に来た。義虎からは酒をいただいた。いろいろと閑談して夜更けまで酒宴。

この夜、忠平様から竹下氏(57)が使者として来た。「今日、龍造寺政家殿に起請文を送ろうと思うのだが内容はどうすべきか、龍造寺家晴・鍋島信生宛の起請

(56) **南蛮犬** 南蛮渡来の犬。スペイン・ポルトガル船が九州に来航する際に持参され、諸大名へ献上された。肥前平戸の松浦鎮信が南蛮犬好きだったことが知られ、マスティフやウォーター・スパニエル、グレーハウンドが好まれている（谷口研語『犬の日本史』吉川弘文館、二〇一二年）。恐らくイエズス会宣教師かポルトガル商人が有馬鎮貴に献上したものであろう。覚兼に贈られた犬は白い犬であり、少なくとも天正十五年（一五八七）七月までは覚兼が飼育していたことが確認できる。

(57) **竹下氏** 忠平に従軍している右筆。

文もどうしたものか、詳しく筆者（右筆カ）に意見を伝えるように」とのこと。本当はご遠慮すべきであるが、ご下問を受けた以上、辞退できないと思い、竹下氏が忠平様の右筆なので談合した。

　小川から伊集院忠棟の書状が来た。「今日、小川に到着。諸勢も引き上げてきたので、忠平様は早々にご帰陣されるとのことなので、承知しておくように」とのこと。また、「島津忠長と覚兼は、善哉坊を豊後陣に派遣しているので、彼が戻るのを待つように」とのこと。

二十五日、天神に特に祈念した。平田光宗殿に挨拶に行った。いろいろともてなされた。伊集院忠棟が到着したと連絡があったので、宿所に行こうとしたところ、宮之原縫殿助のところに風呂に入りに行ったと聞いたので人を遣わしたが、「これといった用事は無いので、まずは宿所に帰るように」と言われたので、そのようにした。しかし状況を聞くため、弟の鎌田兼政を行かせた。伊集院忠棟には、「拙者は神慮のことで在所にやむを得ない用事があります。今回もたびたび説明してきましたが、ご納得いただけず、今まで待っていました。もし、たいしたことが無いのであれば、明朝、帰宅します」と伝えた。返答は、「善哉坊が帰るのを待つべきである。しかし、神慮であるというならば、誰か一人残して、覚兼だけ先に帰宅するように」とのこと。上原尚近も同心して、二人とも伊集院忠棟には面会せず、空しく徳渕まで帰った。文王の弟武王の子、成王の叔父[58]というのを伝え聞いたことがある。感涙至極。「柳は緑、花は紅[59]」

（58）**文王の弟武王の子、成王の叔父**　周の文王の三男、管叔鮮のこと。周の成王（武王の子、管叔鮮の甥）が即位すると、幼年であったため周公旦（文王の四男、管叔鮮の異母弟）が摂政した。管叔鮮は周公旦に簒奪のたくらみがあるのではないかと疑い、蔡叔度とともに武庚を擁して起兵した（三監の乱）。周公旦が東征して、戦争は三年にわたり、管叔鮮は敗れて殺害された。

（59）**柳は緑、花は紅**　ことわざ。①自然のままであること。②春の美しい景色を形容する言葉。③ものにはそれぞれ個性が備わっていることのたとえ。

のいろいろ。

この晩、島津忠長から呼ばれたので参った。有馬鎮貴殿と寄り合うつもりだったのだが、有馬殿は伊集院忠棟に挨拶に行くので忙しく、今晩は参上できないと言われたので、拙者と茶の湯で楽しんで閑談した。

二十六日、暁の満潮に徳渕を出船した。酉刻（午後六時頃）、水俣に到着。地頭の古墻大炊大夫殿(60)から使者が来て、古墻ご自身は泉（出水）に行って、留守とのこと。秣(61)・薪など持ってきてくれた。海辺に宿をとった。亭主が酒をくれた。この夜、古墻大炊大夫殿の女中から酒をいただいた。

二十七日、早朝、水俣を出立し、山野(62)で破籠をいただいた。飫肥衆の玉泉坊・井尻氏などに酒を振る舞って慰め、馬越の田中大宮司のところに到着。諏訪社に参詣。大宮司が酒をくれた。

二十八日、早朝に馬越を出発し、三之山(63)に到着。

二十九日、早朝、三之山を出立。本庄の萬福寺が、立ち寄ってくれと言うのでそうした。いろいろもてなされた。薄暮に萬福寺を発ち、戌刻（午後八時頃）に宮崎に到着。途中まで衆中が迎えに来てくれた。

右の書、当時は筆に任せて書いたが、あとで見るとあざ笑われるのもやむを得ない。特に見直すことはしないので、欠字などがあるだろう。ご推察ください。

(60) **古墻大炊大夫** 島津薩州家重臣の古垣大炊介忠晴ヵ。

(61) **秣** 牛や馬の飼料にする草。飼い葉。

(62) **山野** 鹿児島県伊佐市大口山野。

(63) **三之山** 宮崎県小林市真方。

【解説】

一日、高瀬の陣中にて島津忠平から覚兼へ「金瘡術（刀傷の処置）」の伝授が始まっている。忠平はこの金瘡術のほか、漢方薬の調合など医術への造詣が深い。

三日、筑後出陣衆の戸次道雪・高橋紹運への返答が行なわれ、龍造寺家との和睦が秋月種実の仲介で協議中であることは認めつつも、まだ成立していないとウソをついている。

五日条によると、上洛していた肝付兼寛が前月二十九日に加治木に帰着しており、これから出陣した方がいいか覚兼に打診している。戦闘は終結したので軍勢は不要と回答しているが、結局出陣することになり、十九日には遅参を理由に肥後在番を命じられている。

七日には、龍造寺方国衆ながら、大友家に内通している筑後鷹尾城の田尻鑑種から密使が来て、筑後江之浦城攻撃を勧められている。八日には、筑後の偵察のため新納忠元・伊集院久治・山田有信・猿渡信光が派遣され、翌日その報告をもとに談合が行なわれている。同日には、筑後の大友勢への使僧として善哉坊が呼ばれている。

十三日には、大友勢に居城を落とされ、心ならずも従属した筑後の黒木実久の使者が来て、大友勢の状況を伝え、龍造寺・秋月・筑紫の三家と島津家が共同で大友勢を撃破すれば勝利できるとして、兵三千の派兵を求めている。大友方国衆・龍造寺方国衆、両方から島津勢は出陣を求められ、覚兼ら肥後出陣衆は、どっちつかずの対応の難しさを痛感したであろう。さらに十五日には、龍造寺・秋月・筑紫の三家から和睦成立御礼の使者が来ている。彼らは、大友側が龍造寺側に対して、大友家は高城・耳川合戦での島津家への遺恨があり、龍造寺家も隆信が討たれた遺恨があるだろうから、共同で島津勢を肥後から排除しようと共闘を求めてきたと伝えている。いわゆる「離間(りかん)の策」であり、なんとか島津勢を筑後に引きずり出そうと躍起になっている。

肥後出陣衆は談合し、この時点で大友家との手切れ（豊薩和平破棄）は、すべきでないとの意見で一致し、筑後出陣中の大友勢に豊薩和平の維持を伝え、筑後から撤退するよう促すことに決定する。十七日、善哉坊と金乗坊を使僧として筑後に派遣し、筑後・肥後両国を島津家の「公領」とする条件で龍造寺家と和睦したことを伝えるとともに、大友勢に対して筑後からの撤退を求めつつ、これを拒否した場合、島津家への敵対（豊薩和平破棄）と見なすという重大な通告を行なう。この通告が、のちのち島津家の大友領進攻の大義名分となっていき、逆に筑後国をみずからの分国と考える大友家からは、島津家の違背と捉えられたようである。秋月種実による大友家包囲網構築の外交戦略に、島津家は知らないうちに乗ってしまったようである。

二十日、島津忠平以下諸将は、遅参衆を留守居に残し、高瀬から八代へと撤退していった。覚兼は二十二日に八代に入り、二十四日には龍造寺政家の重臣龍造寺家晴・鍋島信生（のちの直茂）からの起請文が届いている。なおこの日、八代に来ていた有馬鎮貴から覚兼に珍しい「南蛮犬」が贈られ、諸将が見物に来ている。この犬は少なくとも天正十五年（一五八七）まで、覚兼の手元で飼育されることになる。

二十五日、覚兼は伊集院忠棟から、筑後に派遣した善哉坊が戻るまで八代に残るようにと言われていたが、神慮を理由に宮崎に帰ることを伝えている。この時、周の成王の叔父管叔鮮の故事を持ち出して、「感涙至極」と嘆いている。この故事を挙げた理由は、はっきりしないが、伊集院忠棟はこの頃、義久の意を受けて、忠平を島津家「名代」（次期当主）に据えようと説得しており、周公旦が成王を擁立して摂政となった際、管叔鮮が反乱を起こしたことをイメージしているのだろう。誰を管叔鮮に仮託しているのかはっきりしないが、伊集院忠棟の振る舞いに覚兼が不満を抱いていることは確かであろう。二十九日条のあとに、「あとで見るとあざ笑われるのもやむを得ない」と書いているのは、こうした記述への釈明であろうか。

天正十二年（一五八四）

十一月条

一日、帰宅したということで、衆中が皆やって来た。酒・肴など持参して来た。諸寺家衆も同様。

二日、いつものとおり。奈古八幡の九月の祭礼が、出陣のため延期となっていたので、この日、祭礼を成就した。拙者が参詣した。規式[1]は恒例どおり。

三日、毘沙門に特に看経。瓜生野八幡[2]の祭礼も九月は延期となったので、今日、成就した。拙者の代わりに西方院が参詣する旨、伝えた。海江田の伊勢社の祭礼は今日だったので、参詣のためそちらに参った。酉刻（午後六時頃）、伊勢社に参宮した。御幣を頂戴した。神事は旧例どおり。流鏑馬を見物した。それから大宮司のところでいろいろともてなされた。夜更けに大宮司のところを出て、あまりに夜更けとなったので、父恭安斎のところには参らず、内山に留まった。

四日、早朝から皆やって来た。酒・肴など持参。お目にかかって賞翫。恭安斎からも、早々に紫波洲崎城に登ってくるようにとの使いが来た。「いろんな人がやって来て見参しているので、遅参は本意ではありませんが、そのうち祗候します」と返事した。未刻（午後二時頃）、紫波洲崎城に登った。いろいろともてなしがあり、持参の酒などいただいた。このたびの肥後表での様子について

（1）**規式**　決まった作法。

（2）**瓜生野八幡**　宮崎市大瀬町にある瓜生野八幡神社。宇佐宮領瓜生野別符の鎮守。

尋ねられたので、閑談した。

この晩、中城（なかのしろ）（覚兼祖母）のところに参った。酒でしばらく物語った。この夜、拙者が肥後表で乗船した船が着岸。この夜は、折生迫（おりゅうざこ）に泊まった。

五日、早朝、躵（ねらい）に出て、鴨一羽を鉄砲で捕った。そうして、船が湊に入る様子など見て楽しんだ。この晩、内山に向けて帰った。

六日、円福寺・木花寺（きばなでら）・蘇山寺（そさんじ）が銘々に酒を持参してきた。参会し閑談して賞翫。

この日、昨日射た水鳥を老者衆（おとな）(3)と一緒に食べた。終日、酒宴。皆、忝（かたじけな）いと申して、皆々、沈酔。この晩、鎌田兼政（かまたかねまさ）がやって来たので、茶の湯でもてなした。夜更けまで物語った。

七日、鎌田兼政と早朝に寄り合って、それから同心して狩りに出た。巡り合わせが悪くて、鹿一頭が捕れただけだった。

八日、中城が我々と寄り合いたいと言ってきたので、早朝に参上。いろいろともてなしを受けた。それから拙者は狩りのため船で野島に行った。豊後から風呂(4)が三つ届いて船元にあったのを、鎌田兼政が一つ欲しいと言って、選んで取った。いわれの無いことだと言って、笑った。酉刻（午後六時頃）、野島に着船した。長命（ちょうめい）という者がもてなしてくれた。いろいろとあった。珍酒などあって沈酔した。それから白髭社（しらひげ）(5)の大宮司のところに泊まった。この夜、狸一つを捕った。

九日、野島佐司（さし）(6)がもてなしてくれた。いろいろと馳走してくれた。この日、狩りをしたのだが、良い成果はなかった。それから伊比井（いびい）に行った。大宮司(7)がも

(3) **老者衆**　この場合、上井家の重臣という意味カ。

(4) **風呂**　この場合、風炉のことカ。茶道で釜（かま）を掛けて湯を沸かす炉。

(5) **白髭社**　現在の野島神社（宮崎市内海）。

(6) **佐司**　佐史と同義カ。中国における地方の州都の長官である刺史の属僚。この場合、野島の村役人カ。

(7) **大宮司**　現在の伊比井神社（旧称、一ノ宮大明神）の宮司カ。宮崎県日南市伊比井。

てなしてくれた。いろいろと奔走してくれた。この夜は、仮屋に泊まった。恭安斎様から、拙者をもてなすため上井神九郎と蓮香加賀守などが派遣されてきたので、いろいろとあった。

十日、正祝(8)がもてなしてくれた。いろいろと馳走してくれた。この日も狩りに出た。鹿三頭を捕った。拙者が一頭射た。この夜は、富士(9)に泊まった。中城から役人が来て、ことのほかもてなされた。

十一日、この日も狩りをした。鹿を一頭捕った。飫肥と拙者の領内との境界を未だ見ていなかったので、ついでにと思い、今夜は山中に泊まった。山宿にも酒・肴など人々が持参してきて楽しんだ。

十二日、早朝、出発。山境など詳しく見て、直接、内山に向かった。

この日の暮れ、長野(10)から、「明日、恭安斎をお招きしている。あなたももちろん同席してほしい」とのこと。その酒だと言って持参してきたので、賞翫。

十三日、夜前から瘡が振り付き、寝込んだ。恭安斎様がやって来て、瘡はどうだと仰った。出てきてお目にかかった。「今日は私も長野から招かれ、恭安斎様へのもてなしを特に頼むと言われていたが、体調不良がひどい状況である。早々にお越しいただき有り難い。養生をして、もし良くなれば、お酒の時に出席したい」と伝えた。終日、長野のところにて恭安斎様へのもてなしがあった。お帰りの際、またまたお越しになり、看病してくれて帰って行った。皆が瘡はいかがかと言って、やって来た。

(8) **正祝** 前日の大宮司と同一人物ヵ。
(9) **富士** 宮崎県日南市富士。
(10) **長野** 宮崎衆長野淡路守ヵ。この時は内山まで来ている模様。

十四日、恭安斎様から瘡はいかがかと、上井神九郎が派遣されてきた。あわせて、奥(11)から酒・肴などいただいた。中城からも使者が来た。円福寺・蘇山寺、このほか諸人が瘡の見舞いに来た。児玉新三郎が夜前に狸を獲ったと言って、持ってきた。九比良弥右衛門尉(12)が猪丸(13)一つ持参してきた。

この晩、宮崎から加治木雅楽助が瘡気の見舞いに来た。そのついでに、宮崎にやって来た善哉坊から伝言があった。「分不相応ではありますが、先日（十月十七日）、命じられて豊後陣(14)に使僧として行っておりました。帰宅したら宮崎に行くつもりでしたが、覚兼が留守だと聞いて伺いませんでした。今ならきっとお帰りになっているだろうと思って来たのですが、まだご帰宅ではありませんでしたので、またお目にかかった時に詳しく申します。ただ、豊後陣衆は、『何の成果も無く撤退することは承服できません。しかし、そうしないと島津家への敵対と見なすということならば、是非とも撤退しましょう。今は梁川の龍造寺勢と矢を射交わしているので、よくよく龍造寺方との調停をしてほしい』と強く言われた。そこで自分が梁川に行って、龍造寺方を説得し、再び豊後陣に戻って説明しました。その後、先月二十八日に豊後衆は撤退すると約束したので、我々使僧は帰りました。高瀬の番衆が二十八日に偵察したところ、豊後陣あたりで〈火色〉(15)が見えた。その後のことは分からない」とのこと。加治木雅楽助に物語ったとのこと。

十五日、看経など特に行なった。安楽阿波介のところにて老者中(16)が寄り合い、

(11) **奥**　この場合、覚兼の妻なのか、神九郎の妻なのかはっきりしない。

(12) **九比良弥右衛門尉**　九平（宮崎市鏡洲）在住の者カ。詳細不明。

(13) **猪丸**　猪まるまる一匹。

(14) **豊後陣**　筑後の戸次鑑連・高橋紹運の陣。

(15) **火色**　この場合、戦闘状態と意味するカ。

(16) **老者中**　六日条の老者衆と同義カ。

拙者に酒を振る舞いたいとのことなので、そちらに伺った。いろいろともてなされた。それから直接、宮崎に帰った。

十六日、早朝から、拙者が帰ったということで人々がやって来た。酒・肴など持参。伊集院衆の鷹師(17)である有川氏が、当所にある領地に来たので挨拶に来られた。しばらく鷹のことなど物語った。酒を持参してきたので、すぐに賞翫。西俣七郎左衛門尉も酒を持参。これも同様に賞翫。

泉長坊を、去る三日に鹿児島に派遣し、肥後表静謐の祝言を義久様に申し上げた。二、三日前に泉長坊は帰宅しており、「海江田に行き、ご返事申し上げるべきでしたが、『すぐに覚兼は帰宅するだろうから、待つように』と加治木但馬丞から言われたので、それに従った」とのこと。そこで、義久様からのご返事は、「長々と肥後表への在陣ご苦労であった。そのおかげで九州は幕下に属し、千秋万歳(18)めでたいことである。使者で礼を述べるべきところ、覚兼から使僧を派遣されたこと、大変うれしく思う。きっと近日中に鹿児島に参上してきて会うだろうから、その時、礼を述べたい」とのこと。また寄合中からは、「先年の京都反銭(19)を日向国両院(20)で未だ進上していないところがある。これらの地に対して、近日中に催促するように」とのこと。

谷山志摩丞(21)を、去る五日に忠平様のもとに派遣し、「このたび、お供させていただき忝く、またお祝い申し上げます。直接、参上して申し上げるべきところですが、祭礼があるため急ぎ帰りましたこと、本意ではありません」と申

(17) **鷹師**　鷹匠。鷹狩りのために鷹を飼い馴らす人。

(18) **千秋万歳**　千年万年。永遠。

(19) **京都反銭**　既に京都からは離れて備後鞆の浦にいるが、将軍足利義昭支援のために臨時に賦課された反銭ヵ。あるいは「京都段銭」という名目で恒常的に賦課されていた可能性もある。反銭とは段銭のことであり、朝廷・幕府・守護などが一定地域に公田の面積に応じて一律に課した臨時税。

(20) **日向国両院**　新納院から穆佐院にかけての宮崎平野一帯。

(21) **谷山志摩丞**　宮崎衆ヵ。

し上げた。これも（忠平から）ご返事があった。「このたびは肥後表でいろいろと協議ができて良かった。特に龍造寺家との境のことは、良い結果となり、私も満足している。また、軍旅中に隼が(22)欲しいと言ったところ、お贈りいただきましたこと、これまた有り難いです。とても自分好みであり、かわいがります」とのこと。忠平様は使者（谷山）とお会いになり、〈影之座〉(23)にて宮原伊賀守(24)の相伴でおもてなしを受けたとのこと。鷹師の大島氏も忠平様が見参されたとのこと。

この晩、鎌田兼政のところに行って、酒で閑談。敷祢越中守などと一緒になって雑談。この日、吉利殿(25)・綾の地頭（新納久時）に反銭を進上するよう、丸田左近将曹(26)を派遣して命じた。野久美口(27)の普請をさせた。

十七日、このたびの海江田での狩りで捕った猪・鹿を衆中たちに振る舞った。いろいろと酒と茶などで閑談。厩を作らせた番匠などへも酒を振る舞い、慰労した。

この日、立花の具取りに出かけた。帰る途中で、上井兼成から招かれたので、行った。衆中十人ほどが同心した。いろいろもてなされた。夜更けまで閑談。前日に吉利殿・綾（新納久時）へ派遣していた丸田左近将曹が帰ってきた。吉利殿はお留守だったので、谷山名字之人に伝えておいたとのこと。新納久時殿はしっかりいたので、詳しく話したのだが、「反銭は一度も進上したことは無い。やがて調進します」とのこと。

(22) **隼**　タカ目ハヤブサ科に属する鳥の総称。

(23) **影之座**　飯野城内の部屋ヵ。隠し部屋のようなものだろうか。

(24) **宮原伊賀守**　宮原伊賀入道秀斎。『本藩人物誌』には忠平の「御使衆」とあり、側近とみられる。

(25) **吉利殿**　『大日本古記録』は倉岡地頭吉利久金に比定。

(26) **丸田左近将曹**　宮崎衆。

(27) **野久美口**　宮崎城の登城路のひとつ。城の東側から上り、縄張図の曲輪2（野首城）北側へと入るルートヵ。

十八日、観音に看経を特に行なった。反銭未進の件、高城・財部・富田(28)に泉鏡坊を使者として伝えた。都於郡・穂北には中村内蔵助(29)を使者として伝えた。清武・田野には有馬肥前守(29)を使者として伝えた。穆佐・倉岡には野村彦七(29)を使者として伝えた。飯田(30)には書状で伝えた。

この日、入峯していた大乗坊(31)が下向してきたので、お祝いに行った。いろいろもてなされた。この夜は瀬戸山大蔵丞のところに泊まった。いろいろと馳走された。

十九日、夜明け頃、出発。帰る途中に大乗坊が粥を振る舞ってくれた。それからいろいろともてなされた。

この晩、柏原左近将監殿の庭にて蹴鞠。我々に水鳥を振る舞ってくれた。夜更けまで酒にて閑談。この晩、鹿児島の談議所（大乗院盛久）が曽井に灌頂(32)にお越しになり、ついでに拙者に挨拶したいとのことで、満願寺に到着された。ありがとうございます、と上井兼成にて伝えた。「拙者が城から下って伝えるべきですが、行事が続いていると伺っており、きっとお疲れでしょうから、わざわざは参りません」と伝えた。次いで、「明朝、お越しいただければ、たいしたものではありませんが、斎を一緒にいただきましょう」と伝えた。

二十日、談議所が城に登ってきた。まず、いつもどおり挨拶にお茶を出した。そして、祝儀に銭二百疋を進上した。食籠を肴に樽一荷をお持ちいただいた。宝持院(33)が初めて拙者に会うということで、銭百疋を持参。やがて斎をいただ

(28) **富田** 宮崎県児湯郡新富町のうち、旧富田村地域。地頭は新納忠真カ。

(29) **中村内蔵助・有馬肥前守・野村彦七** いずれも宮崎衆カ。

(30) **飯田** 宮崎市高岡町飯田。地頭は福永宮内少輔カ。

(31) **大乗坊** 住吉社（現在の住吉神社、宮崎市塩路）の大宮司。五月二十七日に出発。

(32) **灌頂** 密教の儀式。伝法・授戒・結縁などの時、香水を受者の頭に注ぐこと。阿闍梨の位を得ようとする人に大日如来の秘法を授ける「伝法灌頂」、密教の弟子になろうとする人に授ける「弟子灌頂」、一般の人々に仏縁を結ばせるために壇に入らせ簡単な作法を授ける「結縁灌頂」などいくつかのレベルがある。

(33) **宝持院** 稲荷神社（鹿児島市稲荷町）の別当寺。神社の西側にあった。廃仏毀釈により現存せず。

いて、酒。斎が済んで、茶の湯の座に移って、茶。それからまた酒。その後、点心をいただき、細定院[34]が持参した酒をいただいた。息子の観千代をお目にかけた時、談儀所が持参の酒をいただいた。お酌をしていただいた際、観千代に中紙一束・金の五明[35]をいただいた。いろいろ酒宴などの後、お帰りになった。

二十一日、弓削甲斐介殿[36]の子息が元服するとのこと。しきりに拙者に名前を付けてほしいと言われたが、何度も遠慮した。「伊集院忠棟などに何かのついでに頼むのがいいだろう」と、再三申したのだが、それでもしきりに頼むとのこと。弓削の在所に来てほしいと言うので、これに応じて名付けてあげた。いつもどおり三献。拙者に銭二百疋をくれた。いろいろと終日もてなされた。やがて、弓削の庭にて蹴鞠。夜更けまで酒宴で帰った。衆中の歴々の者も同心した。

山田有信殿から使僧が来た。「当年は豊後衆[37]が滅亡して七回忌にあたる。そこで、六地蔵[38]を戦場に立てようと思い、石塚[39]で用意をさせた。これを船元まで下ろして、こちらに送ってほしい」との要請。そこで各地の人夫たちに命じた。

木脇祐昌[40]がやって来た。鹿児島に参上しており、寄合中から那須左近将監[41]への書状を托されたとのこと。拙者も連判するようにとのことで、書状を書いて木脇に持たせた。文言は、「今度のご出陣により、三、四か国を平定した。甲斐宗運はどんな考えがあるのか、このたびは出陣しなかった。この遺恨をついでに伝えるように。しかし、阿蘇家[42]に対しては、以前から敵対するつもりは無い」と。木脇祐昌を小崎[43]に使者として派遣した。

(34) **細定院**　詳細不明。
(35) **五明**　扇。
(36) **弓削甲斐介**　詳細不明（同名は三月六日条前出）。宮崎衆もしくは在地の有力者カ。
(37) **豊後衆**　天正六年（一五七八）十一月の高城・耳川合戦で敗れた大友勢。
(38) **六地蔵**　六地蔵塔のこと。側面に六体の地蔵像が彫られている。島津領内では、島津日新斎の頃から大きな合戦ののち、敵味方供養のためこの形式の石幢が建立された。
(39) **石塚**　宮崎市浮田に石塚城という城がある。この付近カ。
(40) **木脇刑部左衛門尉祐昌**　?〜一五八五。日向伊東氏庶流。本貫地は木脇（宮崎県東諸県郡国富町木脇）。
(41) **那須左近将監**　詳細不明。椎葉山（宮崎県東臼杵郡椎葉村）の領主カ。
(42) **阿蘇家**　阿蘇大宮司家。当主は惟光（一五八二〜九三）であるが、まだ三歳であり、実権は甲斐宗運が握っていた。
(43) **小崎**　宮崎県東臼杵郡椎葉村大字大河内字小崎。

二十二日、弓削甲斐介が、昨日拙者が来た御礼にと言って、酒を持参してきた。あわせて、「弓削掃部左衛門尉が、一、二年前に子供が山賊をやって領地を没収され、寺に蟄居している。いろいろ侘びを申しているので、路次を宥免(44)してほしい」とのこと。しきりに見参してほしいと侘びを申すので、見参した。

この日、満願寺が穆佐にて灌頂を行なったので、酒寄合があると招かれ、城から下った。いろいろとご奔走であった。談儀所から使僧がやって来て、先日こちらで馳走を受けたことへの御礼であった。あわせて、順智房(45)に鶏足釈門院(46)を与えたことへの御礼を受けた。すぐに酒で参会。それから満願寺の庭で鞠など蹴って楽しんだ。またまた酒宴となって帰った。

この夜、拙宿にて敷祢越中守・柏原左近将監・野村豊綱・上井兼成などと寄り合って、茶の湯で夜更けまで雑談。

二十三日、田野の大寺安辰から使者が来た。拙者が明日、鹿児島に参上するのか、との問い合わせ。また、「明後日、狩りをやるのだが、ちょうどいいので、早々に明晩、田野に来ていただけると有り難い」と。ありがとうと返事しておいた。

大乗坊が、先日の御礼に来た。風呂を焼かせて、若衆中大勢と寄り合い、茶の湯・碁・将棋などで楽しんだ。

二十四日、夜明け前から地蔵菩薩に看経。野村丹後守(47)が酒を持参してきた。賞翫した。鹿児島に参上するために出発した。大寺安辰殿が、「明日、狩りをしましょう」と言うので、この晩、田野に到着。行司(48)山本越後丞のところに泊まっ

(44) **路次を宥免** 寺を出て移動の自由を許可してほしいという意ヵ。

(45) **順智房** 詳細不明。

(46) **鶏足釈門院** 二月十七日条の「鶏足の霧島」と同じ場所ヵ。宮崎市跡江にあった寺院の可能性あり。

(47) **野村丹後守** 『大日本古記録』は友綱に比定。

(48) **行司** 事を担当し世話をする役職。この場合、町役人もしくは狩りの仕切り役ヵ。

た。すぐに大寺殿がやって来て、酒で参会。夜更けまで山物語(49)などした。亭主（山本）がやって来て、いろいろともてなしてくれた。宮崎衆中長野淡路守、そのほか五、六人が同心した。

二十五日、天気が悪くて、狩りはできなかった。田野に逗留した。早朝、天神に読経した。大寺殿から使者が来た。「天気がさんざんで狩りができず残念だ。さて、今は雨だが、明日の天気はいいだろうから、明日、狩りをやりましょう」とのお誘い。「ご丁寧なお誘いを受け、毎回こちらを通過するのに無沙汰しているので、御宿所(50)に参上して挨拶に伺います。その際、明日のことなど談合しましょう」と返事した。田野衆中などが、拙者がこちらに逗留していると聞いてやって来た。酒・肴など持参。大寺殿から招かれたので、挨拶に行った。樽と銭百疋を進上。いろいろとおもてなしいただいた。薄暮れに宿所に帰った。夜に入って大寺安辰の子息が酒持参でやって来た。拙者が参上した御礼に大寺安辰が来るべきだが、おもてなしの際の酒で酩酊しているので、源六(51)を遣わすとのこと。大寺刑部少輔殿が同心した。いただいた酒や拙者の酒で参会。夜更けまで宴会。

二十六日、この日も天気が悪く、狩りはできなかった。そこで田野を早朝に出発し、島戸に到着。亭主が酒など振る舞ってくれた。

二十七日、早朝に出発して、敷祢に到着。休世斎のところに参上して一宿。いろいろともてなしを受けた。

(49) **山物語**　狩りに関する話ヵ。

(50) **御宿所**　大寺安辰の屋敷。田野城内（宮崎市田野町三角寺）か、その付近。

(51) **源六**　大寺安辰の子息、主計政安ヵ。

二十八日、荒神に特に祈念。休世斎が、またまたもてなしてくれた。拙者が持参した水鳥などを座中で調理し、いろいろとあった。やがて出船し、向島の白浜に着船。大乗坊も同船したので、四方山話で慰んだ。

この日、鹿児島に渡海しようとしたのだが、明日の早朝に鷹狩りがあり、義久様が向島にご渡海になるとの噂があったので、明日の出仕は難しいだろうと考え、この夜は白浜に泊まった。大乗坊と周易[52]の話などして慰んだ。召し連れている者の内、『伊勢物語』を持ち合わせている者がおり、見せてくれた。そこで、一、二段なりとも読んでほしいと言うので、だいたい読み聞かせてやり、長夜の旅泊を慰んだ。

二十九日、当島権現[53]に特に読経。亭主がいろいろともてなしてくれた。やがて出船し、鹿児島に到着。すぐに鎌田政広殿まで、参着をした旨、報告。

この日、伊集院忠棟宿所に義久様がお出でになった。そこで、拙者も祇候していると義久様が聞き及び、早々に伊集院忠棟宿所に出仕するよう、鎌田政広が拙宿に伝えに来た。やがて鎌田政広を連れて出仕。席次は、上座に義久様。客居に忠平殿・意外[54]・新納忠元・奥之山左近将監、主居に島津忠長・祁答院賀雲斎[55]・拙者・伊集院忠棟であった。御汁事[56]だったので、義久様の御前で鶴を調理した。瀬戸口重治[57]が担当。御使衆など皆々、平敷居[58]より下に居並んで、御汁をいただいた。終日、おもてなしと酒宴。奥之山と松尾与四郎が鞁をやり、唄は一王雅楽助であった。幸若弥左衛門尉父子が祇候して、時々、舞など見

(52) **周易** 中国、周代に行なわれたとされる占い法。実際には、戦国末から漢代中期にかけて集大成されたもの。易経。

(53) **当島権現** 向島（桜島）内にあった神社カ。桜島は近世以降、何度も噴火して大量の溶岩に覆われており、当時の地形・寺社などの諸施設の詳細もほとんど分かっていない。

(54) **意外** 野村意外カ、詳細不明。

(55) **祁答院賀雲斎** 俗名重加。祁答院嫡流の良重没後、島津義久の命で家名を継いだという。

(56) **御汁事** 詳細不明だが主君と家臣が揃って汁物を食べる儀式の模様。

(57) **瀬戸口安房介重治** 『本藩人物誌』によると武辺に優れ、この年「唐船曖」となる。実弟は示現流の開祖として知られる東郷重位（一五六一〜一六四三）。

(58) **平敷居** 敷居は部屋を仕切るための襖や障子を受けるための溝のついた横木である。恐らく義久が汁を食す部屋とは敷居で仕切られた下座があるのだろう。あるいは、「平敷の座」（床に畳・敷物を敷いて着する座）のことかもしれない。

せた。四方山の雑談などで酒宴が過ぎ、義久様は夜更けにご帰殿なされた。

晦日（三十日）、早朝に出仕した。いつものとおり。宮崎の越の水鳥(59)二十羽を進上する旨、阿多忠辰殿から義久様に申し上げた。あわせて、「南蛮犬(60)をこのたび有馬鎮貴殿からいただきました。あまりに珍犬なので献上いたします」と申し上げた。すぐにお目にかかり、祝着である旨、お言葉をいただいた。

この日、忠平様の宿所に参上。すぐにお目にかかり、酒で寄り合った。島津忠長・伊集院忠棟・本田親貞などに水鳥を贈った。拙者も同じく挨拶のため、それぞれのところに参上。どちらでも酒。

この晩、阿多忠辰殿を通じて義久様のご意向があり、「南蛮犬を殿中で飼育してよいものかどうか占いをさせたところ、よろしくないとの結果が出た。義久が先に所望したのだが、覚兼が飼育するのがいいだろう」との仰せを蒙った。

（59）**越の水鳥**　越網猟で獲れた水鳥。越網猟は、宮崎市佐土原町に「巨田池の鴨網猟」として現存する（宮崎県指定無形民俗文化財）。

（60）**南蛮犬**　十月二十四日に覚兼が有馬鎮貴から贈られたもの。その噂を動物好きの義久が聞きつけ、献上するよう根回ししていた模様。

【解説】

宮崎に帰宅し、二日以降、出陣のため延期となっていた各地の神社の秋祭りが行なわれている。覚兼自身は宮崎城近くの奈古八幡と海江田の伊勢社に参詣している。八日からは狩のため、野島・伊比井・富士といった現在の日南海岸沿いをまわり、十一日には飫肥外城と覚兼領海江田との境界を確認している。十二日に定宿のある内山に戻るが、翌日、くさ（瘡）が振り付き、しばらく療養している。肥後出陣からの領内視察で疲れが溜まったのであろう。「くさ」は皮膚に症状が現れる病気全般を指すが、この場合、蕁麻疹や帯状疱疹であろう。

療養中の十四日、日向に戻った善哉坊から筑後出陣中の大友勢への説得について報告を受けている。先月二十八日、大友勢は、何の成果も無く撤退はできないとしながらも、柳川との和睦調停を条件に、筑後からの撤退を了承している。しかしこれは実行されていない。

十六日には、今月三日に鹿児島の義久に派遣していた使僧泉長坊が戻ってきている。建前ではあろうが、義久が「九州全域が島津家の幕下に属した」（九州之事属御幕下候）と述べているのが興味深い。あわせて「京都反銭」を日向両院の一部が調進していないと催促されている。これが何のための反銭なのかはっきりしない、「京都」のためという建前で恒常的に反銭が賦課されていた可能性もある。

二十一日、高城地頭山田有信から、高城・耳川合戦の七回忌にあわせて六地蔵塔を建立するため、覚兼領内の石塚（宮崎市浮田）で石材を切り出したので、これを船で輸送するよう依頼され、覚兼も応じている。この時、建立されたのが、現在の宮崎県児湯郡川南町にある宗麟原供養塔（国指定史跡）であろう。この石塔には「于時天正十三年二月彼岸日大施主源有信山田新介」との刻銘がある。

同日、鹿児島の老中から肥後境の椎葉山領主とみられる那須左近将監宛の書状が届き、覚兼も連署した上で送るよう求められている。一連の肥後北部掃討戦で結局、甲斐宗運は兵を出すと言いながら出陣しなかった。これを島津家への敵対と認識し、その「遺恨」を伝える内容であった。

二十四日、鹿児島出仕のため宮崎を発ち、途中、田野地頭大寺安辰から狩に誘われるも悪天のため実施できず、敷祢経由で二十八日に向島白浜（桜島）に到着している。翌二十九日に鹿児島に出仕し、「御汁事」なる行事に参加し、季節柄この地に多く飛来していたであろう鶴を調理した汁を食している。薩摩には現在でもナベヅル・マナヅルなど多くの鶴が越冬のため飛来するが、国の特別天然記念物となっており、現在、獲って食べるのは犯罪である。なおこの時の出仕時、覚兼は宮崎の越網猟で獲れた水鳥（鴨ヵ）を多く持参しており、三十日には義久に二十羽を献上している。生では腐るので塩漬けであろうか。また、この時の出仕には有馬鎮貴から贈られた南蛮犬を同行しており、義久に献上されている。しかし占いの結果、御内の殿中で飼育するのは良くないとの結果が出たようであり、再度、覚兼に下賜されている。これ以降、宮崎城内で飼育されたようである。

天正十二年（一五八四）

十二月条

一日、早朝に行水をして看経を特にやった。出仕はいつものとおり。宮崎の住吉大宮司大乗坊が、初めて義久様のお目にかかった。鎌田政広殿が奏者であった。

この日の朝、出仕帰りに島津忠長殿が鎌田政広のところにお出でになった。拙者も一緒にと招かれたので従った。席次は、客居に島津忠長・新納忠元・岩切三河守(1)・幸若与十郎、主居に拙者・猿渡信光・亭主（政広）であった。いろいろとおもてなしがあり、拙者が持参の水鳥を特にご賞翫いただいた。新納忠元と拙者が碁を一、二番指した。酒宴などで閑談し、それから皆、帰宅した。新納忠元が直接、拙宿にやって来た。ちょうど奥之山左近将監・松尾与四郎・道正宗与(2)なども来た。宗与が扇子五本を持参。それから続いて、税所篤和・本田信濃守・瀧聞宗運・幸若弥左衛門尉・大明友賢(3)・森木右衛門尉・瀬戸口重治・岩永可丹斎などもやって来た。皆、雑談。碁・将棋などで楽しんだ。あわせて瀬戸口重治に水鳥を料理させて、みんなで賞翫。酒宴。

二日、義久様・忠平・歳久が同心して向島に鷹狩りに出船された。しかし、順風が無かったので、それから吉野(4)に直接、登られた。川上久辰殿の館にて清水

(1) **岩切三河守** 詳細不明。『大日本古記録』は善信に比定。

(2) **道正宗与** 道正庵宗与のこと。戦国期以降、畿内の政権と島津氏の取次・仲介者として活動していた。岩川拓夫「中近世移行期における島津氏の京都外交―道正庵と南九州―」（新名一仁編『薩摩島津氏』戎光祥出版、二〇一四年所収）。

(3) **大明友賢** 江夏友賢（一五三八～一六一〇）のこと。明福建省の出身の易者。永禄三年（一五六〇）倭寇に拉致され来日。易学によって島津家に仕えた。

(4) **吉野** 鹿児島市吉野町。

(5) **清水衆** 詳細不明。大隅清水城（鹿児島県霧島市国分清水）、つまり島津征久配下の衆という意味カ。

(6) **法楽** 経を誦したり、音楽や芸能・詩歌などを手向けて神仏を楽しませること。

衆(5)が坂迎えをした。私も招かれたのだが、狩りに出ないで酒宴に祇候するとは言いづらく、参らなかった。

　この日、高城珠長に挨拶に行った。酒を持参。すぐに参会。去る八月二日、鵜戸山の法楽(6)で大脇民部左衛門尉(7)と二人で百韻吟じた懐紙を見せて、合点(8)を入れてほしいとお願いした。遠慮されたのだが、強くお願いしたので、合点を入れてくれた。点は二十五句のうち「長」が一つ。どういう巡り合わせであろうか、拙者が詠んだ十五句のうちの一つが「長」であった。誠に誠に思いもよらないことであった。新納忠元の宿所に挨拶に行った際、奥之山左近将監がやって来て、いろいろと閑談。新納忠元・奥之山左近将監・岩永可丹と同心して、不断光院の清誉芳渓に挨拶に行った。酒を持参。すぐにご賞翫いただいた。それから碁で暮らした。

三日、一番鶏で起きて、毘沙門天に看経。出仕はいつものとおり。家久公御次男(9)が東郷家の家督に決まった。その祝言を義久様に申し上げた。使者は東郷左近将監(10)で、太刀・馬・銭千疋を進上した。拙者が御前に出て取り成した。奏者は吉田清存であった。二階堂安房介(11)が湯之浦地頭を命じられた。その祝言を義久様に申し上げた。奏者は伊地知重秀。折肴にて樽二荷・銭三百疋を進上した。持参の酒をすぐにご賞翫された。義久様の御盃は安房介が頂戴した。子息三郎次郎(12)も官途(13)を所望したところ、帯刀長(14)に任じられた。これも義久様からの酒を下されて退出した。東郷左近将監殿が拙宿に来られた。今朝の御礼

(7) **大脇民部左衛門尉**　詳細不明。八月の鵜戸山参詣に同行していた模様。

(8) **合点**　和歌・連歌・俳諧などで、批評・評価の際に優れた作品の頭部もしくは左右の肩に鉤点や丸点などを付けること。

(9) **家久公御次男**　島津忠直・忠仍（一五七四～一六二一）のこと。この時は元服前なので鎌徳丸。薩摩国衆東郷重尚の養嗣子となり、元服後は東郷重虎と名乗る。

(10) **東郷左近将監**　東郷重尚一族カ。

(11) **二階堂安房介**　薩摩阿多北方（鹿児島県南さつま市金峰町）の二階堂氏庶流。

(12) **二階堂三郎次郎**　『大日本古記録』は重行に比定。

(13) **官途**　官吏の職務または地位。狭義には、受領名（○○守、○○介）に対する京官（律令制下の在京の官司・官職）を指す。

(14) **帯刀長**　律令制で定められた武官帯刀舎人の長官。本来の業務は皇太子の護衛。もちろんこの頃の武家官途のほとんどは、朝廷の許可の無い自称や主君からの任命である。

として銭百疋をいただいた。二階堂安房介が来た。これも同様。伊集院春成殿[15]が〈繁昌〉[16]されたとのことでいらっしゃった。ご子息にお祝いとして銭百疋を贈った。歳久公の宿所に参った。すぐにお目にかかり、酒となった。それから阿多忠辰・幸若与十郎などと同心して、有川貞末殿[17]に挨拶に行った。いろいろともてなされた。

この日、高城珠長・瀧聞宗運が同心して拙宿に来た。酒で対応。ちょうど松田左近兵衛尉[18]が来て、狂言舞などやってくれて、酒宴。

四日、忠平公との寄合の時に、皆、出仕するようにとのことだったので、早朝の出仕はしなかった。対面所[19]にて忠平公との寄合があった。席次は、義久様・歳久公・橘隠軒[20]・伊集院忠棟、客居に忠平公・島津朝久・拙者であった。いろいろと肴で酒。白鳥が出て賞翫。奥之山左近将監・松尾与四郎が鼓。点心の時、本田董親が座に参られて、夜更けまで酒宴。朝久は今年初めての参上ということで、太刀・銭百疋、折肴で樽二荷を進上。その酒が出た時、朝久がお酌をした。祗候衆は皆、通例の酒を賜った。

この日の朝、秋月種実殿・龍造寺政家殿より使者が参られ、義久様がお目にかけた。政家からの意趣は、「このたび、秋月種実の仲介により、島津家の幕下に属することになりました。大変めでたいことです。御礼申し上げます」とのこと。書状は伊集院忠棟への付状[21]であり、もちろん披露書[21]であった。太刀・馬・鎧甲が進上された。使者は、久地井名字の者[22]であった。奏者は税所篤和で

(15) **伊集院掃部助春成** 忠成とも。伊集院忠棟末弟ヵ。

(16) **繁昌** 子供が生まれたということヵ。

(17) **有川長門守貞末** ?〜一五九二。有川貞則長男。次弟は有川(伊勢)貞真。後年、弟とともに名字を伊勢に改める。

(18) **松田左近兵衛尉** 詳細不明。『大日本古記録』は重安に比定。

(19) **対面所** 御内のなかの施設。

(20) **橘隠軒** 畠山頼国。畠山尚順の孫とされる。母は法成寺殿(近衛尚通ヵ)娘。将軍足利義輝に仕えたが、三好氏との抗争に敗れ、坊津に下向したとされる。

(21) **付状・披露書** 龍造寺政家から義久に直接宛てた書状ではなく老中筆頭の伊集院忠棟宛てであり、義久への披露を求めた書状。龍造寺家が幕下となり、島津家当主とは同格ではなくなったため、こうした書式をとったとみられる。

(22) **久地井名字の者** 詳細不明。

あった。見参しただけで、酒などは下されなかった。彦山座主舜有からも右と同様の祝言が伝えられた。太刀・織筋三端が進上された。この使者も見参。秋月種実殿・龍造寺政家殿から伝えられた内容は、「皆様方が高瀬に在陣の際、豊後衆が筑後表に着陣しました。早々に撤退するよう両使僧を派遣し、ご説得いただきましたが、未だ高良山に留まり(23)、上筑後への工作を続けています。派遣された両使僧への豊後衆の返事はどのようなものだったのでしょうか。今に至るまで駐屯していることは承服できません」とのこと。

この日、川上久隅が里村紹巴(24)の千句註本を持参してきたので、書き写させてくださいとお願いして、借用した。上包に、「しのゝは草(25)」とだけ書き付けてあり、お預かりした。「洩らすなよ」との意味であろうと推量した。

五日、出仕はいつものとおり。いろいろな件があったが、書き載せるには及ばない。出仕帰りに島津忠長の宿所に同心してほしいと招かれたので、参上した。先日贈った水鳥を振る舞われた。席次は、主居に島津忠長・新納忠元・鎌田兼政・長谷場純辰、客居に拙者・伊地知備前守・猿渡信光であった。いろいろとおもてなしを受け、言いようがないくらい素晴らしかった。

道正宗与が今朝、殿中で拙者に内々に伝えてきた。「今、上使(26)が下着しており、千手院(27)を宿舎としてご逗留です。覚兼の宿舎にご挨拶があるでしょう。特に伊勢因幡入道(28)からの書状が添えられており、そうした件も直接お渡ししたい旨、覚兼宿所にお越しになりたいとのことですが、いかがでしょうか」との

(23) **高良山**　福岡県久留米市御井町。古代以来の霊山であり、筑後国一之宮の高良大社が鎮座する。

(24) **里村紹巴**　一五二五～一六〇二。連歌師。奈良生まれ。周桂・昌休に師事し、三条西公条・三好長慶・細川幽斎と交流を持った。四十歳のとき宗養の死で連歌界の第一人者となるが、豊臣秀次事件に連座して近江国三井寺前に蟄居させられた。天正三年（一五七五）に上洛した島津家久は、紹巴の弟子宅に滞在し、紹巴の案内で京都周辺を観光している。

(25) **しのゝは草**　藤原兼輔（八七七～九三三）の歌集『兼輔集』に、「しののめの明くれば君は忘れけむいつともわかぬ我ぞ悲しき」との歌がある。

(26) **上使**　近衛前久・信輔からの使者。

(27) **千手院**　現在地不詳。

(28) **伊勢因幡入道**　俗名は貞知。近衛家家司。足利義輝に仕えた奉公衆伊勢貞助（一五〇四～？）の嫡男。天正三～四年（一五七五～七六）の近衛前久薩摩下向に同行している。

こと。「とにかくお考え次第に従います」と返事した。すると、宗与が拙宿に来て、「今日、上使がご挨拶に来ると、今朝申しましたが、あまりに天気が良くないので中止します。追ってお越しになりますが、まずは伊勢因幡入道殿の書状を届けます」とのこと。すぐに書状を披見した。「蔭涼軒が(29)〈公儀〉(30)の使者として下向されるので、弟の瑞春軒(31)を衣鉢侍者(32)としてお供させました。いろいろとお頼み申し上げます」との文言であった。宗与と酒で寄り合って閑談。

この晩、新納忠元・長谷場純辰・和田玄蕃助が同心してやって来た。碁で楽しんだ。それから夕食を共にし、夜更けまで雑談。

六日、早朝、談儀所にお目にかかった。先日、宮崎にお越しになった際、接待したことへの御礼を受けた。食籠を肴に酒をご持参いただいたので、参会して賞翫。それから出仕。種子島時式が鹿児島に参上したので、取り成しをした。

この日、上使と義久様の寄合があるとのことで、皆、支度のため宿所に帰宅。まず義久様が上使の宿所にご挨拶に参られ、伊集院忠棟と拙者がお供した。御剣(33)は鎌田源三郎。上使が門まで迎えに出られ、内へと招かれた。お茶を点てられた。そして、上使のお迎えに川上久辰が参り、御内の縁(34)の際まで案内者を務めた。もちろん、惣門(35)からお入りになった。義久様は縁までお出迎えになり、対面所まで奏者を務めた。縁でしばらくご挨拶し、義久様の前の座敷に入られた。やがて御内書(36)をお渡しになり、義久様が受け取られた。義久様は頂戴すると、文箱(37)の蓋で受け取り、そのまま上座の押板(38)の上に置き、それから上使は立

(29) **蔭涼軒** 相国寺鹿苑院内にある足利将軍が参禅聴法するための書院。その留守職は、蔭涼軒主と呼ばれ、禅宗寺院の人事を管轄し、鹿苑院住持を兼ねる僧録を補佐し、僧事に関する将軍への披露取次を行なった。この時の蔭涼軒留守職は龍伯集総が代理を勤めていたとみられる（白石芳留編『禅宗編年史』続）。

(30) **公儀** 本来なら幕府のことであるが、このとき既に将軍足利義昭は備後に逃れている。豊臣政権のことを指すのかはっきりしない。

(31) **瑞春軒** 相国寺の塔頭。『大日本古記録』は龍伯集総に比定。伊勢貞知の弟。

(32) **衣鉢侍者** 住持や宗師家の侍者として、衣服や銭財などのことをとり扱う役名。

(33) **御剣** 義久の太刀を持つ役。

(34) **縁** 和風建築で部屋の外側につけた板張りの細長い床の部分。

(35) **惣門** 御内にある門のひとつ。この門の出入りは特定の身分の者に限定されていたようである。

(36) **御内書** 本来は将軍家が発給する書状の形式。『大日本古記録』は足利義昭の御内書とするが、近衛前久が派遣した上使が足利義昭

ち上がり、それまでの装束を着替えて、常の支度をして御座にお出でになった。また義久様は、縁までお出でになり、奏者を務められた。席次は、客居に蔭涼軒・衣鉢侍者、これは伊勢貞知の舎弟である。次に橘隠軒、主居に義久様。いろいろご遠慮されたようであり、上使に対して、へりくだりながら対座(39)に座られた。義久様の次に島津歳久・伊集院忠棟。やがて御膳が出た。湯漬けであった。三目(40)までいただいた。酒を一篇いただいて膳は下げられ、お菓子が出た。御盃で五度ご挨拶があり、上使がお酌を始められた。そして点心をいただいた。いつもどおり麺をいただいた。添えられた肴をいただいて、酒。三度ご挨拶があり、義久様が盃始をされた。次に饅頭が出て、添えられた肴をいただいて酒、数度のご挨拶。あまりに興ざめのようだったので、上使がお酌を始めた。それから島津歳久の盃を瑞春軒がいただき、その盃を義久様がいただいた。次に羹(41)が出た。同じく添えられた肴をいただいた。数度のご挨拶が終わらないうちに歳久がお酌を始めて、それから御使僧のところに来た。それから御膳は下げられて、押物(42)が出た。奥之山左近将監・松尾与四郎などが鞁を担当。地下の乱舞衆が出てきた。「今度のお酌は誰がやるべきか、若衆などではおかしいだろう」と義久様が奥之山に戯言を述べた。すると、税所篤和がお銚子を持ち出してきた。奥之山が、「ここにお酌役がいました。税所篤和がいいでしょう」と申した。そういうことなら、ということで税所がお酌をしたが、御盃での挨拶がうまくいかず、座がしらけてしまった。そうした状況に、義久様が、「以

の御内書を持参する可能性は低い。

(37) **文箱**　書状などを入れておく箱。

(38) **押板**　中世、壁に掛けた書画の下に置いて、三つ具足などを飾る板や台。現在の床の間の原形のひとつと考えられる。

(39) **対座**　この場合、上使蔭涼軒の正面。

(40) **三目**　三膳目の意ヵ。

(41) **羹**　野菜や魚肉などを入れて作った熱い吸い物。

(42) **押物**　落雁のような押し固めて作った菓子。

後は肴が出ても自分は下戸なので、とても数返いただくことはできない。まず肴をいただく」と言って、ご自身でおはさみになった。上使も我慢できずに肴を受け取ったので、もちろん盃も始まった。挨拶がうまくいかず興ざめになったところを、思いもよらない義久様の才覚に、とても素晴らしいという感服した様子で祇候衆は見ていた。そうこうして酒宴が終わると御出立された。我々にも、その時に用意された酒を下された。座の様子を見守りながら、長引かないようにと命じられていたので、次の間で我慢していた。

七日、出仕はいつものとおり。義久様が向島に鷹狩りのため渡海された。忠平公・歳久が同心。

この日、島津忠長の宿所にて談合。参加者は伊集院忠棟・本田親貞、もちろんご亭主（忠長）・拙者、使衆の伊地知重秀・税所篤和であった。条書は、

一、新田宮御造営のこと(43)

一、三舟（御船）・隈庄(44)に対する軍事行動のこと

一、豊後陣が筑後表に駐屯を続けていること

これらであった。新田宮御造営の件は、まず来春の杣入(45)が大事であるが、とにかく合戦となれば御造営自体が困難になるだろう。また、三舟・隈庄への軍事行動についても、阿蘇社への攻撃ではないのだが、三舟・隈庄が同意しないようなら、阿蘇家との合戦もやむを得ないだろう。そうなると、阿蘇の御神領もきっと荒れ果ててしまうところも多々生じるだろうから、鬮を引くべきであ

(43) **新田宮**　鹿児島県薩摩川内市宮内町の新田神社。

(44) **三舟・隈庄**　甲斐宗運の拠点。

(45) **杣入**　木を切るために杣山（材木用の樹木の茂った山）に入ること。

るとの意見も出た。豊後陣が駐屯を続けている件は、先日、高瀬で出た意見では、筑後の陣所を引き払わない場合、大友家から当方への義絶の意向とみなすとしたのだから、日向口から豊後に攻め入るのが当然であると、だいたい意見の一致を見た。しかしながら、こちらが派遣した使僧には、「異論無く撤退する」と申しており、〈私曲〉(46)のようにも思えるので、もう一度、撤退を促すのがいいだろうとの意見が出た。

八日、出仕はいつもどおり。小代親泰殿が出仕した。すぐに義久様に見参し、三献をやって退出。太刀・黄金三十両・鎧甲を進上。奏者は町田久倍。隈部殿から使者が来た。太刀・鎧甲を進上。使者は義久様のお目にかかった。大津山家稜殿・臼間野宗郷殿も使者を派遣してきた。太刀・馬を進上。いずれも義久様は使者にお目にかかった。忠平様から寄合中に申し出があった。「村田経平(47)が長きにわたり面目を失ったままとなっている。福昌寺から真幸に使僧が来て、『今度、鹿児島に参上した際、村田の赦免をお願いしたい』と要請された。また、鹿児島でもしきりに頼まれている。先年、村田が面目を失った際、談合により村田の言い訳は却下されたのは知っているが、あまりに福昌寺から頼まれたので、無視できなくなり、この件を申し出た。特に老者役(48)だった者がこのような扱いになっていることは重大な事だとは思う」との要請であった。伊地知重秀が取り次いだ。「このような要請は、もちろんながら義久様に報告すべきである。忠平公は本心から村田を召し直すのがいいとお考えなのだろう

(46) **私曲**　自分の利益になるようにすること、つまり、大友家の判断ではなく筑後侵攻軍の私的な判断ということか。

(47) **村田右衛門尉経平**　元老中。前年、野村是綱殺害事件の主犯として鹿児島追放の処分を受けた。正月二十日条前出。

(48) **老者役**　老中、寄合中のこと。

か。それとも福昌寺が強く赦免を依頼してきたので、無視できずに要請しているだけなのか、どちらなのだろうか」。まずその点を尋ねるべきということになり、この点を忠平公の使者五代友慶(ごだいともよし)に尋ねた。すると、「忠平公は決定を覆すつもりではなく、ただ福昌寺がしきりに頼んできたので、このように申し出たのであり、その旨、義久様にお伝えください」とのこと。

　昨日、歳久公が拙宿に挨拶に来られたのだが、拙者が居合わせなかったので、失礼しましたと伝えた。島津朝久も先日、拙宿に来られたので、御礼申し上げた。伊地知右京亮(うきょうのすけ)殿に御礼を申した。いろいろもてなした。田代備後守(たしろびんごのかみ)(49)・蓑輪(みのわ)丹波守(たんばのかみ)(49)など居合わせたので、もてなした。

　この晩、道正宗与がやって来て物語っていたところ、町田五郎太郎・本田親兼(ちかかね)・本田親正(ちかまさ)がやって来て、いろいろと雑談をして酒宴。

九日、早朝、道正宗与が来て、上使が拙宿に挨拶にお越しになると伝えてきた。とにかくお考え次第と返事した。やがてお越しになった。杉原(50)十帖(じょう)と梶井宮(かじいのみや)(51)殿の歌を書き記した扇子二本をいただいた。衣鉢侍者からは、聖護院(しょうごいん)(52)殿の歌が書かれた扇子五本をいただいた。酒を呑まずに参会。宗与が案内者を務めた。それから出仕した。一昨日の談合の件を、伊地知重秀・税所篤和から義久様に申し上げた。義久様のご意向は、「肥後表の状況がよく分からないので、よくよく方針を決定してからでないと鬮を命じることはできない。忠平などと、なお談合するべきである」とのこと。豊後陣が筑後に駐屯している件については、

(49) **田代備後守・蓑輪丹波守**　詳細不明。

(50) **杉原**　杉原紙。鎌倉時代以降、播磨国杉原谷村（兵庫県多可町）で産した紙。

(51) **梶井宮**　最胤法親王（一五六五～一六三九）。この頃、梶井門跡（現在の三千院）であり、のちに天台座主となる。

(52) **聖護院**　近衛稙家の子、近衛前久弟の道澄（一五四四～一六〇八）。この頃、聖護院門跡。のちに照高院を開く。

「これもまた高瀬から大友側に説得した際の談合を知らないので、その談合衆の考え次第だが、使僧を再び派遣するべきではないのか、とにかく談合次第である」とのこと。新田宮造営の件については、「この前、大隅正八幡宮造営の時は、三原重益が[53]加判役としてしっかりと指図し、彼の差配で造営した。今回もこのように精を入れないと、とても造営は成就しないだろう。よくよく談合することが専一である」とのこと。この日、忠平公の宿所に挨拶に行った。恒例どおりに三献があり、そのほかいろいろともてなしを受けた。

この日、上使の宿所に参上した。道正宗与を案内者に頼み、衣鉢侍者が門まで迎えに来てくれた。上使は庭まで下りて来てくださり、奏者を務めていただいた。それから座中に参った。今朝、拙宿にお越しいただいたことへの感謝を述べた。食籠肴で酒を献上した。すぐにご賞翫いただき、肴をご自身で私に下された。また、こちらからも献上した。愚弟鎌田兼政を召し連れた。道正宗与が内々に申し置いてくれたのであろうか、上使は弟だと知っていたようであり、ご用意の酒を弟にも下された。衣鉢侍者に樽代として銭百疋を贈った。祝着であるとのことであった。お暇する際、また庭まで下りて来てくださり、ご挨拶を受けた。総蔵主が[54]門まで送ってくれた。

この日、山川津から[55]琉球に渡船する船頭が、津留讃岐丞と同心してやって来た。いつものように印判[56]を申請する御礼として銭百疋を持参。あわせて取次の分として銭三十疋が添えてあった。義久様は船頭に見参し、酒を呑ませた。

(53) **三原遠江守重益**　重秋とも。島津貴久・義久二代に仕えた重臣。伊集院忠朗とともに老中だった模様。

(54) **総蔵主**　上使蔭涼軒のお供カ。

(55) **山川津**　現在の山川港（鹿児島県指宿市山川地区）。

(56) **印判**　琉球渡海のための船籍証明書。いわゆる「琉球渡海朱印状」。島津義久の角印が据えられる。

小代親泰殿が拙宿に挨拶に来た。すぐに会って酒寄合。太刀一腰に刀を添えて、これをいただいた。矢野出雲守が案内者であった。内衆一、二人も呼び出して酒を与えた。

この夜、本田信濃守がやって来て、閑談。宗泊という者に一、二番舞わせて慰んだ。臼間野宗郷殿から使者が来て、片色一つをいただいた。

十日、出仕はいつものとおり。伊地知重秀を通じて義久様から指示があった。「村田経平のこと、福昌寺と忠平が赦免を願い出てきた。皆知っているように、阿多源太[57]と平野友秀が[57]処刑された以上、村田の罪が晴れることは未来永劫あり得ない。しかし、このままにしておくのもいかがかと思い、血判で深く反省を示す起請文を出させ、七十五日とか百日とか日数を決めて、その間に何の失態も無いようならば、召し直す。[58]どこか田数が少ない在所に移封するのがいいだろう。間違いなく由緒正しい家柄の人物であるので、このようにするのはどうだろうか」と老中に諮問するとのこと。「とにかく軽い件（罪）ではないので、皆で返事するのは難しいが、『罪は永久に晴れないけれども』と義久様が仰っている以上、よくよくお考えの上での判断なので、今後のためにもよいのではないでしょうか」と、老中の島津忠長・伊集院忠棟・本田親貞・拙者が一緒に申し上げた。それから忠平公・喜入季久・新納忠元に、この件を義久様が諮問したところ、皆、御意に従いますとのことであった。三舟境の軍事行動のことも、必ず義久様みずからご出陣になるだろうから、来春、状況を見て談合する

(57) **阿多源太・平野友秀**　野村是綱殺害の下手人。

(58) **召し直す**　島津家中に戻す。

ことに決定した。

この日、たびたび鷹野[59]でのお振る舞いの御礼を、島津忠長の宿所にて皆で申し上げた。席次は、上座に義久様、客居に忠平公・祁答院賀雲斎・川上久辰・拙者・鎌田政広、主居に喜入季久・島津忠長・本田董親・阿多忠辰であった。夜更けまで酒宴で閑談。皆、持参の酒でお酌した。私もそうした。奥之山左近将監・松尾与四郎など鞁を打ち、いろいろと楽しんだ。

十一日、出仕はいつものとおり。忠平公が義久様にお暇申し上げた。「村田経平殿の件は、昨日の上意のとおり福昌寺にお命じになった。軍事行動については、阿蘇領との境をよく見極め、義久様のご出陣があるようなら、おのずと来秋になるだろう。また、そのうち甲斐宗運などが申し出てくることもあれば、それによりおのずと合戦となるだろう。まず来春は、新田宮の御造営が重要である」とのこと。毎年旧例の千句連歌は、正月十六日であるが、近年、二月二十五日に行なわれている。この五、六か年は合戦があったためできなかった。来る正月二十五日に興行することに決定した。

この日の朝、税所篤和を通じて歳暮の祝言を、ついでながら義久様に申して、お暇申し上げた。また、「明春、早々に参上いたします」と申し上げた。市来湊[60]に来航した唐船からの祝物とのことで、皿・茶碗・唐紙[61]を松本佐渡守・瀬戸口与介[62]が持参した。この二人がこの船の曖衆とのこと。小代親泰殿に、「旅宿に参って挨拶すべきですが、日州に急用があり、すぐに出船します」と使者

(59) **鷹野**　鷹狩りのこと。

(60) **市来湊**　鹿児島県いちき串木野市。大里川河口付近カ。

(61) **唐紙**　中国産の装飾性の高い厚手の紙。

(62) **松本佐渡守・瀬戸口与介**　詳細不明。湊を管理する役人カ。

にて伝えた。太刀一腰と織物を祝いとして贈った。乗船しようとしたところ、島津義虎から使書をいただいた。「先日、宮崎に使書と馬を送りましたが、覚兼殿がこちらにいらっしゃると聞きました。留守中に約束した鷹をいただきまして、ありがとうございます」とのこと。船中にて税所篤和から酒と肴をいただいたので、彼らと参会。平田増宗殿も船で見送りに来てくれたので、酒で参会。すると、拙者の鹿児島仮屋まで大津山家稜殿の使者がやって来て、銀子百目を贈るとのこと。「今から出船するので、追って御礼申し上げます」と敷祢玄蕃助を使者として宿所に伝えさせた。

この晩、加治木に着船。仮屋に宿を取った。別当[63]は加治木城[64]に登るよう勧めてくれたが、まずは肝付蔵人殿に着いたことを伝えた。すると、肝付兼寛から使者が来た。「今夜、城に登ってくるようにとお誘いすべきですが、鹿児島から沈酔した状態で参られたと聞いたので、明朝、早々にお迎えを寄こします」とのこと。仮屋で酒を振る舞われた。

十二日、早朝に起きて、薬師如来に読経などした。肝付蔵人殿が肝付兼寛殿の使者として下ってきた。早々に城に登ってくるようにとのこと。別当が酒を持参してきた。蔵人殿と会い、賞翫した。やがて加治木城に登った。肝付兼寛殿が出てきて祝着とのこと。席次は、客居に拙者・肝付兼篤[65]・谷山志摩介・肝付蔵人、主居に肝付兼寛・同名半五郎・同名備前守。いろいろと丁寧なおもてなしであった。拙者が樽を持参したので、賞翫した。京あたりの雑談をした。

(63) **別当** 仮屋の主。加治木湊と湊町の役人カ。

(64) **加治木城** 鹿児島県姶良市加治木町反土。龍門滝の南側丘陵。

(65) **肝付小五郎兼篤** 一五六二〜一六〇九。肝付兼盛次男、兼寛弟。慶長四年（一五九九）、庄内の乱で失脚した兼寛養子兼三に代わって家督を継承。

池田房(ふさ)(66)一懸・加賀染(67)の着物一が数寄(すき)の座(68)に出た。筒椀(つつわん)(69)一通を京土産として、いただいた。肝付蔵人殿のところを宿所として休憩。肝付兼寛殿が御礼に来られた。酒を持参。蔵人殿ももてなしてくれた。それから親類衆たちに酒・肴など持たせて、銘々に挨拶。それから出発した。板井手(いたいで)(70)まで一家衆がみんなで見送りに来てくれた。蔵人殿が酒を持ってきてくれたので、皆で寄り合って賞翫。

　この晩、宮内の桑幡道隆(くわはたみちたか)殿のところに到着。いろいろもてなされた。拙者も酒を持参して賞翫。大円坊(だいえんぼう)が酒を持参してきた。

十三日、桑幡左馬頭(さまのかみ)殿(71)の三男が拙者にお願いして元服したいとのこと。数度、遠慮したのだが、しきりに頼まれた。親しい間柄なので、頼みを受けることにした。祝言の三献などはいつものとおり。拙者に太刀・銭百疋が贈られた。拙者もその時、差していた刀一腰、銘は「吉則(よしのり)」を贈った。いろいろと祝言の酒宴があった。また大円坊など酒を持参。政所(まんどころ)殿にも挨拶をした。娘を拙者に見せてくれて、お祝いに銭百疋を贈った。ここでもいろいろと肴で酒宴。拙者も酒を持参した。

　この日の晩、下井(したい)(72)まで行こうとしたところ、大雨が降ってきたので、桑幡殿からしきりに止められ、この夜は泊まった。女中（桑幡道隆妻）が、いい機会に雨で拙者が泊まってくれたと喜んで、このように歌を詠んだ。

　かへる(帰)人したふ(慕)心を知雨(しる)にうれしさそふる(添)けふ(今日)の暮(くれ)かな

〔帰ろうとする人を慕う私の心を分かってくれた雨に、嬉しさの増す今日

(66) **池田房**　京都で購入した組紐の類ヵ。

(67) **加賀染**　加賀絹の染物。無地染と文様染（加賀友禅）とがある。羽織・衣服などに用いた。

(68) **数寄の座**　茶席ヵ。

(69) **筒椀**　塗り物のお椀ヵ。

(70) **板井手**　加治木城北東に位置する板井手滝（鹿児島県姶良市加治木町小山田）付近。

(71) **桑幡左馬頭殿の三男**　左馬頭は道隆のこと。その三男は、「桑幡系図写」によると鬼三郎道跡のことヵ。

(72) **下井**　鹿児島県霧島市国分下井。

の暮れであるよ〕

うれしさのあまりに拙者は、

出がたミけふもやすらふ中宿り雨やあるじの心なるらん

〔出発しがたくて、今日もここにとどまって宿泊する。私を足止めする雨は宿の主人の思いなのだろう〕

このように詠んだところ、そこに居合わせた人々は皆、歌を詠みながら酒を呑んだりして楽しんだ。留守藤景殿が酒を持参。すぐに会って賞翫。この夜は、言い捨て(73)などで夜更けまで雑談。

十四日、早朝に出発。下井を通過したところ、厚地六弥太という者が酒を持参して振る舞ってくれた。この日も雨が降った。気色の杜(74)の前を通過した時、

晴ぬべきけしきもやとて立よれバ雨に増れる杜の下露

〔晴れそうな気色（様子）だろうかと思って「気色の杜」に立ち寄ったところ、雨にまさるほど杜の木々から露がしたたり落ちている〕

このようにひとりごち(75)をした。

この晩、ようやく財部の上井村(76)に到着。日光神(77)の正祝が酒を持参。見参して賞翫した。上井門は、先祖の上井為秋(78)以来、北郷家から預かり、当家が領有している土地である。しかし、父董兼（恭安斎）が上井から永吉(79)に移し替えになった際、いろいろあって北郷殿に取り返されてしまった。三年以上前、またまた拙者が訴えて取り戻し、領有している。そこの百姓が、拙者が初めて来たとい

(73) **言い捨て** 連歌・俳諧で、その場限りで句を詠み捨てて、記録しないでおくもの。

(74) **気色の杜** 色神叢とも。現在の鹿児島県霧島市国分府中町。『三国名勝図会』によると、寛永二年（一六二五）四月の大水で杜と社が水没し、現在地に新築されたという。『新古今和歌集』（一二一六年選集）などでも歌に詠まれる景勝地として知られた。

(75) **ひとりごち** 独り言。

(76) **財部の上井村** 財部は現在の鹿児島県曽於市財部町のことヵ。上井村は同県霧島市国分上井。当時の上井村は財部に属していたようである。

(77) **日光神** 現在の日光神社（鹿児島県曽於市財部町北俣字日光）。

(78) **上井為秋** 覚兼祖父、董兼（恭安斎）の父。

(79) **永吉** 鹿児島県日置市吹上町永吉。上井家が上井から永吉に移封となったのは、天文二十二年（一五五三）、覚兼九歳の時。

うので、いろいろもてなしてくれた。

十五日、早朝から看経を特に行なった。それから出発し、下河路(しもかわじ)[80]の丸山名字の者のところで破籠(わりご)などいただき、急いだ結果、さり川[81]に到着。ここもまた拙者曖(あつかい)のところなので、いろいろもてなされた。祝言だと言って銭百疋をいただき、内之者までにも引き出物をいただいた。

十六日、犬山狩(いぬやまがり)[82]をやった。福永宮内少輔(ふくながくないのしょう)殿が聞きつけ、狩人を連れてやって来た。寄合の後、犬山狩をやった。猪一匹が獲れた。福永殿が柴屋[83]で酒を振る舞ってくれた。それから川船で内山[84]まで下った。野村文綱(のむらふみつな)殿（内山地頭）が顕本寺(けんぽんじ)[85]まで迎えに来て、もてなしてくれた。それからまた船で宮崎に到着。

十七日、帰宅したと聞いて諸人がやって来た。

十八日、観音に特に読経。鎌田兼政のところに、久しく無沙汰しているので行った。いろいろと肴で酒。それから鎌田と同心して帰ったところ、大門坊(だいもんぼう)がやって来た。酒を持参。すぐに見参して賞翫。衆中が少々揃って、来る正月二十五日の千句連歌の準備の盛(もり)、また椀飯(おうばん)などについての談合をやった。

この晩、柏原左近将監(かしわばるさこんしょうげん)・鎌田兼政・上井兼成(うわいかねしげ)に、ある方から鴈(かり)が届いたので、振る舞った。酒にて夜更けまで閑談。

十九日、宇土(うと)殿（名和顕孝(なわあきたか)）から使僧が来た。「今度の出陣の際、所々で同陣し、ご相談できたこと本望です」とのこと。中紙三十帖をいただいた。

この晩、風呂を焼いて入り楽しんだ。吉利忠澄(よしとしただずみ)殿から無沙汰していると言っ

(80) **下河路**　現在の鹿児島県霧島市国分川内。国分上井の北東。

(81) **さり川**　去川、宮崎市高岡町去川ヵ。近世にはこの地に関所が設けられていた。

(82) **犬山狩**　猟犬を使った狩ヵ。この時、覚兼は義久から返却された南蛮犬を連れており、この狩に参加していたのか気になる。

(83) **柴屋**　柴で屋根を葺いた粗末な小屋。

(84) **内山**　宮崎市高岡町内山。

(85) **顕本寺**　宮崎市高岡町内山、天ケ城南麓にあった日蓮宗寺院。

て、使者が来た。猪股二つをいただいた。拙者の留守中に樺山忠助殿から犬山で獲ったと言って、丸猪(86)をいただいた。これらの御礼のため、野村彦七を使者として派遣した。

二十日、加治山の佐藤(87)は、高瀬においてたびたび高名を挙げたので、名字を免許した。その祝言として拙者に酒を振る舞ってくれた。当城内の衆、皆がもてなしに来てくれた。いろいろと酒宴。

この晩、和知川原(88)に新町を建設したが、その町を未だ見ていないので、見分のため城を下った。敷祢越中守・柏原左近将監・野村豊綱が同心した。谷口和泉丞(89)の宿所に泊まった。いろいろともてなされた。里村紹巴の千句註本など見て閑談。

二十一日、谷口和泉丞がいろいろともてなしてくれた。それが済んで出発し、海江田に行った。祖三寺(90)が坂迎えしてくれた。

二十二日、朝、狩りに登った。それから円福寺に参った。いろいろともてなしてくれた。この夜は内山に泊まった。

二十三日、諏訪講(91)の頭前(92)だったので、児玉隠岐丞に命じて勤めさせた。木花寺が諏訪社の座主だったのでお越しになっていた。恭安斎様も紫波洲崎城から下ってきた。終日、酒宴。この晩、恭安斎様のところに参って泊まった。

二十四日、早朝に起きて看経。それから恭安斎からもてなしを受けた。庄内上井門(93)の百姓が、先日訪れた御礼と歳暮の挨拶に来た。見参した。それから御崎

(86) **丸猪** 丸のまま、猪一匹全部。脚から腿にかけてだと「猪股」。

(87) **加治山の佐藤** 詳細不明。覚兼の小者ヵ。ここで名字を与えられて士分となり、忰者（覚兼家臣）となったようである。

(88) **和知川原** 八月二十四日条に、和知川原に船を繋ぐ入江があり、そこに村を仕立てるとの記述がある。

(89) **谷口和泉丞** 三月七日条にみえる新別府村の住人。和知川原の新町建設に関与しており、この地に住居を構えたようである。

(90) **祖三寺** 蕪山寺と同じ。表記が一定していない。

(91) **諏訪講** 本来は諏訪社を信仰する集団を意味するが、この場合、諏訪社での何らかの祭礼とみられる。

(92) **頭前** 祭礼・神事に関する任務。

(93) **庄内上井門** 上井村と同じ。鹿児島県霧島市国分上井。

観音に参って、寺に挨拶。いろいろともてなされた。それから伊勢社に参宮。加治木宮内少輔から子供に名を付けてほしいと招かれたので、伺った。まず三献がいつもどおりあって、名付けた。そのついでに今村与一左衛門尉の子にも名付けてやった。いろいろもてなされた。加治木宮内少輔が御礼として銭百疋をくれた。拙者からは弓二張をお祝いとして遣わした。宗琢源左衛門という殿所の町衆が酒など持参。夜になって内山に帰った。

二十五日、島津義虎から旧例の御慶書[94]をいただいた。あわせて、先日、鷹を進呈したのだが、かわいがっているとのこと。その返事を相応にしておいた。また昨日、比志島義基から菱刈軍兵衛が使者として来た。「ちょうど肥前高来の神代貴茂殿から使者が来て、『八代に今、逗留しているのだが、有馬鎮貴殿が神代でいろいろと狼藉をしているので、まず帰宅して子息を八代に置きたい』と言ってきている」とのこと。拙者に可否を尋ねるための使者とのこと。返答は、「比志島殿もよくご存じのように、人質を八代に召し寄せておくのは間違いなく私の判断である。しかし、八代には平田光宗殿が在番しているのだから、そちらで談合されるべきであり、鹿児島よりも遠い当国まで、わざわざ尋ねてくるとは納得できない。しかし、龍造寺家も今は島津家の幕下に属したのだから、人質を帰しても問題は無いと思う。いずれにせよ、平田光宗殿と談合するべきであろう。あなたの判断だけではまずい」と申しておいた。この日、宮崎に帰った。

（94）**御慶書**　年末の挨拶状カ。

二十六日、早朝から、自分が帰ったというので皆やって来た。宇多能登守が(95)子息の元服(96)を懇願してきた。再三、遠慮したのだが、しきりに頼まれたので引き受けた。いろいろと雑掌(97)たちが準備しており、祝言として銭百疋をいただいた。拙者も喉輪一を贈った。このついでに、和田左近将監(98)の子息と坂本千兵衛(98)の子息に名前を付けた。新納忠元殿から歳暮の使者が来た。今朝は鎌田兼政のところで茶の湯のもてなしを受けた。柏原左近将監と拙者であった。

二十七日、高城の山田有信・財部の鎌田政心から歳暮の使者が来た。金剛寺が歳末なので登城された。酒を持参してきたので、参会して賞翫。満願寺やこのほか諸出家衆が巻数を持ってきた。酒・茶などをそれぞれからいただいた。銘々に酒で対応した。社家衆・百姓なども恒例どおり歳暮にやって来た。相応に見参した。吉利忠澄殿から歳暮の使者が来た。善哉坊も歳暮にやって来た。すぐに会った。

二十八日、看経を特に行なった。今朝も出家衆が少々、歳暮の挨拶に来た。綾の新納久時からも使者が来た。樺山忠助殿からも歳暮の使者が来た。

昨日、曽井の比志島義基からも同じく（歳暮の使者）比志島源左衛門尉(99)が来た。内容は、「一、二日前、赤江(100)の者が、鷺を捕っている隼を捕獲した。そこに覚兼の鷹師がやって来て、『それは覚兼の鷹である』と主張したとのこと。早々にそちらに引き渡すべきであるが、こちらにいただけないか」とのこと。拙者の返答は、「たやすいことである。互いにこのような鷹の事はあることだが、

(95) **宇多能登守** 宮崎衆中カ。

(96) **元服** この場合、元服での加冠役を覚兼に願い出た模様。加冠役とは、元服する者の頭に烏帽子を被らせて名前を与える役割であり、烏帽子親となる。

(97) **雑掌** この場合、加冠の準備役。

(98) **和田左近将監・坂本千兵衛** 宮崎衆カ。

(99) **比志島源左衛門尉** 『大日本古記録』は国家に比定。国家（?～一六〇〇）は、比志島国守二男。

(100) **赤江** 曽井地頭比志島義基の管轄地域。宮崎市赤江地区（大淀川河口南岸一帯）。

今年は島津忠平殿や島津義虎に鷹を贈ってしまい、こちらは一羽しか所持していないので、その鷹は返してほしい。来年捕った鷹を必ず最初に一羽そちらにお渡しする」と申した。しかし、比志島側は、「別の鷹をそちらに寄こすので、それを覚兼のものとして、是非とも覚兼の鷹をいただきたい」とのこと。また返事をした。「拙者の鷹は、昨日、状況を説明したとおりである。それでもそちらに召し置くというのならやむを得ない。別の鷹をこちらにいただくことは望んでいないので、返却する」と伝え、中馬名字の鷹師と見参し、酒で寄り合って、鷹を返却した。

二十九日、歳暮衆がたくさんやって来た。都於郡の鎌田政近・飯田の福永宮内少輔・木脇の平田宗応・本庄の川上翌久などから使者が来た。長峯[101]・細江[102]からも同じく。

曽井から拙者の鷹が返却された。中村内蔵助が、先日から経緯を知っており、内蔵助のところに（覚兼の）鷹を持ってきて、「失礼しました」とのこと。また内蔵助に対して、「これまでは互いに逃げた鷹は返却してきたが、これからは返すことはしません」とのこと。「そういうことなら仕方がありません。あの鷹のことは、あなたがご所望と言って、召し置かれていたのはやむを得ませんが、別の鷹をこちらに寄こしてきたのは納得できません。まずはそちらに置いたままにしておきます（返却した比志島の鷹のことヵ）。月末ですので、まずはこちらで飼育します（戻された覚兼の鷹のことヵ）。明春、お目にかかった時、協議

（101）**長峯**　宮崎市大字長嶺。地頭非配置の村であるが、覚兼の所管のようである。

（102）**細江**　宮崎市大字細江。地頭非配置の村であるが、覚兼の所管のようである。

したい。それから、今後は逃げた鷹を返却しないとのことでしょうか。仕方がありません。しかし、こちらに曽井の鷹が来たときは、いつでも返却いたします。拙者の鷹は返却しないと言うなら、それはそちらの判断次第です」と返事した。

諸寺家に歳暮の祝言をした。拙者は腫れ物が良くないので、上井兼成を代理に頼んだ。

晦日（三十日）、清武の伊集院久宣から歳暮の使者が来た。和知川原の今町[103]の者どもが来た。吉利忠富[104]殿が歳暮の挨拶に来た。酒で参会した。

（103）**和知川原の今町**　二十日で建設中だった新町のことカ。

（104）**吉利縫殿助忠富**　日向倉岡地頭吉利久金の嫡男。

【解説】

一日、この時期、島津家の在京代官のような役割を担っていた道正庵宗与が鹿児島に来ている。五日条にあるよう、蔭涼軒留守職（龍伯集総カ）が上使として鹿児島に下向しており、そのお供・案内者として同行していたようである。五日には、道正庵宗与から覚兼に、近衛家家司伊勢貞知の書状が渡されている。この書状には、蔭涼軒が「公儀」の使者として下向すること、貞知の弟瑞春軒を蔭涼軒の衣鉢侍者として随行させたことを記している。将軍足利義昭が京都から追放され、備後鞆の浦に亡命している今、この「公儀」とはなんだろうか。『大日本古記録』は足利義昭の使者とするが、この年九月二十八日付の島津義久宛近衛信輔書状（『旧記雑録後編』一―一四五四）は島津家の肥後での勝利を祝う内容で、「蔭涼軒下国之由候条、依的便如此候」（蔭涼軒がそちらに下向するとのことなので、ちょうどいい便なのでこの手紙を送る）とあり、蔭涼軒派遣を斡旋したのは近衛前久の嫡男信輔（一五六五〜一六一四、このとき正二位内大臣）の可能性が高い。父近衛前久は秀吉と対立して、この時、奈良に逃れているが、信輔は六月以降、羽柴秀吉の陣中見舞いのために伊勢に下向しており関係は悪くない。秀吉の意向であろうか。翌六日には義久が上使の宿所である千手院に赴き寄合（宴会）があり、覚兼はその様子を細かく記している。

七日から談合が始まっている。①新田宮造営、②肥後北部掃討戦に参加しなかった甲斐宗運への軍事行動、③筑後から撤退しない大友勢への対応が議題であった。義久の意向は甲斐宗運とは交戦しても阿蘇大宮司家には敵対しないというものであったが、談合衆は阿蘇大宮司家との合戦も止む無しと判断している。③については、高瀬における談合で、筑後から撤退しない場合、大友家から島津家への義絶と見なすと判断したのだから、日向口から大友家の本国豊後に攻め込むべきとの強硬論が出ており、おおむね一致をみているが、もう一度撤退を促すべきとの意見も出ている。龍造寺家との肥薩和平で、血気盛んな家中には不満がくすぶっており、それが大友家への強硬論につながっているのであろうか。これが豊後進攻論の初見である。

八日には忠平から義久に、福昌寺（天海正曇）の依頼で前年に失脚した村田経平の赦免が申請されている。十日に示された義久の意向は、いくつかの条件を前提に村田経平の家中復帰を認めるというものであった。

九日、七日の談合結果が義久に披露された。義久の回答は、②は忠平ともう一度よく協議せよと差し戻され、③は談合次第としながらも再度、使僧を派遣して説得するようにとの意向、①は老中主導でしっかり進めるよう談合を求めるものであった。この時点で義久は、甲斐宗運の軍事討伐も大友家と敵対して豊後に進攻する気も全く無かった。

同日、琉球渡海を求める山川津の船頭が「印判」を求めて銭百疋を持参している。この印判とは、いわゆる「琉球渡海朱印状」と呼ばれる、義久の朱印を袖に押した琉球への渡海を認める許可証であろう。これが島津家公認の貿易船であることを証明するものであり、島津家はこの印判を持たない渡海船との貿易を認めないよう、再三、琉球王国に強く求めていた。

十一日には、甲斐宗運との開戦について含みを持たせつつ諸将の帰国が認められたようであり、覚兼も鹿児島を出航し、加治木に到着している。翌十二日、加治木城内で肝付兼寛から京都での話を聞き、お土産をもらって大隅正八幡宮の宮内に赴いている。

その後、覚兼名字の地である上井村を経由して、去川（宮崎市高岡町）から船で宮崎に戻っている。上井村は現在の鹿児島県霧島市国分上井であるが、当時は北郷家領財部（曽於市財部町）に属していたことがうかがえる。

宮崎へは義久から戻された南蛮犬を同行しており、十六日に去川で行なわれた犬山狩に参加していたのかが気になる。

八月二十四日条に登場した和知川原の新町建設が完成したようであり、二十日、覚兼が見分している。そこでの宿泊先、谷口和泉丞はこれまで新別府村の漁民のリーダー格としてたびたび登場している人物である。恐らく和知川原の新町建設には彼の出資・協力があり、新町の町役人となったのではないだろうか。

上井覚兼年譜

年次	西暦	年齢	事項（覚兼関連は▼で表示。年齢は数え年）
天文一四年	一五四五	一	▼二月一一日、上井覚兼誕生。大隅国上井領主（鹿児島県霧島市国分上井）上井董兼（恭安斎）の嫡男。母は同国加治木領主（同県姶良市加治木町）肝付兼固の娘。
天文一八年	一五四九	五	七月、フランシスコ・ザビエル鹿児島に来る（滞在十ヶ月）。
天文二二年	一五五三	九	▼父董兼が薩摩国永吉地頭（同県日置市吹上町）となり、父母と共に永吉に移る。
天文二三年	一五五四	一〇	▼覚兼、文解山（もどきやま）で修業。
永禄二年	一五五九	一五	▼元服して、戦国島津氏の祖・島津貴久の側近となる。
永禄三年	一五六〇	一六	五月、織田信長が今川義元を桶狭間で破る。
永禄四年	一五六一	一七	▼六月、貴久に従い大隅廻城の戦いで初陣を果たす。 九月、上杉謙信・武田信玄と川中島にて戦う。
永禄五年	一五六二	一八	▼不断光院住持清誉芳渓に就き連歌を学ぶ。
永禄八年	一五六五	二一	五月、足利義輝が殺される。
永禄九年	一五六六	二二	▼一〇月、島津義久・忠平と共に伊東義祐の属城日向三之山城攻撃に従軍。
永禄一〇年	一五六七	二三	▼一一月、義久の大隅馬越城攻撃に従軍。
永禄一一年	一五六八	二四	九月、織田信長、足利義昭を奉じて京に入る。
元亀元年	一五七〇	二六	今山の戦い。龍造寺隆信が大友宗麟に勝利。
元亀二年	一五七一	二七	比叡山焼き討ち。
元亀三年	一五七二	二八	五月、忠平、伊東義祐の軍を日向国木崎原で破る。覚兼の弟上井秀秋、忠平に従い奮戦。
天正元年	一五七三	二九	七月、信長、足利義昭を京都より追放。 ▼当主島津義久の「奏者」に抜擢。
天正二年	一五七四	三〇	▼正月、島津征久らと共に大隅牛根城を攻略。

天正三年	一五七五	三一	▼一一月、義久より種子島銃を与えられる。 長篠の戦い。織田信長・徳川家康連合軍が武田勝頼に勝利。
天正四年	一五七六	三二	▼八月、義久に従い伊東義祐属城日向高原に出陣して軍功を上げる。 ▼一二月以降、それまで守護島津氏の譜代の平田氏・村田氏・本田氏や島津相州家宿老である伊集院氏、一門の喜入氏などしか就任してこなかった「老中」に大抜擢。
天正六年	一五七八	三四	▼一一月、高城・耳川合戦に参戦。大友勢を撃破した島津氏は、薩隅日三か国を統一。
天正七年	一五七九	三五	▼一二月、日向在番を命じられ佐土原城を守る。 義久の弟家久が日向佐土原領主へと配置。
天正八年	一五八〇	三六	▼八月、老中の地位のまま宮崎地頭に任命され、宮崎城（宮崎市池内町）に移る。 ▼一一月、義久から「日向国海江田之城所領八拾町」（宮崎市大字加江田・折生迫付近）を「薩州永吉郷」の「繰替」として宛行われる。
天正九年	一五八一	三七	▼八月、義久に従い肥後に出陣し水俣城を攻撃。
天正一〇年	一五八二	三八	▼四月、嫡男経兼（幼名犬徳丸、観千代）が誕生。 六月、本能寺の変。同月一三日、山崎の戦いで羽柴秀吉、明智光秀を破る。 ▼一一月から年末まで、島津忠平と共に肥後八代に出陣。 肥後出陣衆の一部、肥前国日野江城主有馬鎮貴（晴信）の要請により、有馬に出陣。
天正一一年	一五八三	三九	▼二月、覚兼、樺山玄佐ら、義久の病気平癒のため法華嶽薬師寺に参籠。 三月、義久、鹿児島在住の南蛮僧（イエズス会宣教師）の領外退去を命じる。 四月、秀吉、柴田勝家を攻め滅ぼし、北陸を平定。 ▼九月、覚兼ら諸将、肥後八代に出陣。甲斐宗運と手切れし、堅志田攻略を図るも失敗。 筑前国衆秋月種実、島津氏に対し龍造寺隆信との和睦仲介を申し出る。 九月、秀吉、大坂城に入る。 ▼一〇月末、覚兼ら甲斐宗運への備えのため、花之山栫を築城し、一一月に撤退。

年次	西暦	年齢	事項（覚兼関連は▼で表示。年齢は数え年）
天正一二年	一五八四	四〇	三月〜、小牧・長久手の戦い。 三月、家久・有馬鎮貴ら、龍造寺隆信と戦い之を討ち取る（沖田畷の戦い）。 九月、隈部親泰ら義久に降りる。龍造寺政家、島津家の幕下に入る血判起請文を提出。 九月、戸次鑑連、使者を忠平に派遣し、共に秋月・龍造寺両氏の討伐を請う。 一〇月、鑑連ら軍を筑後高良山に移し、龍造寺・秋月両氏の領地に進攻。忠平、諸将と議して大友軍と互いに撤兵を約束して撤退。
天正一三年	一五八五	四一	▼六月、祖母危篤のため妻子を伴い紫波洲崎に赴く。同月二二日、祖母卒す。 七月、秀吉、関白になる。 ▼八月、家久、子息東郷重虎のために覚兼の娘を所望。 一〇月、秀吉、義久・大友義統に書状を送り、即時停戦を命じる。 秀吉、四国平定。
天正一四年	一五八六	四二	▼五月、大坂より帰国の鎌田政広を迎えて秀吉謁見の模様を聞く。 ▼七月、島津忠長らと筑前岩屋城を攻撃。手勢悉く死傷し、覚兼も負傷。 ▼一二月、戸次川の戦い。家久と共に仙石・長宗我部・大友諸氏の豊臣軍を撃破。
天正一五年	一五八七	四三	▼四月、義久・忠平・家久と共に豊臣軍と日向根白坂で戦い大敗。 五月、義久、伊集院にて剃髪し、泰平寺にて秀吉と和睦会見を行なう。 ▼五月、家久と共に羽柴秀長に降伏。宮崎から鹿児島に帰り、伊集院にて隠棲。 六月、家久、佐土原にて没する。 六月、秀吉、伴天連追放令を発す。 ▼七月、秀長、覚兼の飼う南蛮犬を所望。しかし覚兼はこれを拒む。
天正一六年	一五八八	四四	七月、秀吉、刀狩令を発す。
天正一七年	一五八九	四五	▼六月一二日、覚兼、伊集院において病没。

上井覚兼所在地年表（天正 12 年正月～天正 12 年 12 月）

期　　間	日 向 国 内	大 隅 ・ 薩 摩	薩隅日三か国以外
正月 8 日	宮崎城出立→		
10日		→鹿児島出府	
2 月 6 日		鹿児島出立→	
11日	宮崎城帰着←		
22日～ 27日	内山・加江田・紫波洲崎城に滞在		
3 月14日	宮崎出立→	（出陣）	
17日			→肥後佐敷着陣
27日			肥後八代着陣
4 月 1 日			肥後徳之渕を出船
2 日			肥前三会に着船
4 日～ 7 日			肥前多比良に在陣
8 日～ 9 日			肥前神代・伊福に在陣
10日			兵船 100 艘を率いて五ヶ浦で合戦後、口之津に帰帆→伊福
5 月 5 日			肥前島原に移る
7 日			肥前島原を出船
8 日			肥後佐敷に着船
9 日			肥後佐敷を出立→
12日	宮崎城帰還←		
14日～ 21 日	加江田・紫波洲崎城に滞在		
6 月 8 日～ 9 日	加江田・内山・紫波洲崎城に滞在		
10日	宮崎出立→		
13日		→鹿児島出府	
29日		鹿児島出立→	
7 月 5 日	加江田・内山に帰着←		
7 日	宮崎城帰着		
8 月27日	宮崎出立→（出陣）		
8 月29日～ **9 月** 2 日		→大隅馬越に滞在→	
4 日			→肥後八代着陣
8 日～ 23 日			肥後隈本・高瀬出陣
10月26日			肥後徳之渕を出船→
29日	宮崎城帰還←		
11月 3日 ～15日	加江田・内山・紫波洲崎・伊比井・富士に滞在		
24日	宮崎出立→		
29日		→鹿児島出府	
12月11日		鹿児島出立→	
16日	宮崎城帰着←		
21日～ 25日	加江田・紫波洲崎城に滞在		

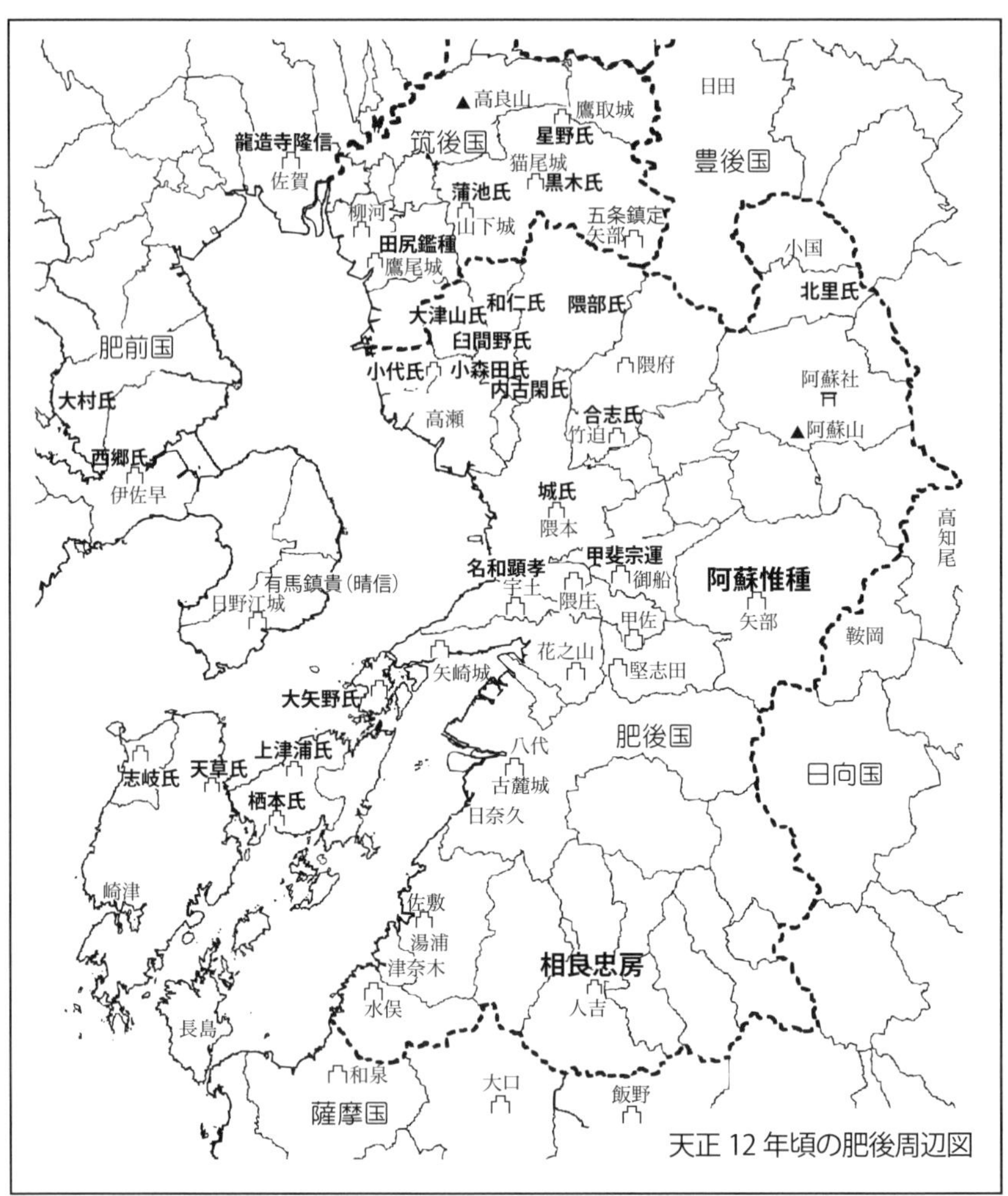

天正 12 年頃の肥後周辺図

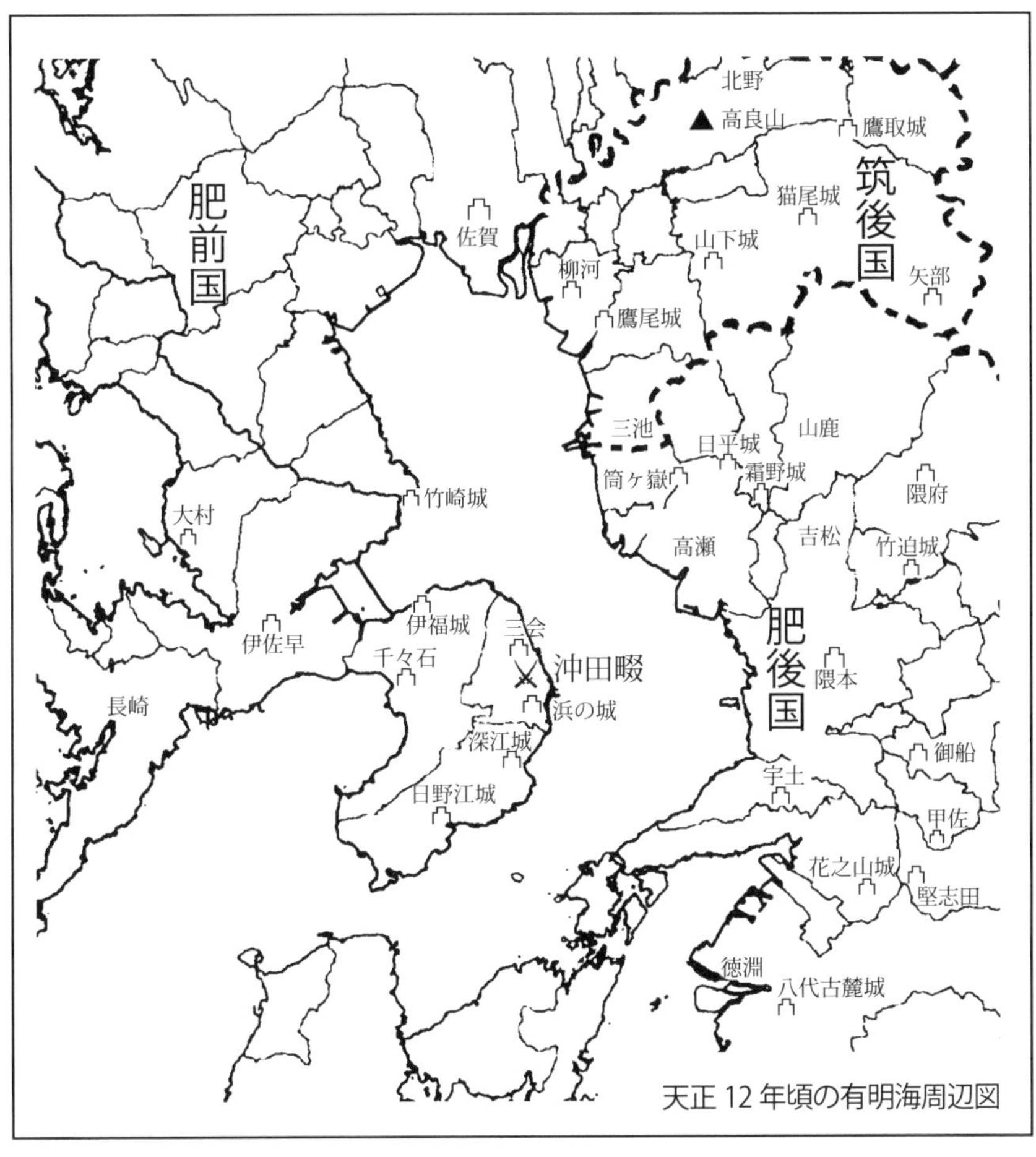

天正 12 年頃の有明海周辺図

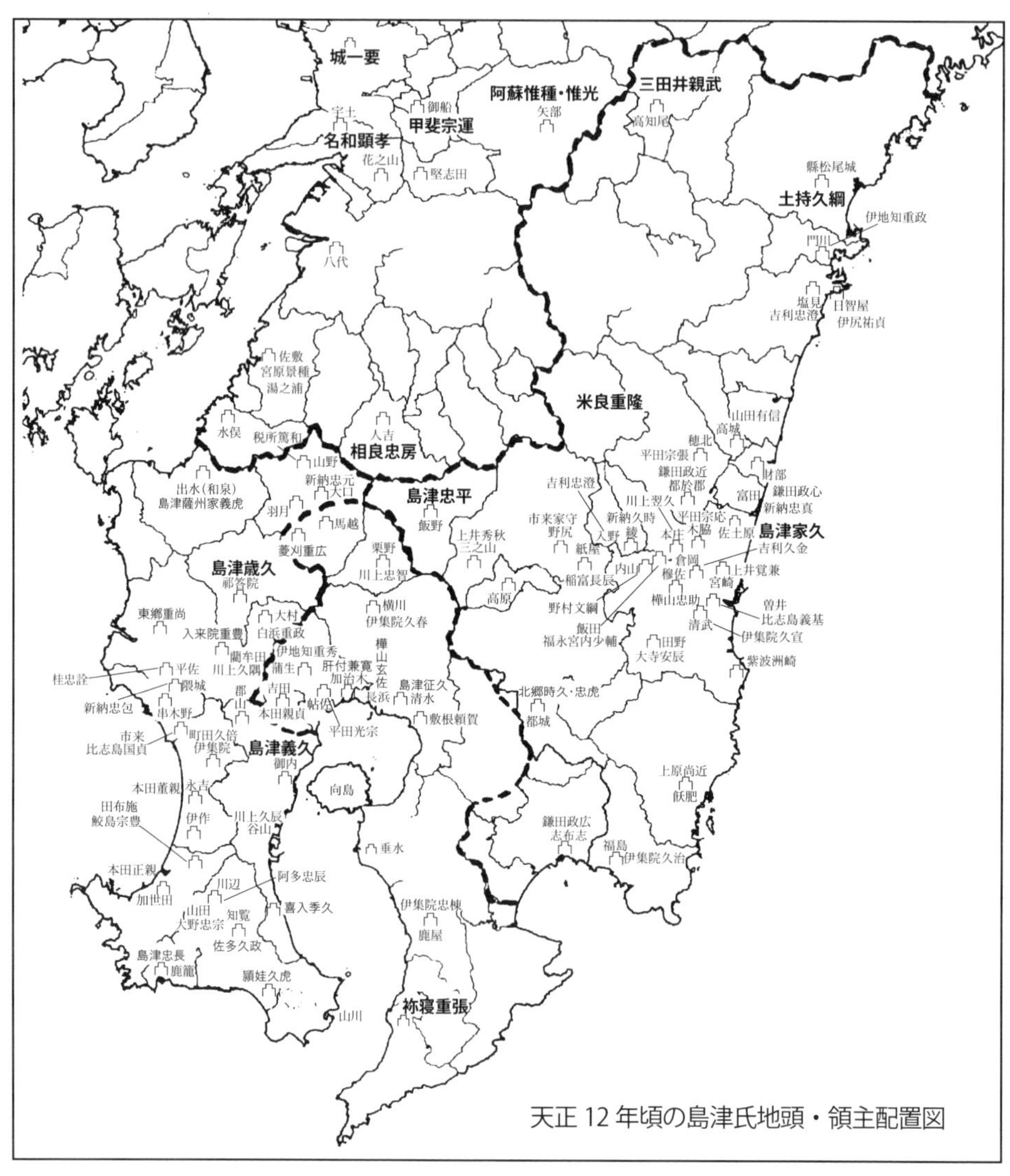

天正12年頃の島津氏地頭・領主配置図

231　宮崎城縄張図

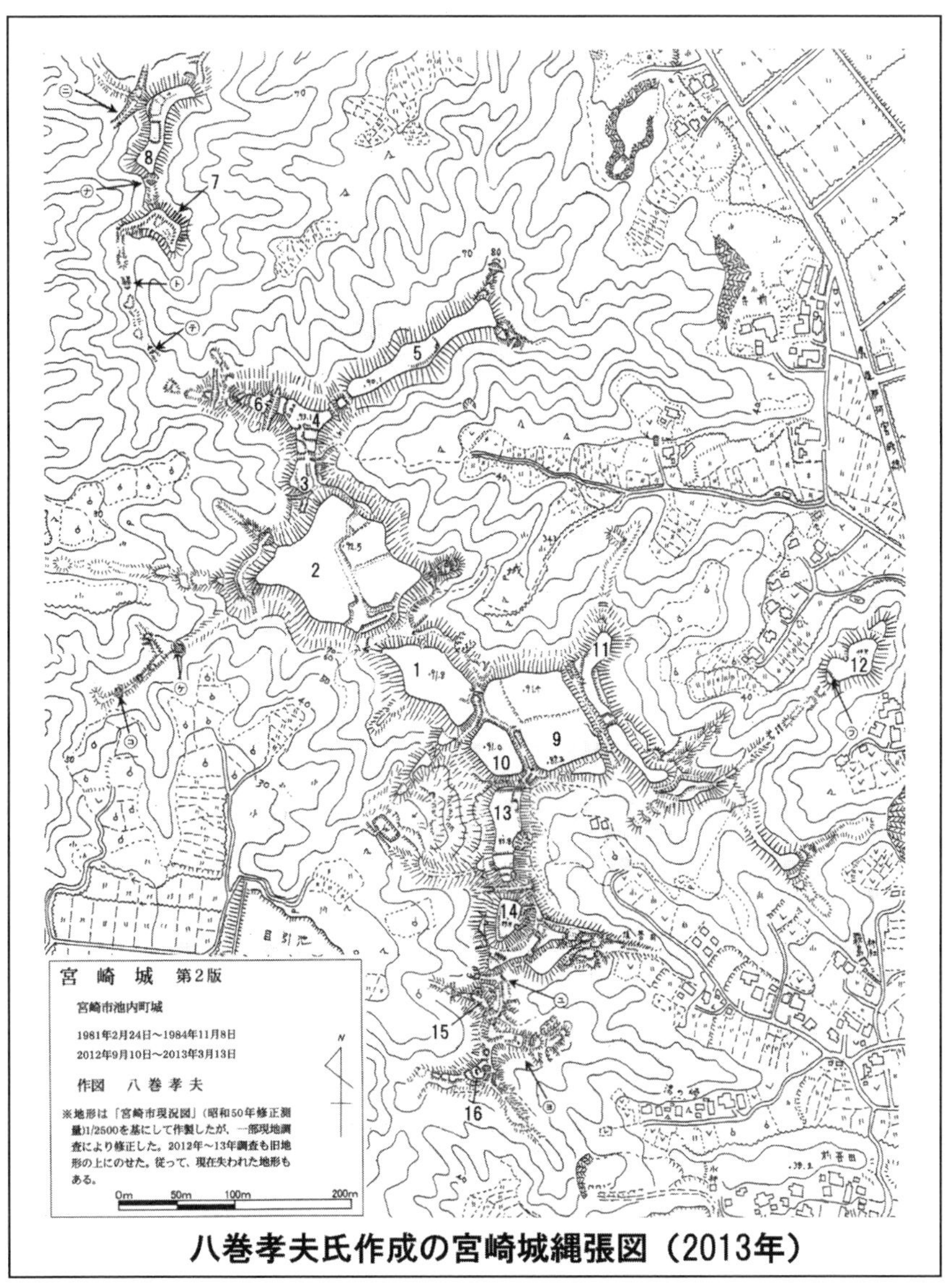

八巻孝夫氏作成の宮崎城縄張図（2013年）

※曲輪の番号は、八巻孝夫氏が付したものである。その一部には『日向地誌』などに記された伝承名が残っている。八巻孝夫「日向国・宮崎城の基礎研究」（『中世城郭研究』27、2013年）にもとづき、分かる範囲で通称名・伝承名を載せる。
1：本丸、本城　2：野首城　4：服部城　5：射場城、弓場城
9、10：百貫城、百貫ショウジ、南城　11：猿渡、馬乗馬場
13：彦右衛門丸、彦ヱ門城　14：マル城、丸城

新名　一仁（にいな かずひと）

昭和 46 年 (1971)、宮崎県宮崎市生まれ。鹿児島大学法文学部人文学科卒業。広島大学大学院博士課程前期修了。同博士課程後期単位取得退学。博士（文学、東北大学）。みやざき歴史文化館、宮崎市きよたけ歴史館学芸員などを経て、現在志學館大学非常勤講師。単著に『日向国山東河南の攻防』（鉱脈社、2014 年)、『室町期島津氏領国の政治構造』（戎光祥出版、2015 年)、『島津貴久』（戎光祥出版、2017 年)、『島津四兄弟の九州統一戦』（星海社新書、2017 年)、『「不屈の両殿」島津義久・義弘』（角川新書、2021 年）がある。2015 年、第 41 回南日本出版文化賞を受賞。

現代語訳　上井覚兼日記 2
天正十二年（一五八四）正月～
天正十二年（一五八四）十二月

2021 年 11 月 1 日　初版第 1 刷発行

編　著　新名　一仁
発行者　渡邊　　晃
発行所　ヒムカ出版
郵便番号 880-0954　宮崎県宮崎市小松台西 1-3-5
電　話 0985（47）5962
F A X 0985（71）1660
E-mail info@himuka-publishing.com
U R L http://himuka-publishing.com/
印刷・製本　シナノ書籍印刷株式会社

ISBN 978-4-909827-06-7